古典文獻研究輯刊

三九編

潘美月・杜潔祥 主編

第4冊

續經義考・春秋之部
（第一冊）

周懷文 著

國家圖書館出版品預行編目資料

續經義考·春秋之部（第一冊）／周懷文 著 -- 初版 -- 新北市：
花木蘭文化事業有限公司，2024〔民113〕
目 50+194 面；19×26 公分
（古典文獻研究輯刊 三九編；第4冊）
ISBN 978-626-344-924-4（精裝）
1.CST：春秋（經書）2.CST：研究考訂
011.08   113009705

ISBN-978-626-344-924-4

9 786263 449244

古典文獻研究輯刊
三九編 第四冊   ISBN：978-626-344-924-4

續經義考·春秋之部
（第一冊）

作　　者　周懷文
主　　編　潘美月、杜潔祥
總 編 輯　杜潔祥
副總編輯　楊嘉樂
編輯主任　許郁翎
編　　輯　潘玟靜、蔡正宣　美術編輯　陳逸婷
出　　版　花木蘭文化事業有限公司
發 行 人　高小娟
聯絡地址　235 新北市中和區中安街七二號十三樓
　　　　　電話：02-2923-1455／傳真：02-2923-1400
網　　址　http://www.huamulan.tw 信箱 service@huamulans.com
印　　刷　普羅文化出版廣告事業
初　　版　2024 年 9 月
定　　價　三九編 65 冊（精裝）新台幣 175,000 元　　版權所有 · 請勿翻印

續經義考・春秋之部
（第一冊）

周懷文　著

作者簡介

周懷文，男，1980 年出生於安徽省安慶市宿松縣。1999 ～ 2003 年就讀於安徽師範大學漢語言文學專業，獲文學學士學位；2003 ～ 2006 年就讀於安徽師範大學中國古典文獻學專業，獲碩士學位；2006 ～ 2010 年就讀於山東大學文史哲研究院中國古代史專業，獲史學博士學位。畢業後任教於安徽機電職業技術學院，主講《中國傳統文化》等課程。主要研究方向為古典文獻學、中國經學史。曾參與《山東文獻集成》、《清代尚書文獻研究》、《邢子才集校注》等國家級、省部級項目 6 項，主持安徽省高校人文社科重大、重點項目及質量工程等省級項目 6 項，發表學術論文 9 篇，出版學術專著 2 部，主編及參編《古代漢語》等教材 2 部。

提　　要

　　本書為《續經義考》系列著作之第二種，體例與已出版之第一種《續經義考・易經之部》相同，仿朱彝尊《經義考》體例而略加變通，對明清至近代國內《春秋》及《左傳》《公羊》《穀梁》研究著述數千種進行綜合整理，著錄作者、書名、卷數、存佚、版本，迻錄整理原書序跋，系以作者小傳。在作者著錄方面，取通行姓氏名號，並考訂了一些誤收、失收、多收、佚名作者的問題。所附作者小傳，解決一些著錄中的棘手或易致疑之處，同時可藉小傳考知作者之生平、學術特色與學術影響。在書名方面，取原書序跋、目錄或正文題名；同時，對一書之異名，也在條目中加以著錄，既詳實可靠，又極大便利了研究者。在卷數方面，取卷數完備者著錄，對因版本不同而卷數有異者，於條目中加以說明。在存佚方面，各書注明存、佚、缺、未見。在版本方面，能在收羅眾本的同時，注意記載各本差異。全書用力處尤在各書序跋之排比、整理。迻錄原書目錄序跋、體例凡例，施以標點；又從表譜牒錄、方志、文集、筆記談叢中爬梳剔抉出不見於原書本書之序跋，並略錄諸家載記評論，力求使讀者能對所著錄之書有盡可能全面的瞭解，能一覽而知明清至近代春秋學著作存亡之狀態、收藏之情形、內容之大略、成書之經過、版本之差異、流傳之梗概、學術之影響，有助於學者辨章學術考鏡源流，從而為當代學者經學研究提供基礎性資料。

安徽省 2022 年高校人文社科重點項目
《清代安徽文化家族研究》
（2022AH052343）結題成果。

目次

第二冊

第六冊

第九冊

第十冊

A

艾光緝 左氏分國 佚

　　◎乾隆胡德琳《重修濟陽縣志》卷八《人物志‧文學》：著有《左氏分國》《泓川詩集》藏於家。

　　◎道光《濟南府志》卷六十四《經籍》：《左氏分國》《泓川詩集》，濟陽人艾光緝撰。

　　◎孫葆田《山東通志》卷百二十七《藝文志》第十：是書見《府志》。

　　◎艾光緝，山東濟陽人。艾馩曾孫。以選拔司鐸青城。著有《左氏分國》《泓川詩集》。

艾元徵 左傳詳解 佚

　　◎乾隆胡德琳《重修濟陽縣志》卷八《人物志‧忠藎》：平生著述甚多，有《易經會通》、《書經會通》、《左傳／離騷解》等書。

　　◎乾隆胡德琳《重修濟陽縣志》卷十三《藝文志‧著述篇目》：《易經會通》，《書經會通》，《左傳詳解》，《離騷合參正解》，《唐宋八大家評選》，《十二代詩選》，《待覺齋治安策略》，《如如子原道》一篇、賦三篇、《祭告中嶽詩》百篇、《雜詩》四卷，以上俱艾元徵著。

　　◎道光《濟南府志》卷六十四《經籍》：《易經會通》、《書經會通》、《左傳解》、《離騷解》，濟陽人艾元徵撰。

　　◎孫葆田《山東通志》卷百二十七《藝文志》第十：是書見《縣志》。

◎艾元徵（1624～1676），字允洽，號長人。山東濟陽孫耿鎮人。艾馥長子。順治三年（1646）進士，歷任翰林院學士、戶部侍郎、左都御史、刑部尚書。曾從學張爾岐於濟陽嵩庵書院。又曾從學於懷晉。遇事侃侃不避權貴。精《易》《書》。著有《易經會通》十餘卷、《書經會通》、《左傳詳解》、《退食槐聲留餘集》、《離騷合參正解》等。

B

巴湄注　麟經讀本　不分卷　存

南開藏清紹聞堂抄本

◎或著錄作江湄注。

包敏　春秋大事表序經　佚

◎姚文田《邃雅堂集》卷二《春秋大事表序經序》：文田自束髮受《春秋》，竊苦其難讀。及見諸家說經，以為一字增損皆有義例，而又予奪褒貶言人人殊，於是益瞀亂回惑而無主也。其後見朱子有「直書其事」之言，向之眾難塞胸者豁然以解，然猶未敢信之堅也。嘉慶己未歲，文田由中書舍人蒙恩改官翰林，與脩高宗純皇帝《實錄》。時距高廟踐阼之初蓋已六十五年，昔之勳戚舊臣更無一人在者，上特敕滿漢大學士尚書等八人為正副總裁官，而大司空南昌彭文勤公實主其事。於是先擬進書法條例，遂移取內外記注六科史書暨內閣舊貯文簿章疏，選派儒臣分年編輯。其時契勘諸書即有時日岐異、姓氏錯互且多殘缺者。既在廷無可咨訪，則又分咨中外各衙門，檢取原案，以求信實。而其覆到，一以歲久冊籍黴爛為言。後五年文勤下世，繼之者為今大司農歙縣曹公。未幾曹公視學江右，再繼者為前少宰萍鄉劉公。總理之人既凡三易，至於分纂諸臣更不能詳舉矣。迨書成之日，體例雜揉，繁簡殊異。上乃載命詞臣專司畫一，竟以簡策繁多，有不能覆定者，皆如其舊。文田自初設館至藏事，實皆與焉，然後知作史之難固如是也！夫以國家中外乂安，車書一統，典籍未嘗散亡，政教未嘗廢缺，上有繼志述事之君，下有博聞通達之臣，然董董數十年之間，而記載猶不能出於一，況春秋二百四十餘年？當是時，王室不綱，列邦多故，加

以紀載各殊，赴告不一，魯史據文直書以存其事而已。泊乎孔子脩之，其本無者既不敢增，其本闕者亦不能補，則一皆仍其舊文。讀者乃執一字之繫簡而輒妄生異說，豈通方之論哉？今以經文言之，如同一錫命也，而莊元年則稱王，文元年則稱天王，成八年則稱天子；同一弒逆也，而鄭髡頑、楚麇、齊陽生則但書卒，莒庶其、晉州蒲、薛比則稱弒以國；宋杵臼、齊商人、莒密州又系國以人，餘率舉其臣下之名。臣子無貶斥君父之理，弒逆無可從隱諱之條，則舉其大者而他可知已。無錫顧震滄先生撰《春秋大事表》，取十二公之紀分為五十門，采輯眾說而平決之，大率以朱子之言為本，洵可謂卓識矣，其中頗有詆訶《左氏》以為妄撰者。愚謂《左氏》與《公》《穀》不同，《公》《穀》乃後世經生之言，故其文抉摘經字多生異論，如《穀梁》於桓之書王牽涉宋曹，支離實甚。自昭三十二年至哀六年書仲孫何忌者十二，獨定六年冬傳寫脫何字，《公羊》遂以為譏二名，雖前後文亦不照矣。《左氏》於敘事則首尾完備，於戰伐則疆域可稽，於世族則子系不紊，此必有所依據以為本，而非能鑿空為之者。雖其事亦或難信，如夷姜、齊姜之類當由其傳聞過差而直以為左氏私說，未敢以為然也。要其書攘剔榛蔓，宣明大義，實為有功於聖人。惜卷帙繁重，學者未易遍讀。楚雄太守包君敏，前官開封分守時，政餘多暇，復取顧書之散見各類者，仍依經以為次，輯其要論，件繫於後。間亦參附己意，多能匡顧氏之不逮。文田借讀再周，喜其文簡而義明也，趣之授梓以惠來學。而猶恐世之說經者牽於眾論而不能決也，故舉昔之所身親者而詳告之。

包慎言 春秋公羊傳曆譜 十一卷 存

光緒十四年（1888）南菁書院刻皇清經解續編本（卷八百九十八至卷九百八）

◎一名《公羊曆譜》。

◎劉文淇《青溪舊屋文集》卷十一《懷人六絕句效少陵存歿口號》（并序）：

余素少交游，自姻戚以外，生平相知至厚者不過十數人。就中子韻交最久，季懷、子敬、子駿、孟開次之，楚楨、儉卿、蘊生、仲虞、賓叔、彥之又次之，最後乃得石州。今存歿各半，即其存者亦散處四方，惟賓叔館於揚郡尚得偶相過從。適楚楨自直隸元氏郵書索取近作，爰仿少陵《存歿口號》賦六絕句寄之。以懷人為題，故朝夕相見者如茗香、季子、熙載、西御、句生諸君皆未之及云。道光庚戌十一月朔日識。

搜羅寶應圖經富（楚槙輯《寶應圖經》），續補延昌地志詳（平定張石州著《魏延昌地形志》）。元氏甘棠誰薦達，石州宿草劇淒涼。

丁鴻豪健才猷懋（山陽丁儉卿究心桑梓利病，見所著《石亭記事》），姚信凋零樸學深（旌德姚仲虞深於《周易》，著有《一經廬叢書》）。多口未妨稱國士，苦心何處覓知音。

柳氏文章師子厚（丹徒柳賓叔），梅君詩筆勝都官（江都梅蘊生有《嵇庵集》）。一經行世迂迴待（賓叔精於《穀梁春秋》，著書七種待刊），片石貽孤鄭重看（蘊生家藏唐貞元田府君石）。

五色明珠輝璧社（高郵孫彥之與莘老同族，編《四書說苑》），九苞威鳳耀河東（甘泉薛子韻系出河東，著《說文答問疏證》《文選古字通》等書）。珠光久照人將老，鳳彩先消遇最窮。

廣文有道官偏冷（歙縣閔子敬官全椒學博，有古君子風），公子多才命不猶（歙縣洪子駿為桐生師嗣子）。藹藹蘭干情自適，芙蓉搖落稿誰收（子駿工詞，有《殘荷詞》尤佳，今遺集不存）。

大包君與小包君，講藝談經迥不羣（涇縣包季懷撰《毛詩禮微》，其族子孟開治《公羊》《論語》之學）。鍾阜孤墳悲夜月（季懷葬江寧），金臺旅館悵寒雲（孟開客京師，館於呂鴻臚宅）。

◎趙爾巽《清史稿》卷一百四十五志一百二十《藝文》一：《公羊曆譜》十一卷，包慎言撰。

◎上海古籍出版社2015年《續修四庫全書總目提要・春秋類》「《春秋公羊傳曆譜》十一卷」：古有黃帝、顓頊、夏、殷、周、魯六曆，慎言用殷術，以隱公元年為例，推算得入天紀年、入蔀年、閏餘、天正月朔、二月朔、天正冬至、無閏、有閏之法。自隱元年至哀十四年，詳為表譜。本書共十一卷，除莊、閔合為一卷之外，其餘每公為一卷。《春秋》二時以目歲，取之以為名，本通於天道。公羊家善言時月日例，明天道人事之紀。何休略依胡毋生，逢祿詳為條貫，又有崔子方以時月日例為《春秋》諸例之本，而孔廣森另立「三科九旨」，以時月日為「天道科」，雖有亂於公羊家法，亦可見時月日在公羊學中之地位。公羊家言時月日，旨在藉以明義，本無意於辨明曆法象數。今慎言詳為《曆譜》，以曆證經，亦有備於精研古曆之專門學者。此本據清光緒十四年南菁書院刻《皇清經解續編》本影印。（王磊）

◎包慎言，字孟開。安徽涇縣人。包世臣族子。道光十五年（1835）舉人。嘗居揚州，從世臣學經，從世榮學詩。著有《春秋公羊傳曆譜》十一卷、《論語溫故錄》、《經義考義》、《廣英堂遺稿》一卷。

鮑鼎 春秋國名考釋 三卷 存

蟫隱廬書店 1930 年石印默厂所著書本（附校勘記一卷）

◎《默厂所著書》之二。

◎目錄：

卷上：魯、蔡（祭）、曹、衛、滕、晉、鄭、吳、燕、齊、秦、楚、宋（杞）、陳、薛、邾（鄒）、莒、許。

卷中之上：宿、申、東虢（西虢）、共、紀、夷、邢、郕、凡、戴、息（慎）、郜、芮、魏、州、隨、穀、鄧、黃（黃）、巴、梁（徐、冀）、荀（郇）、賈、虞、貳、軫、鄾、絞、州、蓼（蔄、蕭、茅、茅戎、檀、桐、犬戎）、羅、賴（屬）、牟、於餘邱（郚）。

卷中之下：譚、遂、原、權、鄟、耿、霍、陽、江、弘、柏、鄑、英、項、密、任、鬚、顓臾、頓、管、毛、聃、雍、華、酆、邢、應、韓、蔣、胙、郜、沈、六、巢、庸、崇、鄋、萊、越、唐、黎（肅慎）、呂、鑄、胡、焦、揚、邶（郮）、沈、姒、蓼、不羹、房、郈、鍾吾。

卷下：北戎（山戎、無終）、盧戎、大戎（小戎）、驪戎、東山皋落氏、揚拒泉皋伊雒之戎（陸渾之戎、陰戎、九州之戎）、淮夷、廧咎如、介、姜戎、白狄（赤狄）、鄋瞞、百濮、根牟、潞、甲氏、留吁、鐸辰、亳、鮮虞（肥鼓）。

◎凡例：

各國次序俱依《春秋大事表》，共分三卷。上卷大國，中卷小國，下卷四裔。中卷葉數最多，因又別為上下，從《漢書》例也。

各國所在今地，已備于江永《春秋地理考實》及沈欽韓《春秋左氏傳地名補注》，二書無待贅說，茲于其有關字誼者取之。

以《春秋國名》名書，故以春秋時國為斷。間有春秋以前滅亡之國及滅亡時代無考之國附焉，惟夏商古國概不考釋。

中卷下卷諸國標其始見經傳之年，俾學者易于翻檢。

數國誼同者則合為一篇。

依據古文首契文、次金文、再次為《說文》中所錄古籀。至宋代欵識之書，展轉鉤摹，形神並失者，概不採摭。

諸家解說，其善者擇而從之，不為無謂之矯異。其不善者畧加辨正，亦不敢盲從。

其誼隱微不可知，如向、極等國，則悉從蓋闕，以免傅會鑿空之弊。

◎跋：是稿創作于丁卯二月，都百六十餘國。時兵事方興，及門請業者皆裹足不至，蕭寂多暇，因篿為之。門外潰卒絡繹，輪蹄雜杳，竟日殷闐。鼎方伏案伸紙，用以閉塞耳目。三月初草創甫竟，先母因驚悸過甚，舊疾卒作，遂至見背。親喪在堂，而兵事正劇，砲聲砰訇震屋瓦，士卒列隊携兵械強來借屋食宿者，日必十數起。婉辭以謝，言詞幾窮。鄉間寇盜縱橫，又不克奉先母之喪早安窀穸，惴惴此心，朝不及夕。如此者累月，既又突遭橫逆，利茲大喪，快其夙志，銜哀忍垢，益憂惶不知所措，此稿遂亦束之高閣。戊辰春辟居海上，囂紛既遠，友朋藏書之家插架多富，又不吝借讀。館授之餘，檢取此稿，重加理董，刪削改竄至於三四，異於舊者太半。今年春始克寫定，因敘其作輟顛末如右。迴憶當時，猶覺神魂震蕩也。庚午秋七月鮑鼎。

◎孫殿起《販書偶記》卷二：《春秋國名考釋》三卷，丹徒鮑鼎撰。民國庚午石印本。

◎鮑鼎（1898～1973），字扶九，號默厂。浙江鎮江人。出生書香望族。精小學與甲金文。1928年應羅振常邀赴蟫隱廬書店編目，兼任中國書店編輯。1930年任教上海正風文學院。1941年任大夏大學、無錫國專兼職教授。後入實業銀行、上海新亞藥廠任職維生。後經鄉賢陸小波、陸九皋薦入紹宗藏書樓工作。藏書四萬餘冊，古泉收藏亦富，後悉沒。著有《春秋國名考釋》三卷、《目錄學小史》、《金文略例》、《國朝金文著錄表补遺》、《國朝金文著錄表校勘記》、《王氏奪漏諸器表》、《玉篇誤字考》、《爾雅歲陽名出於顓頊考》、《鐵雲藏龜釋文》、《鐵雲藏龜之餘釋文》、《抱殘守缺齋藏器目》、《敀匡考古錄校勘記》、《悫齋集古錄校勘記》、《矢彝考釋質疑》、《朱子金石學》、《金石學之原始時代》、《九州釋名》、《鎮江旗營始末》、《漢馬姜墓石刻考辨》、《釋圭》、《釋圭外篇》、《說文解字從刀諸字申誼》、《魚幣之我見》、《張夕庵先生年譜》、《太平天國狀元——鎮江程德祺》、《鎮江九李十三張》、《古意》五十首等。又編有《說文解字詁林簡編》。又為劉體智辨析編次《小校經閣金文拓本》、《善齋吉金錄》。

鮑蘅 左傳讀本 三卷 存

重慶藏康熙十八年（1679）刻本

線裝書局 2020 年何俊主編左傳評注文獻輯刊影印康熙十八年（1679）刻本

◎序：予幼時從諸父兄受學於先大父，先大父生平無他嗜好，惟古是耽，自五經、諸子、三傳、《離騷》、太史公書以及唐宋諸大家之文，靡不貫穿淹通，氷釋理順。其教授生徒以百數，無非砭虛名、崇實學。其論學也必先孝弟，其論孝弟也必先謹身。士能謹身矣，而後與之言道誼；士知道誼矣，而後與之言文章。其言文章也，以六經為根，以三傳為幹，以子史為枝，以八家為葩葉，涵濡浸漬，厚積而薄發之，然後以進於王、唐、歸、瞿之閫奧，而後可以言文章，否則詭隨世好，無庸也。諸生徒秉其教，莫敢不自力於古，既已發科者有人、名家者有人矣，然猶慮英年後進敏鈍殊姿，古學淵深，探索不易，於是自古史以下各有節抄，句評字騭，為巾箱便本。余諸叔及諸兄弟皆童而習之，以是蜚鳴者不一；而予仲兄夔復以是登賢書，皆先大父之教也。予愧不才，十歲隨父母流寓金閶，離先大父最早，至今而僅以明經就職，尋省顛毛，有忝往訓，然秉鐸微官也，而教士重任也。聖天子崇道右文，方與諸大臣振興古學，余敢不尋繹舊聞以仰酬萬一？因檢先大父昔年手授古文若干種，重加校閱，自《左傳》始，其間評騭粲采先輩諸巨公，附以千慮之一，就正玉峰立齋徐夫子。徐夫子為之鑒定曰：「子其公諸同學，以廣爾尊大父家教。」適坊客請梓，予不獲辭，於是乎書以記之。康熙十八年己未中秋月日，香嶼鮑薇銓植氏題於紹德堂。

◎鮑薇，字銓植，號逸農。安徽歙縣人。收藏金石碑版甲於東南。工小篆，喜治印，藏有安素軒石刻。著有《左傳讀本》三卷、《國語讀本》一卷、《國策讀本》二卷。

鮑如龍　春秋左氏傳評　佚

◎光緒《南匯縣志》卷十四《人物志》二《古今人傳‧國朝上》：弟以炯，字融文，歲貢生。沉冥書史，竝好儒先性理，敦行不怠，與葉恒齋中書友善。著有《禹貢纂註》。參胡《志》、《說學齋文稿》。

◎1928 年嚴偉、劉芷芬《南匯縣續志》卷十二《藝文志‧經部補遺》：《春秋左氏傳評》（清鮑如龍著。據《鮑氏譜》）。

◎鮑如龍，號廉裔。南匯（今上海浦東新區）人。諸生。篤於宗誼。著有《周易集注》《春秋左氏傳評》。

鮑以燦　春秋纂要　二十二卷　佚

◎光緒九年（1883）博潤《松江府續志》卷三十七《藝文志‧經部補遺》：《春秋纂要》二十二卷（國朝鮑以燦著）。

◎光緒《南匯縣志》卷十二《藝文志‧經部》：《春秋纂要》二十二卷（鮑以燦著。胡《志》）。

◎鮑以燦，字庚輝。南匯（今上海浦東新區）人。鮑如龍裔孫，鮑以炯〔註1〕兄。諸生。刻苦淬厲，尤篤以敬祖敦倫。著有《春秋纂要》二十二卷、《刪訂范紫登四書體註》十九卷、《續韻玉》一百卷、《鮑氏族譜》，與鮑以煇輯《儀吉堂古文選》。

畢茂昭　麟經紺珠　佚

◎孫葆田《校經室文集》卷四《大挑知縣加三級畢君墓表》：所著有《羲易片玉》《禹貢輯解》《麟經紺珠》《麟經擷腴》《魯論輯解》《增補校正鄉黨圖考》《渾天儀圖說》《天戒錄》《社倉雜議》《訓蒙瑣言》，皆待梓。

◎孫葆田《山東通志》卷百二十七《藝文志》第十：二書見《校經室文集》。

◎畢茂昭（1814～1890），字存樸，號靜山。山東文登人。同治元年（1862）恩科舉人。十年（1871）大挑一等分發福建，不往。著有《羲易片玉》《禹貢輯解》《麟經紺珠》《麟經擷腴》《魯論輯解》《增補校正鄉黨圖考》《渾天儀圖說》《天戒錄》《社倉雜議》《訓蒙瑣言》。

畢茂昭　麟經擷腴　佚

◎孫葆田《校經室文集》卷四《大挑知縣加三級畢君墓表》：所著有《羲易片玉》《禹貢輯解》《麟經紺珠》《麟經擷腴》《魯論輯解》《增補校正鄉黨圖考》《渾天儀圖說》《天戒錄》《社倉雜議》《訓蒙瑣言》，皆待梓。

◎孫葆田《山東通志》卷百二十七《藝文志》第十：二書見《校經室文集》。

畢鍾姬　左傳得儁　佚

◎孫葆田《山東通志》卷百二十七《藝文志》第十：是書見《府志》。

◎畢鍾姬，字亮四，號戀齋。山東文登人。康熙三十七年（1698）歲貢。著有《詩經音叶》《左傳得儁》。

〔註1〕字融文，歲貢生。沉冥書史，邃深理窟，著有《禹貢纂註》。

C

蔡方升 春秋四傳折衷同異 佚

◎乾隆《泉州府志》卷五十《循績·國朝循績》二：以疾乞休，民爭攀留，建祠祀之。歸九年，杜門絕酬應，究心易學，著有《易解參考》、《春秋四傳折衷同異》，未成書。

◎乾隆《泉州府志》卷七十四《藝文》：蔡方升《易解參考》《春秋四傳折衷同異》。

◎道光《晉江縣志》卷七十《典籍志》：蔡方升《易解參考》《春秋四傳折衷同異》。

◎蔡方升，字詒東，號退巖。福建泉州蚶江蓮塘人。蔡鵬霄孫。康熙二十三年（1684）舉人。六上春官不第，授廣西興業令，後改知任邱，在任十一載，清勤勞瘁。卒年七十三。著有《易解參考》、《春秋四傳折衷同異》。

蔡琨 春秋經義緒論 一卷 存

溫州藏敬鄉樓抄本

蔡遴元 春秋闡旨 二卷 存

國圖藏乾隆五十六年（1791）莘間塾本鉛印本

國圖藏乾隆刻本（附歌訣一卷）

◎闡發《春秋》微言大義及孔子筆削之旨。

◎蔡遴元，湖南祁陽浯溪人。著有《春秋闡旨》二卷。

蔡綏綵 春秋天文考 存

國圖藏光緒二十五年（1899）羊城多文堂刻本

滄江醉翁 春秋經傳類纂 二卷 存

南通大學藏光緒十三年（1887）上海文藝齋石印本

曹鑣 讀左劄記 佚

◎孫雲錦光緒《淮安府志》卷三十八《藝文》：曹鑣《讀左劄記》《四書拾瀋》《信今錄》《折肱編》《甘白齋詩文集》。

◎曹鑣（1744～1826），字琢文，號礪庵。淮安府山陽縣（今江蘇淮安市楚州區）人。恩科貢生。博極群書，屢試不第，急公好義。著有《讀左劄記》、《四書拾瀋》、《淮山肆雅錄》、《信今錄》（一名《淮城信今錄》）、《折肱編》、《甘白齋詩文集》。

曹成章 說左詳釋 佚

◎尋霖、龔篤清編《湘人著述表》著錄。

◎曹成章，湖南長沙人。著有《周官約旨》、《說左詳釋》、《半學堂雜錄》。

曹逢庚 春秋輯說彙解 一卷 存

洛陽曹氏叢書本

曹亨時 左氏貫 十六卷 佚

◎光緒《湖南通志》卷二百四十六《藝文志》二：《左氏貫》十六卷，興寧曹亨時撰（《縣志》）。

◎曹亨時，字敏齋。湖南興寧（今資興）人。乾隆十七年（1752）中鄉試第一名。不樂仕進，未赴會試，居家潛心讀書。著有《左氏貫》十六卷、《古今法鑒錄》一百八卷、《今文備法》十二卷、《古文備法》、《清溪時文》三卷、《策學備要》六卷、《批昭明文選》、《經史辨體》、《小戎十藝》一卷，輯有《何文簡餘冬敘錄》六十卷、《文選內篇》十六卷、《文選外篇》六卷。

曹基 左氏條貫 十八卷 備考一卷 纂要一卷 存

普林斯頓大學東亞圖書館、北大、上海、復旦、吉林社科院、南京、浙江、

湖北、潮安博、濟南、首都圖書館〔註1〕、南開、彭水、天一閣博物館、金陵藏康熙五十一年（1712）致和堂刻本

上海藏清立達堂刻本

國圖藏清刻本（丁晏批注並跋）

上海藏抄本

續修四庫全書影印康熙五十一年（1712）致和堂刻本

◎一名《分國左傳》、《分國左傳條貫》。

◎《備考》述各國源流。《纂要》條目：周十二王、魯十二公、魯三桓、晉八卿、鄭七穆、春秋五始、齊桓衣裳之會九、晉悼五會。

◎各卷首題：長洲曹基德培編次，門人張兼念凌、興懷鞠糸訂。各卷末題：男官賀校字。

◎總目：卷一周。卷二魯（起隱公至成公止）。卷三魯（起哀公至昭公止）。卷四魯（起定公至哀公止）。卷五鄭（起鄭莊公至簡公上）。卷六鄭（起簡公下至定公止）。卷七衛。卷八齊。卷九宋。卷十秦。卷十一晉（起晉獻公至襄公止）。卷十二晉（起晉靈公至景公止）。卷十三晉（起晉厲公至悼公止）。卷十四晉（平公）。卷十五楚（起武王至靈王上）。卷十六楚（靈王下至惠王止）。卷十七吳、越。卷十八曹蔡虞虢紀邾陳梁許潞。

◎序：傳《春秋》者五家，鄒、夾已散佚不可考，今存者獨左氏與公、穀三家耳。自漢以後，持論各安所尚。如漢武好《公羊》、衛太子重《穀梁》，宣帝開石渠而《穀梁》氏興，哀帝令劉歆辨難，迄建武始為《左氏》置博士。賈逵、鄭眾作《左氏長義》，《公》《穀》何休又作《公羊墨守》《左氏膏肓》《穀梁廢疾》，鄭康成復為《發墨守》《鍼膏肓》《起廢疾》，而董仲舒則專信《穀梁》，時又有「《左氏》大官，《公羊》賣餅」之說，蓋學《左》每詘《公》《穀》，學《公》《穀》往往詘《左》，勢固然也。要而論之，惟啖、趙氏合三家所長，務以通經為主，庶幾知所輕重。蓋左氏親見聖人，而公、穀又皆子夏之高弟，其立說自各有據依，後人未可以臆見輕為軒輊，固無俟馬融／馮伉著三傳異同、劉兆為三傳調人也。第《左氏》原本以事繫日，後先懸隔，檢括殊苦其煩，因仿《國語》之例，分國類敘，聊絡首尾，而仍不失編年之舊，以便披覽。其《公》《穀》之辭義可列者，亦因事附見焉。康熙壬辰中秋日，玉坡曹基書。

〔註1〕佚名圈點。

◎跋：兼輩侍先生久，凡風簷雨館、雪案螢窗以及花之晨、月之夕，竊見先生手一編，咿唔不輟，時復會心，若將揖古人於千載之上晤語一堂者。以故矻矻孜孜几席間，丹黃校讐，幾無寧晷。迄於今年已七十餘矣，而耄而好學如此，即徐廣之歲讀五經一遍，不是過也。先生雅負氣節，自待甚高，見人之婥婀齷蹉者避之若浼，故於世多怪少可，飄然自遠於勢利之場。君平棄世，世棄君平，有自來矣。其為文也，原本經史而折其衷，獨出風裁，自成一格，不屑拾人牙慧，雖著述等身，重自矜惜，不欲示人。茲《左氏條貫》一書，兼輩以為便於課誦也，力請付諸剞劂以公同好。因發篋衍，再加參訂，得一十八卷，仍為志其緣起云。受業門人張兼、興百拜識。

◎例言：

孔子作《春秋》示褒貶，故堯夫謂即夫子之刑書，而實非也。左氏身為史官，受業孔子，因《春秋》作傳，而獨於言禮處最詳最慎，蓋深得夫子立教本旨，則謂《左傳》為左氏之禮書也亦可。

觀韓宣子聘魯，見《易象》《春秋》，嘆曰：「周禮盡在魯矣」，早已窺見此意。

安上治民莫善於禮，固矣；其次則兵之所繫為綦重。左氏於列國兵爭極為留意，寫來倍覺精神，讀者便須得其勝負存亡之所以然，勿徒作壁上觀可也。

古者掌卜、占夢各立專官，故吉凶禍福歷歷信而有徵，後世失其職并失其傳，惜哉。

怪力亂神，聖人所不語。左氏每娓娓及之，非悖聖教也，世衰道微，邪慝並起，借以示鑒戒云爾。

左氏雖曰浮夸，然長於敘事，用字用句極簡嚴，亦極婉麗。其轉關捩柁處又極警策，只用一二語撥掉，便有兔起鶻落之勢。長篇短章，或斷或續，血脈融貫，得草蛇灰線之法，是誠三史之鼻祖而諸子百家之星宿海也。

列國諸事雜見於十二公之編年，前後錯綜，繙閱殊難。茲為取裁《國語》之例，先標每國於首，凡事之繫於其國者，悉為編入，使一國之始末開卷了然，而其事之介乎兩國者此收則彼刪，可以參考而得。

當時一百二十四國，其見於《春秋》者亦寥寥矣。蓋弱小之邦多見并於強大，故事亦僅見。今即其事之相屬者隨所屬之國附載，其絕不相蒙者另列於後。

《左傳》為舉業先資，而讀本每失之太略，因為手輯是編。極知割裂成書，見譏於大雅君子。然以備家塾之誦習，則庶幾或有取焉。玉坡老人基自識。

編是書甫竟，見前明孫匤儀名範有《左傳分國紀事本末》一書，是能先得我心者。但嫌其提頭處太多，甚至另為標目，不敘於編年之下者，終失聯絡本意。則余是編之作，尤覺完善云。玉坡又書〔註2〕。

◎丁晏跋：此書分國繫年頗有條理，惜乎事實始末不能完具，頗多遺略。蓋事有見於經者必當編入，此乃專據傳文也，余不能分明矣。小國如滕、薛、杞、莒皆略之，而梁與潞事蹟寥寥，反列於國，兔園冊子之陋如此。丙辰冬十二月，丁晏記。

◎孫殿起《販書偶記》卷二：《左氏條貫》十八卷，長洲曹基編次。康熙壬辰刊。

◎上海古籍出版社2015年《續修四庫全書總目提要・春秋類》「《左氏條貫》十八卷」：是書凡十八卷，前有曹基康熙壬辰（五十一年，1712）自序，門人張兼及張典跋、備考、例言、纂要、總目。曹基以左氏原本以事繫目，列國諸事雜見於一二公之編年，前後懸隔錯綜，翻閱殊難，檢括殊苦其煩，故仿《國語》之例，分國類敘，先標每國於首，凡事之繫於其國者，悉為編入，聯絡首尾，仍不失編年之舊，以便披覽。其事介乎兩國者，此錄則彼刪，相互參考。見併於強大之邦者，相屬之事隨所屬之國附載；絕不相蒙者，另列於後。今考其書，取左氏傳文，挨年順月，分屬各國，以國為綱，以事為目，依時排比，條理明晰，一國之始末，開卷了然，且其紀事宗於左氏、公、穀之辭義可采者，亦因事附見，以備讀者之參考，兼備事理，其法尤善。按是書為曹基以備家塾誦習而作，經門人張兼、張典參訂後付諸剞劂。然是書頗類紀事本末體，實與經學無涉，歸入經部值得商榷。此本據湖北省圖書館藏清康熙五十一年致和堂刻本影印。（潘華穎）

◎曹基，字德培，號恂庵，又號玉坡（老人）。長洲（今江蘇蘇州）人，一作吳縣（今蘇州）人。諸生。嘗從汪琬遊。著有《左氏條貫》十八卷、《恂庵吟稿》、《玉圃堂詩鈔》二卷、《葑溪草堂詩存》、《雲心編》。

曹金籀 春秋鑽燧 四卷 存

國圖藏道光二十九年（1849）刻本

同治七年（1868）吳方伯刻本

國圖藏同治七年（1868）仁和曹氏小石倉刻石屋書本

〔註2〕按此段原低一格。

上海藏清末抄本

四庫未收書輯刊影印本

◎是書列《石屋書》第一種。

◎目錄：卷一正名、黜周王魯、王妃匹。卷二朝制大夫、制爵、鄭忽、鄭祭仲、夫人歸寧。卷三母以子氏、尊親諱、三正、喪不數閏。卷四正始、張三世、刑德攷、書有義、止雨法（坿）。

◎春秋鑽燧序：籀束髮受學，始治《公羊春秋》，而於五始、三科、九旨、七等、六輔、二類之義，犕明其家法。及讀《穀梁春秋》，竊欺《公羊》漢則有胡母生、董仲舒、何休諸大儒開其端，近時則有孔廣森、張惠言、劉逢祿諸君子窮其奧，惟《穀梁》自漢迄今二千餘年未有發明之者。雖范甯之徒采諸家之陳言、逞一己之私見，其所不知，往往雜引《公羊》家說以足成之，不能自闢門戶，故其籍多蕪淺不足觀。每思發其由枿、尋其墮緒，以扶千古之絕學。閉戶覃思二十餘年，久之，著有《穀梁春秋釋例》八卷、《穀梁春秋傳微》十一卷，自成《穀梁》一家言，不敢旁涉《公羊》及《左氏》家說，嚴師法也。特是七十子之微言大義，三傳中各有精華所在，亦可以紹聖學而闡經訓，不容偏廢也。則復取三傳之蘊，仿董子《繁露》例，別為著論若干篇，名曰《春秋鑽燧》。或問取名之義，則應之曰：天以日月照天下昏闇，人以火照天下日月所不及之昏闇，而天下無遁形。日不及則繼之以月，月不及則繼之以火，火所以濟日月之窮也。聖人窮而深在下，不能助日月以宣其光，則假火以輯熙之。語曰：「天不生仲尼，萬古如長夜」。《春秋》者，聖人之火也，上自周王而下及於士庶，內自魯公而外及於夷狄，蕾蕾然、昧昧然莫不蔽於昏闇而在長夜之中，聖人有憂患焉，急思所以破其昏闇引至於正大光明之路，故作《春秋》以俟後聖，歷千萬年而其道大光。彼日月尚有薄蝕，火能以繼照之明，不絕於天地，其斯謂取之不禁、用之不竭者乎！竊惟學問之道如火之相摩然，專力愈深則獲効愈多，因以《春秋》續聖賢授受之薪傳，任余朝取暮取而無窮期，而深慨夫瞽者之無喻於火之明也，然而火不以瞽者之無喻於明而自損其明也，特惜燭謀焯見者之無其人耳。道光二十有九年屠維作噩之歲閏四月既望，仁和曹金籀自序。

道光己酉閏四月二十六日為籀五十生辰，適是書脫稿，承諸君子醵金為壽，不沒綏我之意。取鋟諸板，仰酬厚貺。遭辛酉之劫，賊析以供爨薪，板旋燬。茲復承吳曉颿方伯解囊重付剞劂氏，值同治之七年，亦在閏四月，籀年已

六十有九矣。自歎學業荒廢，徒守此斷簡殘編，悠悠沒世，不將與艸木同腐耶？！籀識。

◎陳奐《師友淵源記》：杭州曹葛氏籀作《春秋鑽燧》，問序於余，余為言《穀梁》義十餘條。

◎張桂麗輯校李慈銘著《越縵堂讀書記全編》同治十一年五月「《論語注》」條：浙西湖州有戴望，杭州有曹籀，籀亦坿學生，年六十餘，歲科試未嘗得列二等，自言為龔定盦畏友，文亦不通一字。兇傲好罵，新刻其石屋藏書兩小冊，一曰《春秋鑽燧》，題曰褐寬博撰；一曰《籀書》，皆雜文也。吾邑妄子趙之謙為題記曰：「某年某月石屋藏書啟籥鋟版」，嘗見其說中字云：「此為男子陽物象形」，則它可知矣。兩人者皆與趙妄子為至交，妄子推之曰：「淮以南學問戴第一，江以南學問曹第一。」蓋自居於天下第一也。吾浙不幸，屬祲所鍾，生此三人，雖黎邱鬼幻，轉瞬煙滅，而後生好怪，頗有被其陷溺者，是亦風氣之害矣。伯寅延攬人才如恐不及，此皆為妄子所惑耳。

◎莫友芝《邵亭行篋書目》二號：《春秋鑽燧》，仁和曹金籀。四卷。一冊。同治七年重刊。

◎潘衍桐《緝雅堂詩話》：柳橋與龔璱人交好，性耽禪悅，設維摩經會。好金石文字。有《讀漢書西域傳樂府》十二首致佳。所嗜均如璱人。著有《古文原始》、《春秋鑽燧》、《籀書內外篇》、《石屋釋文》、《蟬蛻集》、《無盡鐙詞》。

◎馬敘倫《讀書續記》二：《籀書》內篇二卷、外篇二卷、續篇四卷，曹籀撰。籀字葛民，仁和人，與戴醇士先生及先外祖鄒蓉閣先生，皆紅亭詩社中人也。亦與龔定盦交善，其學自謂學定盦者。著書八九種，余但得此書及《春秋鑽燧》耳。先生學自今文家言入，故思想多解放，不為繩墨所制。然乾嘉風氣渲染於藝林者至深，故先生亦不能盡去其習，喜談文字語言之學，而穿鑿附會強作解人者隨處皆是。蓋是時頗有以金石文字說六書者，顧不明六書大例，又不精研金石文字源流，故適蹈元、明人妄習。

◎郭嵩燾《郭嵩燾全集・日記》同治十三年二月廿三日：接到何鏡海廣東信（住天香街），並寄示其《守默齋癸西除夕雜感詩》廿二首；曹葛民浙江信，並寄示其《石屋文存》，曰《籀書》者八卷（內篇二、外篇二、續篇四皆文也）、《蟬蛻集》四卷（皆詩）、《春秋鑽燧》四卷、《古文原始》一卷。

◎趙爾巽《清史稿》卷一百四十五志一百二十《藝文》一：《春秋鑽燧》四卷，曹金籀撰。

◎曹氏《籀書》內篇卷二《宋淳熙本何氏公羊解詁跋》、《漢十四經師贊》可考其旨趣。

◎曹金籀（1800～1880），一名籀，又名家駒、文昭，字竹書、葛民，號柳橋、石屋子、臺笠子。仁和（今浙江杭州）人。諸生。咸豐間寓居浙江海寧路仲里。海寧錢保塘岳翁。少工詞章，三十後一意治經，尤致力《春秋》。與魏源、龔自珍善，同治間曾輯印《定盦文集》。又與里中諸老結紅亭詩社。室名曰臥霞、市隱草堂。精小學。著有《春秋鑽燧》四卷、《穀梁春秋釋例》、《穀梁春秋傳微》、《說文訂訛》、《古文原始》一卷、《籀書文集》內篇二卷外篇二卷續篇四卷、《籀書詩詞集》（《蟬蛻集》、《無盡鐙詞》）等，多收入為《石屋書》。

曹金籀 穀梁春秋釋例 存

同治七年（1868）曹氏小石倉刻石屋書本

曹金籀 穀梁春秋傳微 存

同治七年（1868）曹氏小石倉刻石屋書本

曹天寵 春秋三傳纂註 佚

◎民國《懷寧縣志》卷十九《文苑》：著有《春秋三傳纂註》。兼明象數之學。

◎曹天寵，字蓼湑。安徽懷寧人。諸生。著有《春秋三傳纂註》。

曹維壇 讀左緒言 佚

◎光緒《高唐州志》卷五之二《人物傳・孝友》：著有《讀左緒言》《史鑑摘要》藏於家。

◎曹維壇，字杏村。山東高唐人。廩生。天性肫篤，學問淵博。數薦不售，歸授生徒。著有《讀左緒言》《史鑑摘要》。

曹耀湘 春秋說 存

國圖藏光緒抄本

◎王闓運《湘綺樓詩文集・聯語》卷三《挽曹耀湘》：得意在《甫刑》《離騷》，晚更覃思，盡闡微言契神解；立身兼仲尼墨翟，世無知己，空傳餘論侮時人。

◎曹耀湘，字鏡初。湖南長沙人。官職刑部郎中。著有《春秋說》、《學庸注釋》一卷、《公羊箋注》、《墨子尚書古義》一卷、《曾文正公年譜》、《墨子箋》十五卷、《墨子注》十四卷、《陰符經注》三卷、《陰符經懸談》一卷、《讀騷論世》二卷、《道德經注》一卷、《離騷注》、《陶詩注》八卷、《冰淵詩集》、《冰淵雜記》一卷。

曹耀湘 公羊箋注 佚

◎尋霖、龔篤清編《湘人著述表》著錄。

曹一士 批點左傳 佚

◎劉聲木《桐城文學撰述考》卷一「曹一士撰述」：《詩經說》、《攢筆錄》、《批點左傳》、《批點離騷》、《批點莊子》、《批點文章軌範》七卷。

◎曹一士，號濟寰，字諤廷。上海人。曹泰曾少子。年十五補青浦諸生。有名。與婁縣陳鐘善。雍正四年（1726）順天鄉試舉人、八年（1730）進士。由編修擢山東道監察御史，伉直敢言，所陳奏多見施行。轉工科給事中，卒官。著有《詩經說》、《批點左傳》、《攢筆錄》、《批點離騷》、《批點莊子》、《批點文章軌範》七卷、《四焉齋集》。

曹玉珂 左國史漢臆評 佚

◎乾隆《富平縣志》卷之七《人物志・鄉彥》：著有《緩齋初集》、《大河志》、《史論事論雜記》已刊行，其《緩齋二集》、《終華仙蹟志》、《祥刑錄》、《左國史漢臆評》諸書藏於家。

◎光緒《富平縣志稿》卷三《藝文》：《緩齋初集》、《大河志》、《史論事論雜記》（已刊行）、《緩齋續集》、《終華仙蹟志》、《祥刑錄》、《左國史漢臆評》，中書曹玉珂著。

◎光緒《富平縣志稿》卷五《人物志・儒學》：著有《緩齋初集》《大河志》《史論事論雜詩》已刊行，其《緩齋二集》《終華仙蹟志》《祥刑錄》《左國史漢臆評》諸書藏於家。

◎曹玉珂，號陸海。陝西富平人。順治十六年（1659）進士。初授壽張知縣，政尚廉平，召擢中書舍人，卒於官。詩古文詞皆名家。新城王阮亭、潁川劉公勇、同邑李子德推為一代作者。著有《左國史漢臆評》《緩齋初集》《大河志》《史論事論雜記》《緩齋二集》《終華仙蹟志》《祥刑錄》諸書。

曹元詢 春秋公羊經傳解詁疏證 佚

◎孫葆田《山東通志》卷百二十七《藝文志》第十《春秋公羊經傳解詁疏證》《公羊春秋疏證》《左傳凡例》《公羊左傳說》《郊禘考》《春秋賈服補遺》：諸書俱見《山左詩彙鈔》所引《曹徵君行狀》。又所引汪喜孫《曹徵君傳》，稱元詢長於《公羊春秋》。

◎曹元詢，原名業，字靈懸。山東安丘人。嘉慶六年（1801）舉人，道光元年（1821）舉孝廉方正。著有《春秋公羊經傳解詁疏證》《公羊春秋疏證》《左傳凡例》《公羊左傳說》《春秋賈服補遺》《郊禘考》。

曹元詢 春秋賈服補遺 佚

◎孫葆田《山東通志》卷百二十七《藝文志》第十《春秋公羊經傳解詁疏證》《公羊春秋疏證》《左傳凡例》《公羊左傳說》《郊禘考》《春秋賈服補遺》：諸書俱見《山左詩彙鈔》所引《曹徵君行狀》。又所引汪喜孫《曹徵君傳》，稱元詢長於《公羊春秋》。

曹元詢 公羊春秋疏證 佚

◎孫葆田《山東通志》卷百二十七《藝文志》第十《春秋公羊經傳解詁疏證》《公羊春秋疏證》《左傳凡例》《公羊左傳說》《郊禘考》《春秋賈服補遺》：諸書俱見《山左詩彙鈔》所引《曹徵君行狀》。又所引汪喜孫《曹徵君傳》，稱元詢長於《公羊春秋》。

曹元詢 公羊左傳說 佚

◎孫葆田《山東通志》卷百二十七《藝文志》第十《春秋公羊經傳解詁疏證》《公羊春秋疏證》《左傳凡例》《公羊左傳說》《郊禘考》《春秋賈服補遺》：諸書俱見《山左詩彙鈔》所引《曹徵君行狀》。又所引汪喜孫《曹徵君傳》，稱元詢長於《公羊春秋》。

曹元詢 左傳凡例 佚

◎孫葆田《山東通志》卷百二十七《藝文志》第十《春秋公羊經傳解詁疏證》《公羊春秋疏證》《左傳凡例》《公羊左傳說》《郊禘考》《春秋賈服補遺》：諸書俱見《山左詩彙鈔》所引《曹徵君行狀》。又所引汪喜孫《曹徵君傳》，稱元詢長於《公羊春秋》。

曹珍貴 春秋經傳敬繹 六卷 存

復旦、內蒙古自治區藏同治六年（1867）大雅堂刻本

曹佐熙 春秋公羊傳義述 二卷 佚

◎尋霖、龔篤清編《湘人著述表》著錄。

◎曹佐熙（1867～1921），字攄（書）滄，號毅庵，又號怡廬老人。湖南益陽人。師事杜貴墀。民國初任省議會議員。著有《庖犧氏易大義述》一卷、《周易義述》一卷、《易傳義述》一卷、《虞書釋例》一卷、《讀毛詩》一卷、《讀周官》一卷、《周官六史補注》二卷、《夏小正釋例》一卷、《春秋公羊傳義述》二卷、《春秋穀梁傳義述》二卷、《史記述春秋義》一卷、《論語類證》四卷、《毅庵史學叢書》、《農政》、《譜系學》二卷、《義理辭章書》、《毅庵類編》一卷、《毅庵日記》、《史學通論》二卷、《岑南詩草》一卷、《國語釋例》一卷、《讀史記》六卷、《周史通義》二卷、《帝系釋例》一卷、《史記釋例》六卷、《史記義法徵》一卷、《史記詳錄孔子說》一卷、《史記貨殖列傳發微》一卷、《史記雜考》十六卷、《讀漢書》六卷、《漢書地理志釋例》二卷、《漢書藝文志釋例》一卷、《通鑑紀事本末補》一卷、《讀通志》一卷、《軒轅氏史官志》一卷、《唐史館會要》一卷、《五代史館會要》一卷、《宋史官志》一卷、《漢書藝文志述義》一卷、《漢書藝文志源流考》二卷、《漢書藝文志拾遺》一卷、《漢書藝文志識小》一卷、《王氏漢書補注校補》一卷、《文氏補晉書藝文志校補》一卷、《讀五代史記》一卷、《戰國策釋例》一卷、《法政綱要》一卷、《良史傳》四卷、《山經釋例》一卷、《海經釋例》一卷、《大荒經釋例》一卷、《方志例》二卷、《譜例》二卷、《上古三代藝文志》二卷、《軒轅氏藝文志》一卷、《史通述義》二卷、《史通補正》一卷、《文史通義補正》一卷、《校讎通義補正》一卷、《劉章史學異同表》一卷、《原史》八卷、《史釋名》一卷、《古史鉤沈》六卷、《讀史法》一卷、《梁氏清史商例質疑》一卷、《外史通》一卷、《斯賓塞爾論史》一卷、《傳習錄別鈔》一卷、《船山要旨》二卷、《曾文正公語錄》一卷、《蒙訓》一卷、《毅庵雜記》十卷、《嶺南日記》一卷、《海東日記》一卷、《管子釋例》一卷、《省會記言》一卷、《湘上農言》一卷、《毅庵文》一卷、《毅庵詩》一卷、《欽州書牘》一卷、《文章流別釋名》一卷、《駢文通義》一卷、《文論》一卷、《河南高等學堂文學講義》一卷、《文學啟蒙》一卷、《縣志編目》、《湖南續修方志議案》，輯有《益陽縣議會第一次報告書》二卷、《實業協會第一次報告書》二卷。嘗倡修《湖南通志》。

曹佐熙　春秋穀梁傳義述　二卷　佚

◎尋霖、龔篤清編《湘人著述表》著錄。

曹佐熙　史記述春秋義　一卷　佚

◎尋霖、龔篤清編《湘人著述表》著錄。

常麟書　左腴類聚　佚

◎民國《榆次縣志》卷十七《文儒錄》：所著有《中字知源錄》、《外史歌略》、《詩經述義》、《左腴類聚》、《禮記易簡錄》、《爾雅述詣》、《群經正義提綱》、《漢隋二志存書述略》、《國文講授輯存》初輯二輯、《近代文略》初編二編、《閱微草堂詩話》、《藝林譚屑》、《鞠部新聲傳奇》，均印行；其《約齋文存／詩存》及《周禮述義》均存稿。嘗論學曰：「讀書固以知途徑為要，然徒張皇於目錄，則中仍不免栩然爾。」論《易》曰：「孔子稱可無大過，又稱顯仁藏用，又稱惟變所適，偏執爻辰卦氣諸說者，斥說理為野文，而不知趨於繁、賢易簡之謂何。吾寧取王弼說，參合程朱，以重人事也。」《書》曰：「古文之偽，至今大明。然今文之注，有不若偽孔者，取長去短，學求自得，彼斤斤門戶，何當耶？若《周書》戡黎之事侵陵、大誥之稱天命，是迹之不掩者，《武》未盡善，此其微恉歟？」《詩》曰：「《毛詩》高，而得鄭箋，正以補所未備。彼偏執傳箋者何取乎？！至朱《傳》，以後世讀詩法究古籍，間有所得，不償其失。」《三禮》曰：「鄭注最精，而制度文物尤要。此而不究，禮意全湮矣。」《春秋》曰：「貴義不貴事，說殊偏僻。事果不存，義於何見？《左傳》似偏於述事者，而義亦見焉。徒以經師家法之不同而輕彼軒此，均無謂也。」《論語》《孟子》則「宋註多精」，「《爾雅》邵郝二疏所未詳者，凡儒先經說劄記文集中有可補正，為錄存。」「《孝經》注疏俱明，遠蒐叢殘，徒為蕪雜。」「《說文解字》段注核而悍、桂注詳而冗，今有取朱氏《說文通訓定聲》合王疏《廣雅》、郝疏《爾雅》並印者，不若易朱以桂，家數尚相等也。六書轉注，議者夢如，江聲、許宗彥之說均精核，至王筠《文字蒙求》不區轉注假借為說，其殆有深意存乎？」

◎常麟書（1869～1927），字紱章，號味經、約齋，私諡貞懿先生。山西榆次縣（今晉中市榆次區）車輞村人。年十三，畢十三經，有神童之稱。光緒十七年（1891）舉人。參與維新運動。光緒二十八年（1902）應岑春煊聘，任

山西大學堂中齋分校，主講政治經濟學。光緒二十九年（1903）成進士，分戶部，以親老告歸。返鄉建車輞常氏篤初小學堂諸校。1912 年，任教山西大學堂、省立法政專科學校、省立工業專科學校、省立一中、陽興第一平民中學及三晉中學，又嘗總纂邑志。著有《詩經述義》、《禮記易簡錄》、《周禮述義》、《左腴類聚》、《爾雅述義》、《群經正義提綱》、《中字知源錄》、《秦漢郡州職任譜》、《外史歌略》、《漢隋二志存書輯略》、《閱微草堂詩話》、《藝林譚屑》、《約齋文集》、《鏵華社詩集》、《鞠部新聲傳奇》等，編印《讀史大事輯》、《國文講授輯存》、《近代文略輯》。

常茂徠 春秋女譜 一卷 存

國圖、浙大、北大、南京、湖北、中科院藏道光三十年（1850）夷門常氏怡古堂刻本

◎春秋女譜目錄：周、魯、晉、衛、鄭、齊、宋、楚、陳、秦、蔡、杞、紀、息、芮、莒、許、邾、小邾、鄫、鄅、郯、江、徐、邙、潞。（附）曹、賈、吳。各國無名雜婦女：周、魯、衛、鄭、齊、宋、莒。

◎序：余於春秋世族旁引曲證，廣為蒐羅。原以期其詳備，故於譜系外復摘取稱爵稱人者，彙而輯之。其未稱爵稱人者，僅以國名見於《春秋》者，亦彙而輯之，總附於後，以見詳益求詳、備益求備之意。因思各國既有譜系，其王后及諸侯之夫人妃妾子女，與夫各國諸臣之若妻若妾若子女，旁至姊妹舅甥姻亞之屬，若無譜以維繫之，亦不免仍有遺略。爰復加考詳，輯為一冊，名之曰《春秋女譜》。無名可稽而或因人因地因事以為名者，亦仍分國按年編次，附於其末。至若僅存虛名無可考證，如桓六年子同生公與文姜命名之宗婦、莊四年使覡哀姜之宗婦、襄二年齊如魯送齊姜葬之宗婦、莊十二年陳使飲南宮萬酒之婦人、宣二年晉殺宰夫使載以過朝之婦人、成二年晉三子弔衛穆公哭於門內之婦人、十七年齊慶克與蒙衣乘輦入門之婦人、晉厲公田與先殺飲酒之婦人、襄二十三年輦范宣子如公宮之二婦人、哀四年齊簡公與飲酒於檀臺之婦人，以及襄十一年鄭賂晉之女樂，諸如此類，不可枚舉，俱無從徵實，不得不槩事擯棄。又如有仍氏女元妻為樂正后、夔所娶雖確有其人，而非《春秋》之時，亦不敢濫入。何者？是書為譜作也，為譜春秋之女作也。為譜作，則無可譜者又惡能從而譜之耶！為譜春秋之女作，則非春秋之女子，抑又何必從而譜之耶！是為序。道光二十年歲次庚子夏五月朔日，祥符常茂徠秋厓并識。

◎摘錄卷末：按魯公父穆伯妻敬姜，文伯之母，季康子之從祖叔母也，見《國語》；晉成公之母，周女也，見《史記》；公子糾之母，齊僖公之妾，魯女也，見《史記》；陳穆公之母，宣公之妾，嬖姬也，見《史記》；又如齊孝公夫人孟姬、楚成王夫人鄭瞀、莊王夫人樊姬、昭王夫人貞姜、昭王妃蔡姬，俱見《列女傳》，雖皆《春秋》中人，而《春秋傳》中不載，不敢濫入，謹附於此以資參攷。

◎孫殿起《販書偶記》卷二：《增訂春秋世族源流圖考》六卷、《女譜》一卷，祥符常茂倈撰。道光三十年怡古堂刊。

◎上海古籍出版社 2015 年《續修四庫全書總目提要‧春秋類》「《春秋女譜》一卷」：是書乃常氏所撰《增訂春秋世族源流圖考》一書之姊妹篇。《增訂》一書所述，乃限於氏族中之男性世系，然《春秋》中亦多涉及各氏族之女性成員，如王后及諸侯之夫人、妃妾、子女，與夫各國諸臣之若妻若妾若子女，旁至姊妹、舅甥、姻亞之屬。對於此類零星散佈、為數眾多之女性人物，若無譜以維繫之，《春秋》氏族之學仍不免有所遺略。故彼書撰成後，常氏復加蒐考，輯為是編，以遂其詳益求詳、備益求備之意。是書大體仍仿《增訂春秋世族源流圖考》之例，分國別而排列之。以周為首，次以魯、晉、衛、鄭、齊、宋、楚、秦、陳、蔡、杞、紀、息、芮、莒、許、邾、小邾、鄫、鄅、郯、江、徐、邳、潞等國，曹、賈、吳三國因無夫人，故附錄於後，總計二十九國。一國之內則先敘其君王之夫人、妃妾、子女，次之以卿大夫妻妾、子女。每條以大字書其名氏，以雙行小字注釋其詳情。對於偶見於經傳而名氏無可考，或因人因地因事以為名者，則依舊以國為別、按年編次，名之曰「各國無名雜婦女」，附錄於篇末。至若經傳僅存虛名不可考證者，以其無從徵實，故悉加摒棄。或雖確有其人，而非春秋之時者，亦概不濫入。是書搜采該洽，條理謹嚴，取捨得當，適足以補充《增訂》一書之闕漏。此本據中國科學院圖書館藏清道光三十年夷門怡古堂刻本影印。（齊義虎）

◎常茂倈（1788～1873），字逸山，號秋崖，又號痛定思痛居士。河南祥符（今開封市）人。道光五年（1825）拔貢。屢試不第，遂專心著述。經史皆有論解，尤長於《春秋》。精考據，工分書，好收藏。功保偃師、登封教諭。著有《讀左隨筆》十六卷、《增訂春秋世族源流考》、《春秋女譜》、《春秋國都考》、《字補注釋》、《字補續編》、《讀經瑣言》、《兩漢質疑》、《廣古今同姓名錄》、《續兩漢金石記》、《續兩漢金石補釋》、《續中州金石考》、《洛陽石刻錄》、《祥

符金石記》、《三餘偶談》、《怡古堂文鈔》、《怡古堂賦鈔》、《怡古堂試帖》、《於陵子注釋》、《課餘瑣記》、《石田野語》、《汴京拾遺》、《增補小名錄》、《槐南小記》、《汴梁水災紀略》、《增訂三字經》、《汴中風土記》、《汴中歲時記》、《增訂如夢錄》、《嵩下吟》、《一竿竹山房詩草》、《歸來吟》。

常茂徠　讀左漫筆　十六卷　存

國圖、北大、南京、浙江藏同治六年（1867）常維潮木活字印本

北大藏清抄本

◎一名《讀左隨筆》。

◎孫殿起《販書偶記》卷二：《讀左漫筆》十六卷，祥符常茂徠撰。同治六年刊木活字本。

常茂徠　增訂春秋世族源流圖考　六卷　存

哈佛大學、國圖、北大、浙大、南京、湖北、中國民族圖書館藏道光三十年（1850）夷門（開封）常氏怡古堂刻本

◎陳厚耀原著。

◎目錄：卷一周、魯。卷二晉。卷三衛、鄭。卷四齊、宋。卷五楚、秦、陳、蔡。卷六曹、莒、杞、滕、薛、許、邾、吳、越、虢（附東虢）、虞、唐、紀、鄧、燕（附南燕）、郕、小邾、胡、沈、蕭、小國諸侯名號、小國諸臣名氏、小國以爵稱以人稱者、小國國名見於春秋者。

◎增訂春秋世族源流圖考序：《春秋世族圖》一書，為國朝陳太史曙峰先生撰，已收入四庫館矣。惜刊本無多，士君子不能家有其書也。乾隆五十四年，浦陽吳九成先生著《春秋集義》，取以刊附卷末，播惠士林，為功良鉅。徠家舊有寫本，惜未標名。初不知為何人作，嘗病其訛誤過多，苦於無從校正，訪求刊本數十年不獲見。後得溧水張氏嘉慶癸酉年鐫本，讀其序文，蓋即從《春秋集義》中摘出者，乃署名曰張道緒輯，而曙峰先生之名則削而不存。鄙心竊滋疑焉，疑夫是書或竟有兩本耶，抑或溧水之本於曙峰先生本別有所增益耶？用是蓄疑者又數年。嗣於友人處得浦陽刻本，取而校對之，乃知溧水之本寔即曙峯先生之本也，寔別無所增益也。徠既稔知此本為曙峰先生作，然猶惜其中尚有舛錯，且不免簡略，未能使閱者了然於目，在在得所考詳。因重加校訂，蒐羅各家之書，凡前後竭三四年之力。遇有缺遺者增補之，譌誤者訂正之，世

代支派，必加注釋，並於各國之所自始所由終有可考資者，不憚窮源竟委，以期無漏無遺。非敢多事筆墨，寔欲有裨觀覽，是則區區之心所竊欲求其完備而無能自己者。爰綴數語以道其緣起，俾讀是書者咸知曙峰先生為初寫蘭亭，此又數典不忘之微意。時道光二十年歲庚子夏五月朔日也，祥符常茂徠秋厓氏識。

◎增訂春秋世族源流圖考例言：

一、是編原為考核《春秋》而作，故舊本斷自春秋始，迄春秋末止。其春秋以前及春秋後概不錄取，以非春秋之時，且以有史記可考，不俟煩絮為也。然究不如並其始末源委詳著之，令閱者開卷即知此國從何而起、至何時止，不必復考史冊，最為簡便。故茲編於每國先自其始封起遞書爵名至人，春秋則界方以別之。迨春秋後仍遞書爵名，不復界方，所以別主賓、無混淆也。其在春秋前有支子或封國或受氏者，預為標明，使知為某某之祖。如吳為泰伯之後、東西虢為虢仲虢叔之後、魯為周公之後，即於大王、王季、文王下旁系泰伯、虢仲虢叔、周公諸人；魯展氏為公子展之後、郈氏為郈惠伯之後，即於孝公下旁系公子展、惠伯之類。由其支以推其本，自其始以要其終，亦稽古者之一快事也。故舊本名《春秋世族圖》，茲編易其名為《增訂春秋世族源流圖考》云。

一、是編舊本自周魯起至吳越止，著世次者凡二十國，餘皆總為小國諸侯名號及小國諸臣名氏附於卷末。茲復摘出虢虞唐紀鄧燕郕小邾胡沈蕭十數國稍有可考者，續編於吳越之後。其有臣名可考者，亦俱附之。餘仍彙為小國諸侯名號及小國諸臣名氏，總附於後。又復摘其以爵稱、以人稱及僅以國名見於春秋者，次第分編，附諸卷末，以期全備。

一、是編舊本止畫其世系，不註某人之祖若父、某人之子若孫，原取簡便，但其中多有無可考者，亦悉按隱桓各公年例編次，未免易致舛錯，使閱者不能了然於目。茲特於有可考者一一註明某人之祖、某人之父、某人之子若孫，其無可考者不敢妄為臆斷，旁註「未詳」二字，姑存其闕，俟高明者裁焉。

一、各國雜姓氏名號，舊本於每一國後按年編次，一人以一圈界之。茲復擇其中有系可考者，如某人為某人之子、某人為某人之後、某人為某人之兄若弟，或同族同姓者，一一標出，分附於各國諸臣世系之後，其餘仍彙為雜姓氏名號。又復摘其一人數名字者列之於前，界以方格；其單姓名者附之於後，按年次第仍一人以一圈界之，庶令閱者便於觀覽。

一、是編原為考核春秋世系，其非春秋時人，宜不必濫入。如王朝王子系中之王孫牟、周雜姓氏中之蘇忿生／周任／史佚／芮良夫／檀伯達／辛甲／辛有之類，俱非春秋時人，舊本皆一體編入。茲槩為刪去，使無混雜。其或間有非春秋時人而春秋之人有為之後者，亦仍存之以著世代。

一、舊本閒有重複者，如衛析朱鉏成子為公孫剽之子、子叔黑背之孫，鄭公子堅為鄭襄公之子，既列之本支，而雜姓及公子系中又復收入；鄭曼伯鄭公子也，已載之公子系中，而雜姓又復收入；子侯一人也，而雜姓中凡兩收；又如楚郤氏即伯氏之郤宛也，箴尹固即蔿氏之鍼尹固也，羊尹無字即申氏之芊尹申無字也，而本支既入雜姓，復見吳；由于即王孫由于也，而公子系及雜姓又兩收，以一人作兩人。諸如此類，易滋舛亂，不能不悉為更正，使歸畫一。

一、舊本閒有誤入者錯入者，如皇武子鄭卿也，誤收於宋之皇氏內；襄二十六年晉戍茅氏，杜註茅氏戚東鄙，此衛之地名也，而誤以為人名；襄三十年齊工僂灑、渻竈、孔虺、賈寅出奔莒，按工僂灑為襄十九年工僂會之後，見《六經圖考》，乃錯以工僂為一人而以灑字屬下作灑渻竈；魯之公冶季氏屬大夫，即季氏族也，其名見於襄二十九年，乃收入雜姓，而復附於季孫氏後添出一季字作季公冶。季公冶《左傳》並無其人，惟《國語》有季冶子冶，註云季氏之族子，究未有作季公冶者。凡此名字錯誤，尤失考詳，均不能不一一更定。

一、編中如鄭之叔詹，文公弟也，見《史記》，宜附於本支；魯之豎牛，叔孫豹子也，見《世族譜》，宜附於叔孫氏；晉之箕襄邢帶，韓氏族也，宜附於韓氏；士鮒、析成鮒宜附於范氏；齊之晏父戎宜附於晏氏；楚之子閭、子蕩、清尹弗忌俱屈氏族也，宜附於屈氏。舊本皆收入雜姓，茲俱摘出，附於各姓世系之後。它如宋子朝，宋之公子也，收入衛雜姓中；而宋之公子系中不見其名，亦覺未盡完備。茲並為補出。而又於一人之仕於兩國，擇其尤著名者，按所仕之年代兩收之。非故為重複，正以考詳其始末也。

◎上海古籍出版社 2015 年《續修四庫全書總目提要·春秋類》「《增訂春秋世族源流圖考》六卷」：春秋之世，自王朝以至諸侯大夫，得姓受氏，各有源流，其見於經傳者，不可殫數。漢唐學者雖有《世本》、《世譜》之作，惜久已湮沒不傳。泰州陳厚耀嘗著《春秋世族譜》（常氏自序中誤寫作《春秋世族圖》）一卷，搜采該洽，收入《四庫全書》，然刊本不多，流傳未廣。乾隆末，浦陽吳九成將其刊附於自著之《春秋集義》書末，得以流布。其間又有溧水張道緒冒名翻印之。常氏雅愛其書，惜其刻本多有舛錯，內容不免簡略。故竭三

四年之力，為之訂正譌誤，增補缺遺，擴為六卷，改題為《增訂春秋世族源流圖考》。是書體例與篇目基本沿襲原著，所增訂者約略有三：其一，縱向之拓展。原著所列之世系限於《春秋》之內，不復詳其始末源流。此書則上溯至於始封，下衍支脈終其末世。由其支以推其本，自其始以要其終，窮原竟委，以期無漏。《春秋》世之君，咸界方以墨色，外此之君則否，以相區別。於其昭穆、本支，必加注釋以說明，務使讀者一覽無餘。其二，橫向之拓展。原書自周魯下迄吳越，著世次者凡二十國，餘皆總彙入「小國諸侯名號」。此書則復摘出虢、虞、唐、紀、鄧、燕、郕、小邾、胡、沈、蕭十一國，為之圖譜世系，續於吳越之下。另增加「小國以爵稱以人稱者」及「小國國名見於春秋者」兩篇目，附錄於卷末。其三，譌誤之訂正。原著有非春秋時人而濫入者，皆刪去之；有前後人名重複收錄者，則合並之；有因姓氏相同而誤入他國及以地名誤作人名者，皆更正之。是書內容博洽、考訂詳審，不惟有功於陳氏原著，更有補於顧棟高《世系表》之闕遺。《春秋》氏族之學，幾乎備矣。此本據中國科學院圖書館藏清道光三十年夷門怡古堂刻本影印。（齊義虎）

常在 左傳要語 佚

◎光緒《山西通志》卷八十七《經籍記》上：《左傳要語》，榆次常在撰。

◎光緒《山西通志》卷一百二十九《鄉賢錄》十四：所著有《左傳要語》等書。

◎常在，山西榆次（今山西晉中市榆次區）人。常經子。弘治十八年（1505）進士。任山陽知縣。持身廉謹，撫民仁恕，召為御史，出按遼東、陝西。激揚得體，遷河間知府，皆有德政。著有《左傳要語》。

車廷雅 春秋三傳體注 十二卷 存

天津藏乾隆六十年（1795）同文堂刻兩節本

◎封面題：江寧車卓羣先生彙輯，上元陶京山先生鑒定。

◎敘：車子卓群，余同硯故友車靜年令嗣也。卓群為白下名諸生，學優腹笥，試輒冠軍。而其經學淵深，尤徵邃養。每於雞窗午夜之餘，率其子姪錫成、序賢諸少君，息心講求，無間寒暑。一日持《春秋三傳體注》來質於余。余檢而閱之，參會眾說，折衷至當。因憶昔在鍾山書院時與靜年交好，嘗聞其談經緒論，提綱挈領，井井有條。茲閱其令嗣所輯，益信家學淵源其

來有自也。蓋靜年本以《春秋》世其家，口吟手披，童而習之，至老不倦。其令嗣之習熟於《春秋》也，誠所謂「莫為之前雖美不彰，莫為之後雖盛不傳」者耶？！余讀是書凡例所載，敬錄御案，並遵欽定引用先儒諸說，然後薈萃精義，另為糸註。言必提要，義必鉤元，經義昌明，得所歸宿，其有裨於學人之講貫，而並以輔翼聖經，得仰副乎天子作人之至意，為功豈淺鮮哉！余緣相知有素，故得歷歷詳之。是為序。乾隆六十年乙卯端陽前四日，同學弟八十有五老人陶紹景拜序。

◎序：朱子云：「《春秋》明道正誼，據實書事，使人觀之以為鑒戒」，又云：「孔子作《春秋》，當時亦頗與門人講說，所以《左氏》《公》《穀》得一箇源流。《左氏》考事頗詳，《公》《穀》義理卻精，是三傳不可偏廢」，朱子固示人以讀《春秋》之法也。雅家世《春秋》，憶自入家塾時，先君子授是經，一切講解悉遵《欽定春秋傳說彙纂》，並示之曰：「我朝崇道右文，闡明經義，炳若日星。恭讀御製序云『獨服膺朱子之論』，讀《春秋》者惟敬奉此一語而已。欽惟皇上允廷臣議鄉會場，以五經試士，而《春秋》經說罷胡氏，以《左傳》本事為文，糸用《公》《穀》之說，甚盛典也。昔朱子謂《左氏》是史學，《公》《穀》是經學，胡《春秋傳》則大義正而有牽強處，誠以三傳親承聖教，較三千年後儒家之說為得其真耳。今奉聖訓，兼用三傳，俾天下士子咸知講求經義。信乎淵源有自，得所會通，乃示萬世以讀《春秋》之法也。」雅家塾讀本俻列三傳，凡講解則敬錄御案，並遵欽定引用先儒諸說。因不揣愚昧，以手錄成編者應坊友之請。非敢云行世，亦以見聖天子化成天下，所以勸經學而裨文風者至詳且盡，而凡讀《春秋》者於是有所準則云爾。峕乾隆六十年乙卯三月，金陵車廷雅卓羣氏謹識於天竹山房。

◎凡例：

一、《春秋三傳》合刻，悉遵欽定，於經文後俻載《左》《公》《穀》三傳。

一、三傳內經句有異同者，遵欽定，於經文下註明。

一、《左傳》有有傳無經者，遵欽定作附錄《左傳》，繫正傳之後。

一、是編遵御纂為折中，每條解說敬錄御案於前以便觀者即知經義。其有只用先儒諸說申明經義者，悉遵欽定，只載先儒之說。

一、是編解說，間有用另圖者，係家塾讀本，俱遵欽定《傳說》，撮綜大意，附列於後。

車萬育 春秋易簡 十一卷 存

南京、湖南藏康熙三十四年（1695）白門懷園刻本（東村主人批校）

◎孔廣陶《三十有三萬卷堂書目畧》經部春秋類著錄抄本十二卷。

◎光緒《湖南通志》卷二百四十六《藝文志》二：《春秋易簡》六卷，邵陽車萬育撰（節取胡安國《春秋傳》之文以便誦讀，故曰「易簡」。卷首有自序）。

◎尋霖、龔篤清編《湘人著述表》：《春秋易簡》六卷，書為節編胡安國《春秋傳》之作。清康熙三十四年（1695）懷園家刻本；清乾隆寶慶益元堂刻本。

◎車萬育（1632～1705），字與三，一字雙亭，號鶴田，又號敏州。湖南邵陽人。車泌書子。康熙三年（1664）進士，授戶部給事中，陞兵科掌印給事中，有直聲。子鼎晉、鼎豐、鼎賁皆有名。著有《聚善堂改良對子書音義點故旁訓》二卷、《聲律啟蒙撮要》三卷、《螢照堂明代法書石刻》十卷、《潑墨齋歷代法帖》十卷、《奏疏》十卷、《懷園詩文雜著》二十四卷、《車都諫集》二卷、《懷園集杜詩》八卷、《懷園集李詩》八卷、《懷園集唐詩》二卷、《全史一臠》、《歷代君臣交儆錄》一百卷、《嶽遊草》、《讀餘集》、《都諫疏稿》四卷。

陳寶鑰 春秋遵懼篇 十卷 佚

◎乾隆《泉州府志》卷四十五《列傳・國朝列傳》一：吳逆煽亂，挾督撫司道而去，人皆震懾，莫敢斥其非，寶鑰毅然力爭，痛哭流涕，時咸為危，以民望獲免。乃退處，取《春秋》四傳而斷解之，以寓感憤。已而被羈長沙，復集歷代諸史縱橫褒貶闔幽抉奧，於前明賢奸實跡亦審慎搜採。脫險，棲遲湖湘南北大江左右，著作蒲車，剖剜千葉。既歸家，布衣疏食，名其堂曰綠野，列書於左右，口不絕吟，手不停披，篝燈丙夜，有得即書之。與安溪李日燡相友善，常郵寄互相參證。年七十四卒。所著有《春秋遵懼編》二十六卷、《綠野堂論史》十卷、《詩集文集》八卷、《四書經義》共六卷。

◎乾隆《泉州府志》卷七十四《藝文》：陳寶鑰《春秋遵懼篇》十卷、《綠野堂評史》二卷、《鐵圍山堂集》一卷、《楚遊紀詩鈔》一卷、《吳越遊紀詩鈔》一卷、《鷺夢紀詩鈔》一卷、《秣陵遊紀詩鈔》一卷、《草草紀詩鈔》一卷、《悠悠紀詩鈔》一卷、《蜀遊紀詩鈔》一卷、《紀吳行詩鈔》一卷。

◎道光《晉江縣志》卷之七十《典籍志》：陳寶鑰《春秋遵懼篇》十卷、《綠野堂評史》二卷、《鐵圍山堂集》一卷、《楚遊紀詩鈔》一卷、《吳越遊紀

詩鈔》一卷、《鷺夢紀詩鈔》一卷、《秣陵遊紀詩鈔》一卷、《草草紀詩鈔》一卷、《悠悠紀詩鈔》一卷、《蜀遊紀詩鈔》一卷、《紀吳行詩鈔》一卷。

◎陳寶鑰,字大萊,號蓼厓,晚更綠崖。福建晉江人。南明唐王隆武二年（1647）舉人,永曆九年（1655）任協理禮官。入清後任青州海防道僉事、江南驛傳鹽驛道兼揚州鈔關。康熙九年（1670）赴貴州糧驛道任。著有《春秋遵懼篇》十卷、《陳綠厓詩》、《綠野堂評史》二卷。

陳朝爵 讀左隨筆 二卷 存

1925 年秋浦館油印本

安徽大學月刊 1934 年第二卷第三 / 四期本

華東師範大學出版社 2018 年經典與解釋・古學縱橫叢書排印潘林編注本

◎潘林編注本題《〈左傳〉讀法兩種》,括林紓《左傳擷華》、陳朝爵《讀左隨筆》。

◎序：

余以癸亥（1923 年）來秋浦,館周氏宏毅學舍,日以《春秋左氏傳》課諸生。慮其未識經學塗徑,或知所謂經學矣,而娉守一先生言,煖姝溝瞀,封己而嫉人,或篤古拘墟,徒知記誦數典,而大義芒然,則司空城旦書之不若,是皆非通儒治經法也。爰以講授之際,隨口指授,稍稍積累,因命諸生錄出,條分比次,印成以畀之。冀其鑑古知今,庶幾於吾夫子深切著明之書,讀以呂成公須切近看之法。世之人或不敢疑經學為無用,而古字訓故為文章鈐鍵,皆弗可略,亦復引申先儒義例,要以通經而止。時所講為姚叔節氏選讀本,故非全書,而其於文章義法,批郤導竅,殆無遺蘊云。時民國十四年乙丑歲（1925 年）閏四月,長沙陳朝爵自識於秋浦館中。

泱泱神州,民性實仁。一治一亂,孰紀孰棼。生民者天,恩民者聖。恩之維何？曰一以定。其一維何？糓力用德。以德服人,東西南北。在昔孟氏,深於《春秋》,知聖心之所懼,甘罪我而不尤。小子碨碨,蛾術自精。急何能擇,呼天大鳴。天乎愛民,庶終反於太平。朝爵再題。

◎《讀左隨筆》一百七十條,末附經說三篇,係由陳氏秋浦學舍授課講義整理而成。不具載經傳原文,但於所見分條臚列,參稽諸說,詳加訓釋。

◎陳朝爵（1876～1939）,字慎登,號苊廣。湖南長沙人。早入長沙府學,受知學使吳慶坻。客皖時與桐城方守彝、方守敦、姚永樸、姚永概等相與講義

論學。曾執教湖南長沙楚怡學堂、安徽省立第一中學、安徽東至秋浦宏毅學舍、安徽大學。著有《讀左隨筆》二卷、《漢書藝文志集說》六卷、《文學釋詞》、《文法在我》、《字學淺詁》、《歷代聖哲學粹後編》二十六卷、《文選隨筆》、《孔子學案》一卷等。

陳澹然 春秋集傳 佚

◎劉聲木《桐城文學撰述考》卷四陳澹然撰述：《權制》八卷、《窮言》二卷、《江表忠略》二十卷、《塾言》一卷、《治原》二卷、《內治質言》四卷（未刊）、《憲法治原》四卷、《原人》四卷、《靜觀一得》一卷（未刊）、《江防臆略》一卷（未刊）、《宋太祖本紀》一卷（未刊）、《波蘭遺史》四卷（《江西官報》刊本）、《晦堂疏牘》四卷（未刊）、《晦堂紀聞》二卷（未成）、《晦堂叢記》四卷（未成）、《經微》二卷（未成）、《刪纂管子》一卷、《刪纂老子》一卷、《刪纂賈子》二卷、《春秋集傳》、《禮經》、《樂經》、《刪纂大學》一卷、《刪纂中庸》一卷、《王文成全書》十卷、《王文成年紀》一卷、《文鑒八十卷例言》一卷、《似園叢鈔》十二卷、《周武壯公遺書》八卷、《民國鑒》三卷、《萬國公史議》二卷。

陳道 左氏紀事本末 佚

◎魯九皋《山木居士外集》卷四《皇清賜同進士出身候選知縣在籍終養覃恩誥贈中憲大夫浙江分巡金衢嚴道加三級晉資政大夫陳公行狀》：是時也，祝人齋先生來弔喪，公既與之諮諏喪禮，因嘆議禮家言人人殊，欲薈萃先儒簡要精義為一書，俾夫學者童而習之，稍有以窺古聖制禮之意。屬其事於人齋，以人齋曾自任注禮，且以其年近五十未舉子，欲俾以著書家居，因資以膏火費，止其客遊也。而公自任《春秋》，以為《左》《公》《穀》三傳傳經，或誣或誕，不但彼此多牴牾，其於經意益多違悖；即後來《胡氏傳》，義理正矣，而多以己意解經，非聖人本旨。至《國語》與《左傳》互見，亦頗可采，欲於其中擇是去非，以成一書。先是，公課三四兩子，倣袁機仲《通鑑紀事本末》之例，編輯《左氏紀事本末》一書，俾之誦習。至是又刪其駁雜存其精粹，以課幼子。學者請其書以嘉惠後學，公歉然曰：「此未成之書也。」……生平讀儒先書，體諸身，不形諸論說。自集崧甫遺書後，又以《近思錄》例集四子書，日自考鏡得失。又集周、程、張、朱、陸、王、鄒文莊公、羅文恭公之書之切於身者為一編，朝夕省覽。其文不苟作，有所作必本其中之所得為言。嘗曰：「讀古

人書，行之不暇，何暇以為文？」其所欲注《春秋五傳》尚未成書，所存者僅得《古雜文》六卷、《古今體詩》二卷。

◎陳道，字紹洙，號凝齋。著有《左氏紀事本末》。

陳敷 左氏摘鈔 六卷 佚

◎孫葆田《山東通志》卷百二十七《藝文志》第十：《州志》載是書，稱其有杜當陽之癖，然不專主杜義。

◎陳敷，字敬五，號竹雲。山東平度人。嘉慶二十四年（1819）舉人。選授曹縣訓導。著有《左氏摘鈔》六卷。

陳瀚 春秋雜說 佚

◎尋霖、龔篤清編《湘人著述表》著錄。

◎陳瀚，字子峻，號德軒。湖南湘鄉人。諸生。與邑人朱恢元等結社東山，時人稱「東山十子」。後問學思賢講舍，極為主講郭嵩燾推許。著有《京氏易傳注》、《書經雜說》、《詩經雜說》、《三禮集說》、《春秋雜說》、《解經匯纂》、《荀子注辨正》、《莊子注辨正》、《列子注辨正》、《籌洋雜抄》、《中外交涉事略》、《平定新疆紀略》、《伊犁紀略》、《臺灣紀略》、《滇案紀略》、《劍閑齋師門問答》（陳瀚問，郭嵩燾答）、《劍閑齋詩文集》七卷。

陳淏子輯註 陳枚彙評 左傳必讀書 十六卷 存

石家莊藏康熙二十一年（1682）刻本

◎陳淏子（約 1612～），字扶搖，自號西湖花隱翁。康熙間尚在世。著有《左傳必讀書》十六卷、《花鏡》六卷。

陳洪書 春秋撮要 佚

◎乾隆《泉州府志》卷七十四《藝文》：陳洪書《今文儀禮解要》、《春秋撮要》、《離騷經析疑》、《唐詩正則》、《遜洛詩稿》。

◎道光《晉江縣志》卷之七十《典籍志》：陳洪書《今文儀禮解要》、《春秋撮要》、《離騷經析疑》、《唐詩正則》、《遜洛詩稿》。

◎乾隆《泉州府志》卷五十五《文苑・國朝文苑》二：嘗論士必窮經，使天人性命禮樂政治之理有得於心，而又博涉子史，知古今是非邪正經濟文章，是故以之作文言為有本，以之為人行為有原，蓋知所重矣。年五十，未遇而卒。

所著有《今文儀禮解要》、《離騷經析疑》、《唐詩正則》、《春秋撮要》、《自訂四書文》、《遜洛詩稿》。

◎陳洪書，字遜洛，號健亭。福建晉江人。乾隆六年（1741）拔貢。十三歲而孤，事母至孝。為人慷慨有志節，讀書過目成誦，經史百家手自抄錄。年五十，未遇而卒。所著有《今文儀禮解要》、《春秋撮要》、《自訂四書文》、《離騷經析疑》、《唐詩正則》、《遜洛詩稿》。

陳厚耀 春秋長曆 十卷 存

四庫本

國圖藏清抄本

湖南藏清文瀾閣四庫全書傳抄本（何紹業校並跋。存八卷：卷一至八）

南京藏同治十二年（1873）周懋琦抄本

光緒十五年（1889）上海蜚英館石印皇清經解續編本（一卷）

國圖、復旦藏 1923 年韓國鈞輯海陵叢刻〔註3〕鉛印本（題春秋長曆集證）

南京藏清丁氏八千卷樓抄本（清盛鳳翔校）

浙江藏清抄本

鳳凰出版社 2015 年盧佩民主編泰州文獻第四輯（泰州文存）影印本

◎提要：是書補杜預《長曆》而作。原本不分卷帙，今約略篇頁釐為十卷。其凡有四：一曰「曆證」，備引《漢書》、《續漢書》、《晉書》、《隋書》、《唐書》、《宋史》、《元史》、《左傳注疏》、《春秋屬辭》、《天元曆理》、朱載堉《曆法新書》諸說以證推步之異。其引《春秋屬辭》載杜預論日月差謬一條為注疏所無。又引《大衍曆數・春秋曆考》一條亦《唐志》所未錄，尤足以資考證。二曰「古曆」，以古法十九年為一章。一章之首推合周曆正月朔日冬至。前列演算法，後以春秋十二公紀年。橫列為四章，縱列十二公。積而成表以求曆元。三曰「曆編」，舉《春秋》二百四十二年，一一推其朔閏及月之大小，而以經傳干支為證佐，皆述杜預之說而考辨之。四曰「曆存」，以古曆推隱公元年正月庚戌朔。杜氏《長曆》則為辛巳朔，乃古曆所推之上年十二月朔，謂元年之前失一閏，蓋以經傳干支排次知之。厚耀則謂如預之說，元年至七年中書日者雖多不失，而與二年八月之庚辰、三年十二月之庚戌、四年二月之戊申又不能合，隱公三年二月己巳朔日食、桓公三年七月壬辰朔日食亦皆失之。蓋隱公元年以前非失

〔註3〕該《叢刻》為鉛印暨石印。

一閏，乃多一閏。因退一月就之，定隱公元年正月為庚辰朔。較《長曆》實退兩月。推至僖公五年止。以下朔閏，因一一與杜曆相符，故不復續載焉。杜預書惟以干支遞推，而以閏月小建為之遷就。厚耀明於曆法，故所推較預為密。蓋非惟補其闕佚，並能正其訛舛，於考證之學極為有裨，治《春秋》者固不可少此編矣。

　　◎同治《續纂揚州府志》卷二十二《藝文志》上：《春秋長曆》十卷（陳厚耀撰）。

　　◎施彥士《春秋朔閏表發覆》中《書陳氏（厚耀）春秋古秝後》、《陳氏春秋古歷朔食命甲異同十四條》、《述陳氏春秋歷存後》諸篇及王韜《春秋朔閏至日考》上卷《與湛約翰先生書論姚氏長秝之謬》可參。

　　◎趙爾巽《清史稿》卷一百四十五志一百二十《藝文》一：《春秋長曆》十卷，《春秋世族譜》一卷，陳厚耀撰。

　　◎張之洞《書目答問》卷一《經部》：《補春秋長歷》十卷（陳厚耀。刻本。今人烏程汪氏《補春秋長歷》未刊）。

　　◎陳厚耀（1648～1722），字泗源，號曙峰。江蘇泰州人。康熙四十五年（1706）進士。歷任蘇州府學教授、內閣中書、翰林院編修、國子監司業、翰林院修撰等職，曾任康熙五十七年會試同考官。學問淹博，早師梅文鼎研算。著有《春秋世族譜》一卷、《春秋氏族圖》不分卷、《春秋世本圖譜》一卷、《春秋世次圖》不分卷、《左傳分類》、《春秋戰國異辭》五十四卷、《通表》二卷、《摭遺》一卷、《十七史正訛》、《借根方演算法》八卷、《演算法纂法總綱》三卷、《八線根表》一卷等。

陳厚耀　春秋氏族圖　不分卷　存

　　天津師範大學藏道光二十四年（1844）石延壽館刻本

陳厚耀　春秋世本圖譜　一卷　存

　　國圖〔註4〕、上海、嘉興、新疆大學藏乾隆五十七年（1792）刻蓬瀛一經本

　　鳳凰出版社2015年盧佩民主編泰州文獻第四輯（泰州文存）影印乾隆五十七年（1792）刻蓬瀛一經本

〔註4〕李慈銘校。

　　◎序：為《春秋左氏》之學者，或以地紀，或以官紀，或以人紀，或以事紀，班班盡有成書。而言譜系者，自杜預《春秋公子譜》而後，若唐顧啟期之《春秋大夫譜》、崔表之《春秋世本圖》，其書皆散佚不可見。後之人欲攷其世系所由，每樊然莫得其端緒。余嘗感武平一三桓七穆之對，因戲括為圖譜以示諸同好，則本末釐然具在。而牽於俗學，耳偪目儦，未遑旁及諸國，其於譜系之學猶蒙耳也。頃於友人處見吳陵陳太史曙峰先生〔註5〕《春秋氏族譜》一書，具本孔氏《正義》，兼采諸書，而一宗於杜氏。考核周詳，如物在貫。余屢欲購置篋中不可得。今年冬，白田湯荊垣攜其原本來邗上，余因慫其重付梓以廣其傳。荊垣乃請余題數語以誌顛末，蓋於曩喆遺編不敢掠美也，亦可謂學有本原，能自樹立者矣。余知荊垣最久，方見稽經誦史，矻矻不休，異日振采儒林，出所著述以資採獲，其將與太史相頡頏也歟！戊戌長至後五日，並山弟吳鈺拜題。

陳厚耀　春秋世次圖　不分卷　存

　　湖北藏清刻本

陳厚耀　春秋世族譜　一卷　存

　　國圖、復旦、浙江、湖北、武漢藏雍正三年（1725）陳厚耀刻本

　　四庫本

　　國圖、北大、上海、濟南、山西、石家莊、陝西師範大學藏嘉慶五年（1800）東昌葉蘭葉氏書林刻本

　　上海、山西藏道光十八年（1838）湯荊垣刻本

　　國圖〔註6〕、南京藏道光二十年（1840）寶翰樓刻本

　　北大藏道光二十四年（1844）王書雲刻本

　　道光刻清頌堂叢書本

　　國圖、北京師大、天津社科院藏光緒十二年（1886）邵武徐氏刻邵武徐氏叢書二集二十二種本

　　國圖藏、北大、上海、復旦、中科院、首都圖書館藏光緒二十五年（1899）兩湖書院正學堂刻本（二卷）

〔註5〕一本此下有小注：按《疇人傳》，陳厚耀字泗源，號曙峰，泰州人也，康熙丙
　　　　戌進士，癸巳特授翰林院編修。
〔註6〕丁晏校注。

北大藏清抄本（二卷）

◎二卷本目錄：

◎春秋世族譜原序：往余比次《左氏春秋》，欲求《釋例》十五卷，備杜氏一家之學。訪諸南中藏書家，訖無傳本。廼私擬采擷羣書，用補先儒墜緒。會蒙特恩入史館，領書局，直廬餘暇，稍得縱覽於一行、姜、郭之書。先成長歷六卷，質諸善算家，或蒙見許。其元凱《釋地》雖雜見史傳注家中，猝不可收拾。同館高編修巽亭出其先宗伯澹人《左傳地名》四冊，薈萃沿革，以續杜、京之所未備。竊意略加增損，可用鈔傳。獨《世族譜》中外所行皆坊間陋刻，學舍承習，譌舛寔多。遂本孔氏《正義》，傍及他書，勾填塗乙，凡七易藁而後定。丁酉臘月下直，廼得寫成正本。其經傳中名氏略具，而世系無攷者，依杜例別出雜人一類。其杜說不詳而傍取證佐，或彼此小有異同者，寧曲從杜氏以存古人謹守師傳之意。他日鈎援參互，滙成全書，以扶缺學、祛疑義，匪敢同之作者，庶幾存詒家塾，聊資辯覽云爾。曙峰陳厚耀自記。

◎跋：曙峯先生湛深經學，兼該條貫，自幼以詩藝角逐名場，幾三十餘年，終乃以曲臺登上第。他如典謨訓詁、彖象卦爻以及星曆算數，靡不精析毫釐，而於《春秋》尤癖於《左》。原家世業麟經，卯之役猥與先生之弟九予同出洪雅張夫子之門，《春秋》雖專經，然探賾索微，則皆以為弗若先生遠甚。先生於《春秋》經傳門分類纂，是不一種。今觀其《氏族》一帙，錯綜會萃，如聚米為山、數螺於掌。竊慨以《春秋》應舉，技止帖括，設舉世系名字參互以詢，孰能衝口應者？讀是帙能無汗顏？以是行世，將業他經者可資淹博，業麟經者可窮源委，先生之沾丐後學非細也。不然，則尹氏為婦人、為男子遠莫能辨，而顧云窮經，經學若是其鹵莽乎哉！雍正乙巳夏午，愚表弟王晉原雪樵氏拜手謹跋。

◎提要（題一卷）：春秋之世，自王朝以迄諸侯大夫，得姓受氏，各有源流，其人之見於經傳者不可殫數。漢宋衷有《世本》四卷唐代尚傳，今惟孔氏《正義》中偶載其文而書則久佚。《隋書・經籍志》有《春秋左氏諸大夫世譜》十三卷不知何人所撰，今亦無存。杜預作《春秋釋例》中有《世族譜》一篇具載其世系昭穆之詳，而自宋以來湮沒不見。今恭遇聖代表章遺籍，《釋例》一書得於《永樂大典》中裒輯叢殘復為完帙，獨《世族譜》僅存數條，仍不免於闕略。厚耀當時既未睹《釋例》原本，因據孔氏《正義》旁參他書，作此以補之。其體皆仿旁行斜上之例，首周世次圖，而以周之卿大夫附後，次魯、次晉、次衛、次鄭、次齊、次宋、次楚、次秦、次陳、次蔡、次曹、次莒、次杞、次滕、次許、次邾、次吳、次越、次小國諸侯，皆先敘其君王世系而附以卿大夫。其偶見經傳而無世次可稽，如周之凡伯／南季、魯之眾仲／秦子之類，則別曰「雜姓氏名號」，另為一篇，附卿大夫世系之後。搜采頗為該洽。近時顧棟高作《春秋大事表》有《世系表》二卷，其義例與此相近而考證互有異同。如周卿大夫之周公忌父、召莊公諸人，此書徵引不及顧本之備，又脫漏王叔氏世系不載，亦為遜於顧本。然顧氏於有世系者敘次較詳，其無可考者概闕而不錄，此書則於經傳所載之人祗稱官爵及字者，悉臚采無遺，實為顧本所未及。讀《春秋》者以此二書互相考證，則《春秋》氏族之學幾乎備矣。

◎雍正三年本卷首：《春秋氏族譜增輯》，杜氏《春秋釋例》十五卷中有《氏族譜》兩卷，其書久佚，乾隆中從《永樂大典》中錄出。當陳氏搜輯時尚未及見，然今原書究多殘缺，反不及此書之詳。且支分派別，條理秩然，較杜《譜》尤便觀覽。是書乾隆戊戌湯荊垣重刻，刪去《列國雜姓氏名號》及《公子系未詳者》兩種，頗為庸妄。嘉慶辛卯，吾郡顧奕蘭又重刊之，所刪亦同。本尚是原刻，足本可貴。惟顧刻增《春秋前後世系》，今錄之以備考據。

◎嘉慶《重修揚州府志》卷六十二《藝文志》一：《春秋世族譜》一卷（陳厚耀撰）。

◎趙爾巽《清史稿》卷一百四十五志一百二十《藝文》一：《春秋長曆》十卷，《春秋世族譜》一卷，陳厚耀撰。

◎張之洞《書目答問》卷一《經部》：《春秋世族譜》一卷（陳厚耀。與李淇《春秋世紀編》合刻本。道光十九年湯刻本）。

陳厚耀 左傳分類 佚

◎嘉慶《重修揚州府志》卷五十一《人物》六陳厚耀：厚耀著有《孔子家語》《左傳分類》《禮記分類》《戰國策異詞》《十七史正訛》及《天文算法》諸書。

◎《疇人傳》卷第四十一陳厚耀：論曰：吾鄉通天文算法之學者，國初以來，以泗源先生為第一。焦君里堂（循）曰：「曙峯以聖天子為師，故其所得精奧異人。方其引見時，諄諄不倦，何其遇之隆也。世之談算法者，動推梅氏，敬觀聖祖論梅穀成數語，千秋定論，可不朽矣。郡志載曙峯所著《孔子家語注》《左傳分類》《禮記分類》《戰國異辭》《十七史正譌》諸書，蓋已久亡。今存《春秋世俗譜》一卷、《春秋長秝》十卷，乃《左傳分類》中之二種也。」焦君輿余同里，湛深經術，而尤善為算，會通中西，折衷至當，著有《里堂學算記》十六卷。泗源先生之學，可引而弗替矣。

陳奐 公羊逸禮考徵 一卷 存

吳江藏稿本

北大藏同治四年（1865）元和陳倬抄本

國圖、湖南、山西藏同治七年（1868）潘氏刻滂喜齋叢書本

光緒十二年（1886）吳縣朱氏家塾刻槐廬叢書本

國圖藏光緒十四年（1888）南菁書院刻本

光緒十五年（1889）上海蜚英館石印本

光緒刻孫谿朱氏經學叢書初編本

皇清經解續編本

叢書集成初編據滂喜齋叢書本排印本

臺灣藝文印書館百部叢書集成影印滂喜齋叢書本

續修四庫全書影印同治潘氏刻滂喜齋叢書本

上海古籍出版社 2015 年清代春秋學匯刊點校本

◎奐弟子陳倬注。

◎跋：先師徵士碩甫先生嘗語倬曰：「何劭公不信《周官》，故注《春秋公羊傳》援據逸禮，閒參漢灋。中所稱引，不少先秦舊典，徐彥疏解多指為時王之禮，蓋攷之未審也。」出所著《公羊逸禮攷徵》授倬，倬受而讀之，肄業所得，時有引伸，質諸先生，謂可坿存，因錄副藏於家。咸豐庚申，遭亂燬失，

先生定本亦亡。越三年先生歿，哲人其歿，請業末由。同治乙丑，從先生孫孟午秀才求得帅槀十數紙，攜以入都，忽忽未及綴理也。侍郎潘伯寅先生訪求先生遺書，許為鏤版。迺悉心校讎，錄成一卷。先生邃於禮經，發昔賢所未發，具詳《毛詩傳疏》。是書論朝制、門制、廟制、城制、禘祫之禮、歸寧之禮皆撮其要以引其耑，而於禮之文異意同者坲箸各條，習見則略焉。惟檢尋何注尚有當補者，如隱元年注「禮：年二十，見正而冠」，又注「禮不贈妾」；莊二年注「禮：生有善行，死當加善諡，不當復加錫」，九年注「禮：公子無去國，道臣異國義」（又襄二十九年注「禮：公子去國之義，故不越竟」），十九年注「禮不求媵，二國自往媵夫人，所以一夫人之尊」（又成八年注禮：「君不求媵，諸侯自媵夫人」）；二十四年注「禮：兵敵則戰，不敵則守」，僖十四年注「禮：男不親求，女不親許」，宣五年注「禮：大夫驂乘有車，右有御者」，定元年注「禮諸侯為天子治城，各有分丈尺」，又襄十六年注「《禮記・玉藻》曰：天子旂十有二旒，諸侯九，卿大夫七，士五。徐氏云今《禮記・玉藻》無此文，唯《禮說稽命徵》及《含文嘉》皆云天子旗九刃十二旒曳地，諸侯七刃九旒齊軫，卿太夫五刃七旒齊較，士三刃五旒齊首」，凡若此者，皆當詳為攷覈，以竟先生之緒。坲志於此，疏而明之，俟諸異日焉。戊辰冬十一月，受業元和陳倬敬書。

◎朱記榮跋：《公羊逸禮考徵》者，長洲陳碩甫徵君輯何邵公《公羊注》所援逸禮，為之析其同異、詳其指歸而作也。徵君既邃《毛詩》之學，尤熟於禮經。故其徵引都為徐氏疏解所未發，往往舉正其誤，證據精塙，持論平允，洵治禮者必讀之書也。三代禮書，秦火後所逸蓋多矣，邵公不信《周官》，是以多援逸禮，大抵猶先秦之舊逸禮之幸而廑傳。復得徵君發疑正讀，不愈可貴哉！書為徵君高弟陳培之先生錄存，間有補注，曾為徵君偁許。其跋語所舉「禮：年二十，既正而冠」各條，惜未加疏證以竟徵君之緒。世有博雅君子，踵而成之，不誠是書之幸也與！光緒十有二年季冬之月，吳縣朱記榮識。

◎陳奐《師友淵源記》：陳生倬字培之，元和人。熟《文選》，能背誦。好明古人制度。余教之吉禘時禘之辨、殷學周學之分、路寢太廟與昭穆大廟不當合為一制，遂作《禘祫宗廟學校諸大典》數篇，咸豐二年壬子，二場題「勿士行枚作行微解」，從余疏說，主司沈朗亭兆霖知此說，獲雋焉（咸豐九年己未進士，戶部主事）。

◎戴望《謫麐堂遺集》文卷一《清故孝廉方正陳先生行狀》：先生昆弟四人，於行為仲。幼從師受《周官》《禮》《左氏春秋》，年將二十始學功令文。

於塾中見徐氏《讀禮通考》、秦氏《五禮通考》諸書，纂要鈎元，私自過錄，由是得窺為學途徑。年二十五，就江君沅治小學。時金壇段先生玉裁自巫山知縣引疾歸，蹴居吳下，故與江祖徵君聲相善。段嘗謂曰：「吾所箸《六書音均表》唯子大父及子知之，餘罕知者。」江以語先生，先生竭一晝夜力攻之，盡得梗槩。異日段將栞其集，命江覈審，以未定本，屬勿假人。先生覯而愛之，加朱墨為識，正其偽悮。越月返其書，段見朱墨識，詰所自來，知為先生，迺大動容曰：「是子能讀書，吾且往見。」先生遂委質師事段先生。命治《毛詩》《說文》，旋補長洲縣學生員。從學三年，將往海門，段先生送之曰：「女聞道早，賈、孔不女逮也。讀書舍此無它求矣。」無何，段先生卒，嘉慶二十一年也。明年入都，謁王給事念孫，給事已致仕，其子文簡公引之方為禮部侍郎，就養其邸，恒老病不見客。閽人辭焉，先生曰：「試以名刺入，不見不敢贅也。」給事視其刺，喜甚，命僕扶出，由寢門及堂，大噱先生字，曰：「若膺歿後猶有高第弟子如君者乎！老夫不佞，願為忘年交！」自是先生往給事所，徑造寢室質問疑義，若家人然，文簡亦敬愛先生，凡四方學者至，必道使見。於時賢士大夫若胡給事承珙、郝戶部懿行、胡戶部培翬、金優貢鶚、徐學士松、戴刑部敦元，咸納交恐後。文簡方箸《經義述聞》，每一卷成，必出相示。嘗曰：「吾與若學術既同，閉門造車，出而合轍，德不孤矣。」道光二年，程大理同文以奉天府府丞兼學政，欲先生偕行，曰：「吾載書五車出塞，廣開學校，詎子不為文翁乎？」先生以有二親在，力辭歸。既遭父母喪，再入都，猶及見王先生，年已八十餘矣，日校《管》《荀》，書成，命先生審正。未幾客浙，汪舍人遠孫聘主其家，出所箸《國語發正》共定，已謂先生曰：「子體弱，日月不我與，盍將所箸《毛詩》作為傳疏，互相切磋乎？」初，先生於京師交胡給事，給事專治《毛詩》，與先生同術，先生意其治《詩》有年，於毛氏經傳必為完書，故己所治《詩》特編為《義類》。及給事出為台灣兵備道，引疾歸里，病革，遺言以所譔《後箋》艸本遺先生，自《魯頌‧泮水》以下皆闕，為之補篇，乃知所治《毛詩》特條舉傳義，不為統釋，遂有揉《義類》作疏之志。至是聞舍人言，始屬艸稿，迄六年而定，先生五十五歲矣。書成而舍人歿，其弟适孫復請定其兄遺書，又為先生栞《詩疏》以行。凡主汪氏者二十餘年，咸豐初詔舉孝廉方正，鄉人士以先生應。故人沔陽陸公總督兩江，延先生往校栞羣籍，踰年歸。會東南亂，比歲不得息，先生自是不復出游。十年夏，賊陷蘇州，避地無錫夫容山，屏跡以居。同治二年五月至上海，將就協辦大學士兩江總督曾

公聘，未行，得脾泄疾，以六月二十九日甲辰歿於龍華郁氏舍，春秋七十有八。妻顧孺人、子埏皆前卒，孫丙喜長洲縣學附生，四年某月日，葬先生於木瀆北石橋。先生於《毛詩》最為專家，所著《毛詩傳疏》於先漢微言大義無不曲發其蘊，自為序曰：「昔者周公制禮作樂，詩為樂章，用諸朝廷宗廟，達諸鄉黨邦國。當時賢士大夫皆能通於詩教，孔子以《詩》授羣弟子，曰『小子何莫學夫《詩》』，又曰『不學《詩》無以言』，誠以詩教之入人者深，而聲音之道與政通也。卜子子夏親受業於孔子之門，遂隱括詩人本志，為三百十一篇作序。數傳至六國時，魯人毛公依序作傳，其序意有不盡者，傳乃補綴之，而於詁訓特詳。授趙人小毛公。《詩》當秦燔錮禁之際，猶有齊魯韓三家《詩》萌芽間出。三家多采雜說，與《禮》《論語》《孟子》《春秋內外傳》論《詩》往往或不合。三家雖自出於七十子之徒，然而孔子既歿微言已絕，大道多歧異端共作。又或假以諷動時君，以正詩為刺詩，違詩人之本志。故齊魯韓可廢，毛不可廢。齊魯韓且不得與毛抗衡，視其下者乎？漢興，齊魯韓先立學官、置博士，而毛廑僻在河間。平帝末得立學官，遂遭新禍。班固說詩，魯最為近之者，素習見聞而云然也。東京已降，經術寖隆，若鄭眾、賈逵、許慎、馬融，稍稍治《毛詩》，然在廷諸臣，猶尚魯訓，兼習鄭故。鄭康成殿居漢季，初從東郡張恭祖學《韓詩》，後見《毛詩》義精好，為作箋，亦復間襍《魯詩》，並參己意，固作箋之旨實不盡同毛義。及至魏晉，鄭學既行，雖以王肅不好鄭氏，極力申毛難鄭，究未得毛之精微。唐貞觀中，孔沖遠作《正義》，傳箋俱疏，於是毛鄭兩家合為一家之書矣。兩漢信魯而齊亡，魏晉用韓而魯亡，隋唐以迄趙宋，稱鄭而韓亦亡。近代說詩，兼習毛鄭，不分時代，不尚專修，不審鄭氏作箋之旨，而又苦毛義之簡深，猝不得其涯際，漏辭偏解，迄無鉅觀。二千年來，毛雖存而若亡，有固然已。奐不揣檮昧，沈研鑽極，畢生思慮會萃於茲。竊以《毛詩》多記古文，備詳前典，或引申或假借，或互訓或通釋，或文生上下而無害，或辭用順逆而不違，要明乎世次得失之迹，而吟詠情性，有以合乎詩人之本志。故讀《詩》不讀序，無本之教也；讀《詩》與序而不讀傳，失守之學也。文簡而義瞻，語正而道精，洵乎為小學之津梁、羣書之鈐鍵也。初仿《爾雅》，編作《義類》，凡聲音訓詁之用、天地山川之大、宮室衣服制度之精、鳥獸草木蟲魚之細，分別部居，各為探索。久乃剗除條例章句，揉成作疏。攷《漢書·藝文志》，《毛詩》二十九卷、《毛詩故訓傳》三十卷，此蓋以十五《國風》為十五卷、《小雅》七十四篇為七卷、《大雅》三十一篇為三卷、三《頌》為三卷，

合為二十八卷，而《序》別為一卷，故二十九卷。毛公作《故訓傳》時，以《周頌》三十篇為三卷，而《序》分冠篇首，故合為三十卷。今分作三十卷者，仍《毛詩》舊也。古經傳本各自為書，自傳與箋合併，而久失原書之舊。今置箋而疏傳者，用《毛詩》義也。憶自髫飾聞脩，趨承庭訓，依奉慈規，私淑先師之緒，博訪通人之語，摭取先秦之舊說，擇採末漢之異言，墨守之譏亦所不辭，而鼠璞之譬庶幾免焉。若夫作者之聖述者之明，卓乎篇章粲然大備，欲達治亂之原，以懷聖賢之教，其將有竢於天下後世之言《詩》者。」又表明西漢儒說禮器制度可補古經殘闕同傳異箋者，揭箸數端，為《毛詩說》一卷；準以古音，依四始為《毛詩音》四卷；明鄭多本三家，與毛不同術，為《鄭氏箋考徵》一卷；編《毛詩傳義類》十九篇一卷。又其少作有《詩語助義》三十卷，為江君所點定者也。先生雖宗毛學，亦頗稽撰三家同異，嘗言近今學三家者不下數十百家，蓋三家者，兩漢習魯兼習齊，六朝以迄趙宋習韓，諸儒多從習尚，故所引與《毛詩》同文，亦三家不獨異文也。一也。其所引成句者易曉，間有用三家異字不全用成句者，六朝雜文多有之。又有不用詩辭而用詩義，與毛不同義者，亦皆出於三家。二也。更有三家字義經後人改竄轉寫謅奪者，亦習三家者所亟當釐正。三也。學者不可不知此三者也。其論《周官》，謂先鄭司農說與毛傳脗合，言內外朝五門制度最當，而時祭閒祀後鄭說亦未嘗不同。其論禮，謂當追溯先秦古說以攷鄭君所言禮器制度得失。同時胡戶部譔《儀禮正義》，先生錄生平所自得者四十餘事，皆依據古說，屬其采入《正義》，戶部意不謂然，亦無以難先生也。其論《春秋》，謂學《春秋》者從《公羊》以知例，治《穀梁》以明禮，《穀梁》文句極簡，必得治禮十數年而後可發明其要義也。先生嘗成《穀梁逸禮》一卷，以與弟子楊顯，使暢其旨。其論小學，謂《釋名》與《毛傳》《說文》多不合，然可以討漢季說經家之沿流者。又謂丁度《集韻》總字具見《類篇》，先以《類篇》校《集韻》，再參諸《說文》《玉篇》《廣韻》《埤雅》，則校讐之功過半矣；至其是非顛倒，瑕瑜錯雜，尤在好學深思心知其意者也。謂陸氏《釋文》宋本當於《集韻》求之，今《尚書音義》經開寶中陳鄂刪改之本，《集韻》則未經刪改者，可由段先生《撰異》之說以類推之。至於義即寓音，音可見義，其音之有變有轉，不能全執古音而繩今音矣……自師事段先生外，篤服王氏父子，嘗取其論學書札裒為一帙，使弟子各題識其上。其識金君以嘉慶二十三年，時金君以優貢入都，先生偶宿內城，夜半書聲出壁戶，初以為與試士也，細聆之，朗朗然誦《小戴記》，竊怪之。平旦正衣冠往

拜，距而不內，排闥入，意不說，亦以先生為與試士也。強請其所業，則擲稿本几上曰：「此非舉子業也。」先生加敬而受讀焉，讀至「大夫三門詔欲與語」，金君改容曰：「子亦諭此者乎？」挽手內之坐，恨相見晚。不兩月金君卒，後先生入浙，從其子誠求得《禮說》，為栞行焉。有《師友淵源記》若干卷，記所往來諸公及弟子學行甚具。望於咸豐七年秋從先生受《毛詩》，遂執弟子禮。嘗誨望曰：「說經貴守師法，出入旁雜為道之賊。自魏晉下，陋儒類自謂集大成，而不得經旨之仿佛，智不若臧獲已。」先生歿後，弟子管慶祺為述《年譜》一卷，命望斠定，因得舉其犖犖大者，並昔侍坐所聞，次為行狀，用冀世有達人君子，上之史館，以為修《儒林傳》者要刪其可。同治五年三月，弟子戴望謹狀。

◎陳奐《師友淵源記》：楊生峴，字見山。湖州歸安人。身偉然修長，佐治有才能，長於《春秋》。余曰：學《春秋》者從《公羊》以知例，治《穀梁》以明禮，《穀梁》氏文句極簡，必得治禮十數年，用力既久，而後可發明其要義也……余於庚戌歲成《公羊逸禮》一卷，乙卯八月以寄示見山。見山即於此科中式四十名舉人。

◎趙爾巽《清史稿》卷一百四十五志一百二十《藝文》一：《公羊逸禮考徵》一卷，陳奐撰。

◎張之洞《書目答問》卷一《經部》：《公羊逸禮考徵》一卷（陳奐。潘氏滂喜齋刻本）。

◎上海古籍出版社2015年《續修四庫全書總目提要・春秋類》「《公羊逸禮考徵》一卷」：《春秋》為禮義之大宗，故何休注《公羊》，旁及禮制。是書後有門人陳倬跋，謂先師陳奐以為，「何邵公不信《周官》，故注《春秋公羊傳》，援據逸禮，間參漢法，中所稱引不少先秦舊典，徐彥疏解多指為時王之禮，蓋考之未審也」，故是書據《毛詩》等書，論朝制、門制、廟制、城制、軍制、禘祫、歸寧之禮，皆撮要以引其嵒。奐又云：「《春秋》之學，從《公羊》以知例，治《穀梁》以明禮。」故間取《穀梁》以駁傳，如論妾母不當稱夫人即是。是書定本於咸豐十年（1860）遭亂散失，今所存之一卷乃陳倬求得草稿，校錄而成，非為完書，倬以為當補述者甚多。就此一卷草稿論之，其言禮有未盡之處。如論未逾年之君，臣下無服，引《喪服・斬衰章》「君」條，以明未逾年不成三年喪，故臣下無服。而徐疏以為，嗣君未逾年，臣下不可依成君服斬衰；先君已沒，又不可以太子之服服期，故無服。兩者相較，

徐疏義長。而徐疏「廢重服輕」之誤，亦未及訂正。段熙仲以為，是書言《公羊》禮制，未及凌曙精審，可謂公允之論。此本據清同治潘氏刻滂喜齋叢書本影印。（黃銘）

◎陳奐（1786～1863），字碩甫，號師竹，晚自號南園老人。江蘇崇明（今屬上海）人，遷長洲（今江蘇蘇州）。咸豐元年（1851）初舉孝廉方正。年二十五從江沅治古學。後段玉裁見之，稱其學識出孔、賈上，由是受學玉裁。又問學高郵王氏父子。棲霞郝懿行、績溪胡培翬、涇胡承珙、臨海金鶚，咸與締交。家居授徒，從遊者數十人，同郡管慶祺、丁士涵、馬釗、費鍔，德清戴望，其尤著也。藏書頗豐，有藏書處「三百堂」，鈐「陳奐之印」「曾在三百堂陳氏處」諸印。著有《毛詩說》一卷、《毛詩音》四卷、《毛詩傳義類》一卷、《詩語助義》三十卷、《毛詩九穀考》、《詩毛氏傳疏》三十卷、《鄭氏箋考徵》一卷、《公羊逸禮考徵》一卷、《師友淵源記》一卷、《禘郊或問》、《宋本集韻校勘記》、《三百堂文集》。

陳嘉會 春秋三傳合解 六卷 佚

◎王其淦、吳康壽光緒《武進陽湖縣志》卷二十八《藝文》：陳嘉會《春秋三傳合解》六卷（佚）。

◎陳嘉會，著有《春秋三傳合解》六卷。

陳經國 春秋四傳糾正 佚

◎許瑤光修，吳仰賢等纂光緒四年《光緒嘉興府志》卷五十三《列傳四‧秀水縣》：著有《讀易傳義會通》《三禮證訓》《春秋四傳糾正》《閒齋思辨錄》（新纂）。

◎許瑤光修，吳仰賢等纂光緒四年《光緒嘉興府志》卷八十《經籍一》：陳經國《春秋四傳糾正》（《陳氏家狀》）。

◎陳經國，字泰揆。嘉興秀水（今浙江嘉興）人。乾隆二十四年（1759）、三十三年（1768）二科副貢。候選教諭。潛心經學。著有《讀易傳義會通》《三禮證訓》《春秋四傳糾正》《閒齋思辨錄》。

陳靜彥 春秋三傳經訓通編 五卷 存

浙江藏宣統元年（1909）鉛印本

陳萊孝 春秋經文三傳異同考 一卷 存

花近樓叢書本（稿本）

◎一名《三傳異同考》。

◎趙爾巽《清史稿》卷一百四十五志一百二十《藝文》一：《三傳異同考》一卷，陳萊孝撰。

陳立 公羊義疏 七十六卷 存

國圖藏初稿本（不分卷）

國圖藏清抄本（十一卷）

上海藏再稿本（佚卷一至七，存六十九卷。戴望跋，陳汝恭校）

北師大藏光緒十四年（1888）南菁書院刻皇清經解續編本

溫州藏清抄本（孫詒讓校）

商務印書館 1936 年國學基本叢書本

中華書局四部備要據南菁書院續經解本排印本

劉承幹嘉業堂刻本

中華書局 2017 年十三經清人注疏叢書劉尚慈整理本

◎劉尚慈整理本目錄：

第壹冊：卷壹隱元年正月。卷二隱元年三月盡五月。卷三隱元年七月盡十二月。卷四隱二年春盡是年。卷五隱三年盡是年。卷六隱四年盡五年秋。卷七隱五年九月盡十二月。卷八隱六年盡七年。卷九隱八年盡十壹年。卷十桓元年盡是年。卷十壹桓二年盡三年。

第二冊：卷十二桓四年盡五年。卷十三桓六年盡七年。卷十四桓八年盡十年。卷十五桓十壹年盡十四年。卷十六桓十五年盡十八年。卷十七莊元年盡二年。卷十八莊三年盡四年。卷十九莊五年盡八年。卷二十莊九年盡十年。卷二十壹莊十壹年盡十五年。卷二十二莊十六年盡二十二年。卷二十三莊二十二年冬盡二十四年。卷二十四莊二十五年盡二十七年。

第三冊：卷二十五莊二十八年盡三十年。卷二十六莊三十壹年盡三十二年。卷二十七閔元年盡二年。卷二十八僖元年盡是年。卷二十九僖二年盡三年。卷三十僖四年盡八年。卷三十壹僖九年盡十二年。卷三十二僖十三年盡十六年。卷三十三僖十七年盡二十壹年。卷三十四僖二十二年盡二十六年。卷三十五僖二十七年盡二十八年。卷三十六僖二十九年盡三十壹年。卷三十七僖三十二年盡三十三年。

第四冊：卷三十八文元年盡二年。卷三十九文三年盡五年。卷四十文六年盡八年。卷四十壹文九年盡十壹年。卷四十二文十二年盡十三年。卷四十三文十四年盡十八年。卷四十四宣元年盡二年。卷四十五宣三年盡六年。卷四十六宣七年盡九年。卷四十七宣十年盡十二年。卷四十八宣十三年盡十五年。卷四十九宣十六年盡十八年。

第五冊：卷五十成元年盡二年。卷五十壹成三年盡七年。卷五十二成八年盡九年。卷五十三成十年盡十四年。卷五十四成十五年盡十六年。卷五十五成十七年盡十八年。卷五十六襄元年盡六年。卷五十七襄七年盡十二年。卷五十八襄十三年盡十九年。卷五十九襄二十年盡二十六年。卷六十襄二十七年盡三十壹年。卷六十壹昭元年盡五年。卷六十二昭六年盡十二年。

第六冊：卷六十三昭十三年盡十七年。卷六十四昭十八年盡二十二年。卷六十五昭二十三年盡二十四年。卷六十六昭二十五年盡是年。卷六十七昭二十六年盡三十二年。卷六十八定元年盡是年。卷六十九定二年盡四年。卷七十定五年盡八年。卷七十壹定九年盡十三年。卷七十二定十四年盡十五年。卷七十三哀元年盡五年。卷七十四哀六年盡十三年。卷七十五哀十四年盡是年。卷七十六春秋公羊經傳解詁序。

◎《論語正義》卷首：道光戊子秋，立隨劉孟瞻／梅藴生兩師、劉楚楨／包孟開兩先生赴鄉闈，孟瞻師、楚楨先生病十三經舊疏多踳駁，欲仿江氏／孫氏《尚書》、邵氏／郝氏《爾雅》、焦氏《孟子》別作疏義。孟瞻師任《左氏傳》，楚楨先生任《論語》，而以《公羊》屬立。

◎同治《續纂揚州府志》卷十五《人物志》七《流寓》：著有《公羊傳義疏》、《白虎通疏證》、《爾雅舊注》、《說文諧聲孳生述》三卷、《句溪雜著》五卷（《行述》）。

◎趙爾巽《清史稿》卷一百四十五志一百二十《藝文》一：《公羊義疏》七十六卷，陳立撰。

◎上海古籍出版社 2015 年《續修四庫全書總目提要・春秋類》「《公羊義疏》七十六卷」：陳氏五歲隨父客居揚州，師事江都梅植之，受詩文之法。又學於江都凌曙、儀徵劉文淇，受《公羊春秋》、許慎《說文》、鄭玄三《禮》，於《公羊》用力尤勤。道光八年，與劉寶楠、劉文淇、梅植之等同赴金陵應試，遂相約各治一經，為之作新疏，而以《公羊傳》屬陳立。陳氏歷四十餘年，集畢生精力而成《公羊義疏》，凡百餘萬言。該書博稽載籍，不僅廣蒐漢唐以來

之《公羊》古義，至於有清一代治《公羊》者，如莊存與、孔廣森、劉逢祿、宋翔鳳、凌曙、包慎言等，莫不左右采獲，整齊排比，融會而貫通之，堪稱清人治《公羊》之集大成者。蓋陳氏作《義疏》，於《公羊》徐彥舊疏頗有不滿。其《上劉孟瞻先生書》云：「竊思徐氏作疏，只知疏通字義，於《公羊》家法昧乎未聞。」故《義疏》除沿襲舊疏以張何義外，於凡舊疏簡略未備者則完善之，當疏而未疏者則補疏之，至於舊疏有誤者則規正之，而恪守「疏不破注」之原則，皆以何休家法為準。故凡以《左傳》、《穀梁》說《公羊》者，均批評之；凡與何休持異議者，則駁正之。至於何休之《公羊》科旨，陳氏亦頗有發揮，而於「通三統」、「王魯」諸說發明尤多。陳氏從凌曙、劉文淇學，而凌、劉二氏皆深於漢學，故其治《公羊》，乃欲彌補孔廣森、劉逢祿以來詳義例而略典禮、訓詁之病，試圖由聲音、訓詁而明乎制度典章，以進求夫「微言大義」，而於文字校勘、訓詁，禮制考證、地名考實諸方面，多有貢獻，故《清史列傳》稱其「淵雅典碩，不尚空言，大抵考訂服制、典禮及聲音、訓詁為多」，可謂以乾嘉漢學門徑治《公羊》者。考《義疏》一書，勝在完備，然未免失之繁瑣。且長於考據訓詁，貶之者以為不識「微言大義」，而褒之者則許以深明家法而不過為穿鑿。此本據光緒十四年南菁書院刻《皇清經解續編》本影印。（郭曉東）

◎陳立（1809～1869），字卓人，號默齋。江蘇常州句容人。少隨父客揚州，師事凌曙、劉文淇、梅植之。道光十四年（1834）成舉人，二十四年（1844）成進士。改翰林院庶吉士，散館授刑部主事，洊升江西司郎中，記名御史。咸豐十年（1860）授雲南曲靖知府，未到任，執教山西介休綿山書院。同治三年（1864）南歸，曾國藩委以勸農局務。同治七年（1868），李瀚章任浙江巡撫，延其司刑案。精音韻，長於《公羊傳》。著有《公羊義疏》七十六卷、《說文諧聲孳生述》三卷、《爾雅舊注》二卷、《句溪雜著》五卷、《白虎通疏證》十二卷等書。

陳謨 春秋約旨 佚

◎光緒《平湖縣志》卷十七《人物‧列傳》三：著有《拙修文稿》《春秋約旨》《讀左偶摘》《讀史偶摘》等書。

◎光緒《平湖縣志》卷二十三《經籍》：《春秋約旨》（陳謨。《讀史摘論》自序：「未刊」，《墓誌銘》作四冊）。

◎許瑤光修，吳仰賢等纂光緒四年《光緒嘉興府志》卷五十八《列傳九・平湖縣》：著有《拙修文稿》《讀左偶摘》《讀史偶摘》等書（于《志》）。

◎許瑤光修，吳仰賢等纂光緒四年《光緒嘉興府志》卷八十《經籍一》：陳謨《春秋約旨》（書凡四冊，未刊）、《讀左摘論》一卷（後附刻古文六篇）。

◎陳謨（1733～1808），字汝師，號拙修。平湖（今浙江平湖）人。乾隆五十五年（1790）恩貢生。父兄年皆逾邁，事之能得歡心。性偶儻，遇不平事，輒持論侃侃。家貧，以授徒為業。博覽群書，工古文辭。子璞、珍。著有《春秋約旨》《讀左摘論》《讀史偶摘》《拙修文稿》。

陳謨 讀左摘論 存

上海藏孫氏雪映廬抄本

浙江大學藏台灣經學文化事業有限公司稀見清代四部輯刊第一輯影印本

◎一名《讀左偶摘》。十二篇。附古文六首。

陳槃 左氏春秋義例辨 存

商務印書館 1947 年中央研究院歷史語言研究所專刊本

上海古籍出版社 2009 年重訂本

陳鵬 春秋國都爵姓考 一卷 坿補一卷 存

北師大、遼寧大學、金陵藏咸豐十一年（1861）南海伍氏刻粵雅堂叢書本

嚴一萍選輯百部叢書集成影印粵雅堂叢書本

國圖出版社 2009 年賈貴榮宋志英輯春秋戰國史研究文獻叢刊影印咸豐十一年（1861）南海伍氏刻粵雅堂叢書本

◎曾釗跋：右《春秋國都爵姓考》一卷，嘉善陳麓苹氏所著也。乾隆初顧復初著《春秋大事表》，其《爵姓存滅表》考之最詳，然國以年敘，其有爵無姓、有姓無爵者雜載表中，檢閱紛難。此本以有爵有姓者為一類，有爵無姓者為一類，有姓無爵者為一類，無爵無姓者為一類，末又以見在省郡繫國名於下，分部別居，頗易檢閱。爰手錄之，以遺初學者。其建都無考之十二國，即以《大事表》補之，其有考之未合者，亦附訂於每條之後。時道光七年立夏日，曾釗記。

◎趙爾巽《清史稿》卷一百四十五志一百二十《藝文》一：《春秋國都爵姓考》一卷補一卷，陳鵬撰。

◎是書分春秋一百二十四國為有爵有姓者五十國、有爵無姓者十五國、有姓無爵者十七國、無爵無姓者三十二國、附庸十國，各國都城位置標以今地，分別部居。以矯顧棟高《春秋爵姓存滅表》分國按年編排難以檢索之弊。

◎陳鵬，字鹿蘋（苹）。嘉善（今浙江嘉興）人。著有《春秋國都爵姓考》一卷附補一卷。

陳遷鶴 春秋紀疑 三卷 佚

◎乾隆《晉江縣志》卷九《人物志》：著有《論易》十五卷、《尚書私記》一卷、《毛詩國風繹》一卷、《春秋紀疑》三卷。

◎乾隆《泉州府志》卷七十四《藝文》：陳遷鶴《論易》十五卷、《尚書私記》一卷、《毛詩國風繹》一卷、《春秋紀疑》三卷、《小學疏意》二卷、《春樹堂文集》二卷、《上峯堂文集》二卷、《閒居咫聞》十二篇、《韓江草》一卷。

◎乾隆《泉州府志》卷四十五《列傳‧國朝列傳》二：康熙乙丑會試第三。是科題目及前十人名次皆聖祖欽定。殿試成進士，選庶吉士。時同里相國李光地為館師，見其館課《太極太虛論》，驚異曰：「吾鄉有是人耶？」因招為邸鄰，接席辨論，每至夜分不輟。其於經學，不盡守宋儒之說，上窮箋疏傳義，而融以心得，皆有論著，尤精於易。其書法嗜李北海，骨力遒勁。值南書房，屢蒙睿賞，嘗書以進。光地每謂人曰：「陳介石五十窮經，經學甚明；六十學書，書法大進。在乎志堅而力果耳，何晚暮為歎哉！」歷中允、侍講、侍讀至左庶子，掌坊事。年七十歸里，家居數載，惟取京邸所著改訂，矻矻不休。踵門丐書者，欣然應之。年七十六卒。著有《論易》十五卷、《尚書私記》一卷、《毛詩國風繹》一卷、《春秋紀疑》三卷、《春樹堂文集》二卷、《上峯堂文集》二卷、《閒居咫聞》十二篇、《韓江草》一卷。

◎道光《晉江縣志》卷七十《典籍志》：陳遷鶴《論易》十五卷、《尚書私記》一卷、《毛詩國風繹》一卷、《春秋紀疑》三卷、《春樹堂文集》二卷、《上峯堂文集》二卷、《閒居咫聞》十二篇、《韓江草》一卷。

◎陳遷鶴（1639～1714），字聲士，號介石，又號景南。泉州府安溪（今福建安溪）人。康熙十九年（1680）舉人、二十四年（1685）進士。康熙二十七年（1688）授翰林編修，歷官中允、侍講、侍讀、至左庶子，掌左春坊事，直南書房。嘉慶二十二年（1817）疏請入祀鄉賢。通經學，不墨守成說。著有《易說》十五卷、《尚書私記》一卷、《毛詩國風繹》一卷、《春秋紀疑》三卷、

《小學疏意》二卷、《春樹堂文集》二卷、《上峰堂文集》二卷、《閒居咫聞》十二篇、《韓江草》一卷。

陳慶鏞　穀梁傳廣證　佚

◎李慈銘《越縵堂讀書記・經部・春秋類》：得問月書，以孔氏微波榭所刻宋元憲《國語音》及近人海州許月南孝廉（桂林）《春秋穀梁傳時月日書法釋例》見贈。《穀梁》之學鮮傳者，邵氏、洪氏所輯皆未行。近日鎮江柳賓叔孝廉（興恩）撰《穀梁大義述》，儀徵太傅為之序；閩中陳頌南侍御復譔《穀梁傳廣證》，而其書都未見於世。許氏與柳氏同出吾鄉湯文端之門（文端典江南試，二君皆以經學得雋）。許氏此書，先從《穀梁》所書時日疏通其大旨，以《公羊》為《穀梁》外傳，《左氏》為《穀梁》衍義，唐陶山作序已譏其武斷，則漢人專門之結習，其能謹守師法者在此，其不能擇善而從亦在此。予未暇為此學，亦未究閱其書，姑識其大端而已。同治癸亥正月二十八日。

◎孫鼎臣《送陳頌南給諫還晉江》（摘錄）：道光中年數御史，高要之蘇臨桂朱。復有陳侯起閩嶠，矯若三鳳翔天衢。陳侯骨鯁絕代無，手拔鯨牙援虎須。四夷仿佛想風采，鍵戶著書猶老儒。

◎張穆《與陳頌南書》：竊見先生年來日以招呼名士為事，苟有聞於世，必宛轉引為同類，從無閉戶自精、讀書味道之時。

◎丁晏《頤志齋感舊詩・陳頌南給諫》：

丙申在都，贈余聯云：「汝南交孟博，高密訪康成。」在籍團練有功，賞戴花翎。以病卒。

驄馬驅城南，風霜生白簡。急就操奇觚，好古精箸纂。駑駘有如余，拂拭逢青眼。爭臣重陽城，對命書手版。

◎陳慶鏞（1795～1858），字乾翔、笙叔，號頌南。福建泉州西門外塔後村（今屬豐澤區北峰鎮）人。道光十二年（1832）進士。初選庶吉士，散館授戶部主事，遷員外郎。道光十六年（1836）主禁煙抗英。道光二十年（1843）任江南道監察御史，上《申明刑賞疏》請嚴治琦善罪。道光二十五年（1845）改任給事中，未幾貶光祿寺署正。道光二十六年（1846）解印南歸。道光三十年（1850）補江西監察御史，再調陝西。咸豐三年（1853）太平軍興，以在職御史奉詔辦團練總局。咸豐八年（1858）以道員候補逝於泉州團練公所，贈光祿寺卿，賜祭葬，進祀鄉賢祠。與朱琦、蘇廷魁並稱「諫垣三直」。著有《三

家詩考》、《穀梁傳廣證》、《穀梁通釋》、《說文釋》、《古籀考》、《齊侯罍銘通釋》、《籀經堂鐘鼎考釋題跋》、《籀經堂類稿》、《籀經堂文集》諸書。

陳慶鏞 穀梁通釋 未見

陳潤 春秋解辨疑 佚

◎嘉慶《連江縣志》卷之七《人物・文苑》：有《四書解》、《詩／春秋／河洛》諸《辨疑》及雜著凡數十卷。其大旨要於羽翼傳疏。

◎嘉慶《連江縣志》卷之七《藝文》：陳潤《四書解》二十卷、《詩解辨疑》四卷、《春秋解辨疑》四卷、《經史子辨疑》六卷、《河洛辨疑》、《連江邑志》二十九卷、《矜秋亭詩文》十六卷。

◎陳潤，字肅雨。福建連江人。雅不欲以制藝名時。勤著述，應科舉不就，貢於鄉，益治儒書。著有《河洛辨疑》、《四書解》二十卷、《詩解辨疑》四卷、《春秋解辨疑》四卷、《經史子辨疑》六卷、《連江邑志》二十九卷、《矜秋亭詩文》十六卷。

陳省欽 春秋歷朝金鑒錄 十二卷 佚

◎春秋緯史集傳自序：《春秋》之學，經學也。顧其文則編年紀月，其教則屬辭比事，其例則大書特書不一書，雖經學而實兼史學。因以經為經，羅諸史之說為之緯。《春秋》重體元，則以史紀元之說緯之。《春秋》尊周室大一統，則以史正統之說緯之。《春秋》外吳楚，削其淫名，則以史革除僭號之說緯之。《春秋》大悔過，則以史下詔自責求直言敢諫之說緯之。《春秋》貴自強，則以史宵衣旰食、警飭邊備、譏賂敵和親之說緯之。《春秋》善復古疾變制，則以史紹述前烈、指斥新法之說緯之。《春秋》討亂臣賊子，則以史逆謀反間、正法伏誅之說緯之。《春秋》無義戰，凡書侵、書伐、書襲、書某帥師戰於某，皆譏，則以史紛爭攻鬥之說緯之。《春秋》以興滅繼絕為心，凡書克、書圍、書取、書入、書滅皆貶，則以史翦屠兼併之說緯之。《春秋》疾諸侯僭大夫張陪臣、執國命，則以史州郡割據、藩鎮跋扈、閹寺左右竊弄威福之說緯之。《春秋》崇宗廟郊祀之制，序君臣父子兄弟之倫，明夫婦嫡庶之別，則以史引經據典正名定分之說緯之。《春秋》之法善善惡惡、賢賢退不肖，則以史黜陟廢置、刑賞予奪之法緯之。以及務農節用、薄賦慎刑、尚德不尚力、謀義不謀利、書沴不書祥、惡興役黷武之不時、譏屢會數盟之無益，如此之類，悉數難終，緯

以歷代史書得失之林，皆可考鏡。不自量度，依經立傳，輯成四十卷，名曰《春秋緯史集傳》。正史之外，旁蒐雜史、野史，自戰國、秦漢、魏晉、六朝、隋唐、五代、宋元、金遼以迄有明，一一究其盛衰治亂之原，稽其因革損益之故，引入傳中。且記平日論史之義，別為《春秋歷朝金鑑》三十六篇以附其後。欲使此書之旨條分縷析，曲暢旁通，詳略相因，洪纖畢具。而諸說之附見於論斷中者，亦各極其趣。昔董生以《春秋》決疑事，劉賁以《春秋》談世務，自慚末學，何敢妄擬。或者藏之名山，傳之其人，備國朝掌故之資，助多士窮經之用，庶有望於後來云。同治六年丁卯十一月朔。

◎喻長霖民國《台州府志》卷一百二十《人物傳》二十一《文苑》五：省欽幼有異質，通羣經而尤長於《春秋》，兼邃史學，以為《春秋》經也，亦史也，爰立《春秋》為經而以諸史緯之，成《春秋緯史集傳》三十六卷。正史之外，旁蒐雜史及百家傳記（《集傳》自序）。又撰《春秋歷朝金鑑錄》十二卷，錄諸史原文分門別類，而以《春秋》之義斷之，一以史解經，一以經解史（《金鑑錄》自序）。又謂何休《公羊》以讖緯之學穿鑿附會，大失傳旨，作《公羊正解》以辟之。草創未就，又欲著《穀梁參解》，未果卒。所為詩古文詞皆自出機杼，不落前人窠臼，然雅不自喜，隨手輒棄去，故所存絕少（陳《傳》）。今僅傳《繁露書帷詩草》（《採訪冊》）。

◎吳茂雲、鄭偉榮編著《台州古籍存佚錄》卷四《經部五・春秋類》：《春秋歷朝金鑑錄》十二卷，清天台陳省欽撰，今未見。

◎陳省欽，字虙廷。天台（今浙江天台）人。同治四年（1865）進士。官福建將樂知縣，有政績。改授南屏，以母喪歸，遂不復出。著有《春秋歷朝金鑑錄》十二卷、《春秋緯史集傳》四十卷、《公羊傳正解》三十卷、《繁露書帷詩草》一卷。

陳省欽 春秋緯史集傳 四十卷 存

國圖、上海、南京、浙大、湖北藏 1924 年陳鍾祺鉛印本

臺中縣文聽閣圖書有限公司 2010 年晚清四部叢刊第六編據 1924 年陳鍾祺鉛印影印本

◎自序〔註7〕：《春秋》之學，經學也。顧其文則編年紀月，其教則屬辭比

〔註7〕又見於喻長霖民國《台州府志》卷六十五《藝文略》二《經籍考》二《經部》二《春秋類》。

事，其例則大書特書不一書，雖經學而實兼史學。因以經為經，羅諸史之說為之緯。《春秋》重體元，則以史紀元之說緯之。《春秋》尊周室大一統，則以史正統之說緯之。《春秋》外吳楚，削其淫名，則以史革除僭號之說緯之。《春秋》大悔過，則以史下詔自責求直言敢諫之說緯之。《春秋》貴自強，則以史宵衣旰食、警飭邊備、譏賂敵和親之說緯之。《春秋》善復古疾變制，則以史紹述前烈、指斥新法之說緯之。《春秋》討亂臣賊子，則以史逆謀反間、正法伏誅之說緯之。《春秋》無義戰，凡書侵、書伐、書襲、書某帥師戰於某，皆譏，則以史紛爭攻鬭之說緯之。《春秋》以興滅繼絕為心，凡書克、書圍、書取、書入、書滅皆貶，則以史翦屠兼併之說緯之。《春秋》疾諸侯僭大夫張陪臣、執國命，則以史州郡割據、藩鎮跋扈、閹寺左右竊弄威福之說緯之。《春秋》崇宗廟郊祀之制，序君臣父子兄弟之倫，明夫婦嫡庶之別，則以史引經據典正名定分之說緯之。《春秋》之法善善惡惡、賢賢退不肖，則以史黜陟廢置、刑賞予奪之法緯之。以及務農節用、薄賦慎刑、尚德不尚力、謀義不謀利、書祲不書祥、惡興役黷武之不時、諷屢會數盟之無益，如此之類，悉數難終，緯以歷代史書得失之林，皆可考鏡。不自量度，依經立傳，輯成四十卷，名曰《春秋緯史集傳》。正史之外，旁蒐雜史、野史，自戰國、秦漢、魏晉、六朝、隋唐、五代、宋元、金遼以迄有明，一一究其盛衰治亂之原，稽其因革損益之故，引入傳中。且記平日論史之義，別為《春秋歷朝金鑑》三十六篇以附其後。欲使此書之旨條分縷析，曲暢旁通，詳略相因，洪纖畢具。而諸說之附見於論斷中者，亦各極其趣。昔董生以《春秋》決疑事，劉賁以《春秋》談世務，自慚末學，何敢妄擬。或者藏之名山，傳之其人，備國朝掌故之資，助多士窮經之用，庶有望於後來云。同治六年丁卯十一月朔。

　　◎喻長霖民國《台州府志》卷六十五《藝文略》二《經籍考》二《經部》二《春秋類》：《春秋緯史集傳》四十卷，國朝陳省欽撰。省欽天台人，事蹟具《文苑傳》。是書取歷史以證《春秋》，旁採諸說，附以論斷。初名《傳說》，嗣更今名。首有旴眙吳棠、儀徵卜寶第序及省欽自序。今存。

　　◎喻長霖民國《台州府志》卷一百二十《人物傳》二十一《文苑》五：省欽幼有異質，通羣經而尤長於《春秋》，兼邃史學，以為《春秋》經也，亦史也，爰立《春秋》為經而以諸史緯之，成《春秋緯史集傳》三十六卷。正史之外，旁蒐雜史及百家傳記（《集傳》自序）。又撰《春秋歷朝金鑑錄》十二卷，錄諸史原文分門別類，而以《春秋》之義斷之，一以史解經，一以經解史（《金

鑑錄》自序）。又謂何休《公羊》以讖緯之學穿鑿附會，大失傳旨，作《公羊正解》以辟之。草創未就，又欲著《穀梁參解》，未果卒。所為詩古文詞皆自出機杼，不落前人窠臼，然雅不自喜，隨手輒棄去，故所存絕少（陳《傳》）。今僅傳《繁露書帷詩草》（《採訪冊》）。

◎孫殿起《販書偶記》卷二：《春秋緯史集傳》四十卷，天台陳省欽撰。民國甲子夏五月鉛字排印本。

◎楊晨《台州經籍略‧補錄‧經部》：陳氏省欽《春秋緯史集傳》。

◎葉景葵《卷盦書跋》：《春秋緯史集傳》，民國甲戌春游天台，宿陳君鍾緯家，出此書相贈。陳君克繩祖武，讀史摘有長編，卓然有著述之志。亂後未通尺素，不知近狀如何。揆初。

◎吳茂雲、鄭偉榮編著《台州古籍存佚錄》卷四《經部五‧春秋類》：《春秋緯史集傳》四十卷，清天台陳省欽撰，民國四十三年陳鍾祺鉛印本，今存浙江圖書館、溫州市圖書館、仙居縣圖書館。清抄本存三十五卷，藏臨海市博物館；清稿本第十八卷一卷，存臨海市博物館。陳省欽，字廣廷，同治間進士，福建長樂知縣，有盱眙吳棠、儀徵卜寶第序及自序。

陳省欽 公羊傳正解 三十卷 未見

浙江歷史名人辭典著錄陳鍾祺整理本

◎喻長霖民國《台州府志》卷一百二十《人物傳》二十一《文苑》五：省欽幼有異質，通羣經而尤長於《春秋》，兼邃史學，以為《春秋》經也，亦史也，爰立《春秋》為經而以諸史緯之，成《春秋緯史集傳》三十六卷。正史之外，旁蒐雜史及百家傳記（《集傳》自序）。又撰《春秋歷朝金鑑錄》十二卷，錄諸史原文分門別類，而以《春秋》之義斷之，一以史解經，一以經解史（《金鑑錄》自序）。又謂何休《公羊》以讖緯之學穿鑿附會，大失傳旨，作《公羊正解》以辟之。草創未就，又欲著《穀梁參解》，未果卒。所為詩古文詞皆自出機杼，不落前人窠臼，然雅不自喜，隨手輒棄去，故所存絕少（陳《傳》）。今僅傳《繁露書帷詩草》（《採訪冊》）。

◎吳茂雲、鄭偉榮編著《台州古籍存佚錄》卷四《經部五‧春秋類》：《公羊傳正解》三十卷，清天台陳省欽撰，有自序，今未見。

陳省欽 穀梁參解 佚

◎喻長霖民國《台州府志》卷一百二十《人物傳》二十一《文苑》五：省

欽幼有異質，通羣經而尤長於《春秋》，兼邃史學，以為《春秋》經也，亦史也，爰立《春秋》為經而以諸史緯之，成《春秋緯史集傳》三十六卷。正史之外，旁蒐雜史及百家傳記（《集傳》自序）。又撰《春秋歷朝金鑑錄》十二卷，錄諸史原文分門別類，而以《春秋》之義斷之，一以史解經，一以經解史（《金鑑錄》自序）。又謂何休《公羊》以讖緯之學穿鑿附會，大失傳旨，作《公羊正解》以辟之。草創未就，又欲著《穀梁參解》，未果卒。所為詩古文詞皆自出機杼，不落前人窠臼，然雅不自喜，隨手輒棄去，故所存絕少（陳《傳》）。今僅傳《繁露書帷詩草》（《採訪冊》）。

陳聖清 春秋經傳通釋 十二卷 未見

嘉慶十年（1805）刻本

◎同治《常寧志》卷九《藝文・經類・國朝》：陳聖清《春秋經傳通釋》十二卷（《嘉慶續志》）。

◎光緒《湖南通志》卷二百四十六《藝文志》二：《春秋經傳通釋》十二卷，常寧陳聖清撰（《縣志》）。

◎孫殿起《販書偶記》卷二：《春秋經傳通釋》十二卷，常寧陳聖清撰。嘉慶間刊。

◎陳聖清（1734～？），字振頑，號匯江。湖南常寧人。乾隆二十七年（1762）舉人。選永定教授，晚陞國子監博士。著有《春秋經傳通釋》十二卷、《四書文》、《匯江文集》二卷、《匯江詩集》二卷。

陳詩 春秋比事 四卷

◎甘鵬雲等《湖北文徵》卷八喻元鴻《陳愚谷先生傳》：先生諱詩，字觀民，號愚谷，學者稱愚谷先生。湖北蘄州（今蘄春）人。父猷漢早卒，母節孝袁遺腹生公。自少厚重端凝，不苟訾笑，尤孤介不隨時俯仰。舉乾隆甲午鄉試第一，是科入闈之次日，監臨撫軍陳公夜坐至公堂，望號舍中有異光，疑為火，迹之，光正當先生坐號。時先生已就寢，呼之起，詢悉姓名籍貫而出，蓋心擬其必解首矣。填榜之夕拆封至首卷，乃吾邑胡公攀龍。撫軍愕然，急令且勿書，因述前事於眾，命拆第二卷，則先生名，遂合詞以先生居首而胡第二，一時人咸擬先生異日必以大魁躋顯仕。顧先生爾時雖盛年，居恒每痛不克逮事父，思所以養其母者，祿養尚不如善養，以故仕宦情淡，讀書養親念切。惟望博得一第，稍慰親心而止。登乾隆戊戌進士，改工部虞衡司額外主事。不候銓，竟以

獨子乞終養歸。自是遂不出山，杜門著述，奉節母以壽終。里居四十餘年，一時士大夫之高其行重其學者，無遠近咸奉若山斗。蓋前兆固在乎是。歷主湖北府州縣書院，最後主省垣江漢書院幾二十年，諸生賴以成就者甚眾。人以比之孝感王遠池、南省羅慎齋兩先生。學宗宋，為古文高簡有法，在國朝頗似方望溪苞。制舉業最推服李厚庵光地。蓋其宗尚如此。家故貧。束脩所入、養親之餘，悉以買書。藏書數萬卷，暝讀晨鈔，寒暑罔間。生平纂輯考據之書，種以數十計，卷以數百計。吾楚自來著述之富，江夏劉湘煃而後未有逾於先生者。蘄水己卯殿撰陳沆者，先生族子也，貌英俊而性穎異，及先生門時，先生頗器之。館選後歸里，先生將生平所藏書及所纂輯各種盡挈以付之，蓋將望其為韓門李漢也。詎意不數年得瘋狂疾亡於京師，先生聞之，一慟幾絕。人咸知先生之感懷前事，而先生顧默默焉。然自是抱病經年，逾年卒，年七十有八。子一，守仕，前先生七年卒。孫一，道喻。當先生以書付陳沆時，年尚幼，就學吾家。所餘各種殘本，又多被門生戚友攜去，隻字無存，今亦無從搜索。陳沆亡後，頗聞有一翰林某者，不知何方人，持先生書一種，鬻於湖北一文吏，索價至千金，不獲，遂罷。吾深惜先生一生精力，將來不知消歸何所也，因僭為之傳，備載其書於後，略存先生著述梗概焉。經部五種：《周易本義輯解》十二卷、《象筮辭義四例》各一卷，《春秋比事》六卷、《世族譜》二卷、《官制略》一卷、《謚法考》一卷後表四卷，《四書類考》三十卷、《人名考》二十卷，《六律正五音考》四卷、《古今韻卷求》三十二卷；史類四種：《新唐書世系表補正》十三卷，《元史帝系／宗室表》各一卷、《元史列傳蒙古／色目氏族表》各一卷、《漢人／南人氏族表》各一卷，《清爾雅》十八卷、《諸史地理志匯鈔》四十五卷序目一卷附論二卷；子部四種：《尚齒會編》二卷，《宋登科記》三卷，《質疑錄》十一卷、《道聽錄》二卷則其語錄也。集部二種：《唐宋十一家文鈔集說》五十二卷，《尚友山房詩文雜錄》十卷則其自著詩古文也。諸書外，有關於湖北掌故者，則有《湖北舊聞錄》四十六卷、《湖北詩文載》二十卷、《湖北金石存佚考》二十二卷（《樂志堂文鈔》）。

◎陳詩（1748～1826），字觀民，號愚谷，號大杍山人，學者稱愚谷先生。湖北蘄州（今蘄春）人。乾隆三十九年（1774）甲午科鄉試解元、四十三年（1778）進士，改工部虞衡司額外主事。不候銓，以獨子乞終養歸，遂不復出，杜門著述。歷主鹿門、荊江、江漢書院數十年，從學者甚眾，陳沆、陳鑾皆出其門。著有《周易本義輯解》十二卷、《象例》一卷、《筮例》一卷、《辭例》一卷、

《義例》一卷、《春秋比事》六卷、《世族譜》二卷、《官制略》一卷、《謚法考》一卷後表四卷、《四書類考》三十卷、《人名考》二十卷,《六律正五音考》四卷、《古今韻卷求》三十二卷、《新唐書世系表補正》十三卷、《元史帝系》一卷、《元史宗室表》一卷、《元史列傳蒙古氏族表》一卷、《元史列傳色目氏族表》、《漢人氏族表》一卷、《南人氏族表》一卷、《清爾雅》十八卷、《諸史地理志匯鈔》四十五卷序目一卷附論二卷、《湖北舊聞錄》四十六卷、《湖北詩文載》二十卷、《湖北金石存佚考》二十二卷、《尚齒會編》二卷、《宋登科記》三卷、《質疑錄》十一卷、《道聽錄》二卷、《唐宋十一家文鈔集說》五十二卷、《尚友山房詩文雜錄》十卷、《大桴山人集》(一名《大桴山人偶存集》)。

陳世鎔 求志居春秋說 四卷 存

同治刻求志居經說五種本

◎陳世鎔(1787～1872),字大冶,又字雪樓(爐),號易學山人。安徽懷寧人。嘉慶十八年(1813)拔貢、二十一年(1816)舉人,道光十五年(1835)進士。任婺源縣教諭,以知縣分發甘肅,歷任隴西知縣、岷州知州、古浪知縣。好蓄書,巡撫陶澍愛其才,取置門下。平生喜治堪輿家言。著有《讀易雜說》一卷、《易學支流》四卷、《周易廓》二十四卷、《書說》、《詩說》、《禮說》、《求志居春秋說》四卷、《學庸佚》、《論語佚》、《孟子佚》、《求志居唐詩選》八十二卷首一卷、《求志居詩稿》四卷、《求志居詩集》二十二卷、《求志居文集》十四卷、《求志居外集》一卷、《求志居時文》一卷、《求志居時文補》一卷、《皖江三家詩鈔》(一名《皖上三家詩鈔》)三種四卷。

陳壽麓 春秋懸旨 佚

◎光緒《湖南通志》卷二百四十六《藝文志》二:《春秋懸旨》《左傳旁訓》,長沙陳壽麓撰(《縣志》)。

◎陳壽麓,湖南長沙人。隆慶恩選,仕蘭陽丞。冰檗有聲。工詩賦,不以五斗折腰,掛冠歸隱。著有《春秋懸旨》、《左傳旁訓》、《唐詩玉林》、《聽雨堂選》、《頤年草》、《家禮簡要》。

陳壽麓 左傳旁訓 佚

◎光緒《湖南通志》卷二百四十六《藝文志》二:《春秋懸旨》《左傳旁訓》,長沙陳壽麓撰(《縣志》)。

陳壽祺 春秋左氏禮 佚

◎林昌彝《小石渠閣文集》卷四《陳恭甫先生傳》（節錄）：

兩漢經師，莫先於伏生，莫備於許氏、鄭氏。先生故嘗闡明遺書，皆得其指歸。所撰《尚書大傳定本》《洪範五行傳輯本》《五經異義疏證》《左海經辨》，四方學者戶有之。又有《禮記鄭讀考》《說文經詁》《歐陽夏侯經說考》《齊魯韓詩說考》《兩漢拾遺》凡若干卷。又嘗撰《春秋左氏禮》《公羊禮》《穀梁禮》，未成。少工詩及駢體文，中年治古文辭，皆有專集行於世。今之治經者，或專小學而近煩碎，或舉大義而畧雅訓，又或界域漢宋以文字義理為二塗，而訓詁文筆亦鮮有兼長者。先生閎覽精識，賅貫本末，無是同非異之見，故游先生之門者，有專肄無偏訾也。嘗搜漳浦黃文端公遺集刊之，校對精審。先生嘗客淛東，為儀徵阮公延課士，仁和趙坦／汪家禧、錢塘嚴杰／王述曾、德清徐養源／養浩等皆從問業。時阮公方纂輯經古義為《經郛》，先生定例言數十條，明所以原本訓辭，會通典禮，存家法而析異同之意，一時傳誦遍兩淛云。道光十四年春卒於家，年六十四。儀徵阮公撰《隱屏山人傳》，光澤高君樹然、仁和陳君善、富陽周君凱、嘉興錢君儀吉各有誌傳之作。昌彝治經之學為先生所授，感不能忘，因復撰傳一篇，以備史館之採摭焉。

昔儀徵阮文達公撰左海師《隱屏山人傳》，郵寄其嗣君璞園太守，外附一短札云：「尊大人當日若出山領封圻、位卿相，官階顯耀，著述無聞，至今觀之，與草木同腐矣。」然則出處之間，果孰得孰失乎！今撰先生傳，敬附文達公語於此。昌彝自記。

◎趙爾巽《清史稿》列傳二百六十九《儒林》三：

壽祺會試出朱珪、阮元門，乃專為漢儒之學，又及見錢大昕、段玉裁、王念孫、程瑤田諸人，故學益精博。解經得兩漢大義，每舉一義，輒有折衷。

兩漢經師莫先於伏生，莫備於許氏、鄭氏，壽祺闡明遺書，著《尚書大傳箋》三卷、《序錄》一卷、《訂誤》一卷，附《漢書五行志》，綴以他書所引劉氏《五行傳論》三卷。序曰：「伏生《大傳》，條撰大義，因經屬怡，其文辭爾雅深厚，最近《大小戴記》七十子之徒所說，非漢諸儒傳訓之所能及也。康成百世儒宗，獨注《大傳》，其釋《三禮》每援引之。及注《古文尚書》、《洪範》五事、《康誥》孟侯、文王伐崇餼耆之歲、周公克殷踐奄之年，咸據《大傳》以明事，豈非閎識博通信舊聞者哉？且夫伏生之學尤善於《禮》，其言巡狩／

朝覲／郊尸／迎日／廟祭／族燕／門塾／學校／養老／擇射／貢士／考績／
郊遂／埰地／房堂／路寢之制，后夫人入御，太子迎問諸侯之法，三正之統五
服之色，七始之素八伯之樂，皆唐虞三代遺文，往往六經所不備，諸子百家所
不詳。今其書散逸，十無四五，尤可寶重。宋朱子與勉齋黃氏纂《儀禮經傳通
解》，攟摭《大傳》獨詳，蓋有裨禮學不虛也。《五行傳》者，自夏侯始昌，至
劉氏父子傳之，皆善推畿福著天人之應。漢儒治經，莫不明象數陰陽以窮極性
命，故《易》有孟、京卦氣之候，《詩》有翼奉五際之要，《春秋》有公羊災異
之條，《書》有夏侯、劉氏、許商、李尋《洪範》之論。班固本《大傳》，攬仲
舒、劉向、歆，以傳《春秋》，告往知來，王事之表不可廢也。是以錄《漢書・
五行志》附於後，以備一家之學云。」又著《五經異義疏證》三卷、《左海經
辨》二卷、《左海文集》十卷、《左海駢體文》二卷、《絳跗堂詩集》六卷、《東
越儒林文苑後傳》二卷、《東觀存藁》一卷。

　　壽祺歸後，阮元延課詁經精舍生徒。元纂群經古義為《經郛》，壽祺為撰
條例，明所以原本訓辭、會通典禮、存家法而析異同之意。後主泉州清源書院
十年，主鼇峰書院十一年，與諸生言修身勵學，教以經術，作《義利辨》《知
恥說》《科舉論》以示學者。規約整肅，士初苦之，久乃悅服。家居與諸當事
書，於桑梓利弊，蒿目痌心，雖觸忌諱無所隱。明儒黃道周孤忠絕學，壽祺搜
輯遺文，為之刊行。又具呈大吏，乞疏請從祀孔廟，議上，如所請。道光十四
年卒，年六十四。

　　◎陳壽祺（1771～1834），字恭甫，又字介祥、葦仁，號左海，又號梅修，
晚號隱屏山人。福建閩縣（今福州）人。幼師周立岩，後師孟超然。嘉慶四年
（1799）進士。授翰林院庶吉士，散館授編修。歸省，應阮元聘主講敷文書院
兼講詁經精舍。嘉慶九年（1804）起歷任廣東、河南鄉試副考官，會試同考官，
記名御史。嘉慶十年（1805）任文淵閣校理，教習庶吉士。嘉慶十五年（1810）
丁父憂。後主持清源書院，道光二年（1822）再主鼇峰書院。喜收藏，「遂初
樓」「小琅嬛館」藏書八萬卷。善輯佚。著有《五經異義疏證》三卷、《尚書大
傳定本》（一名《尚書大傳箋》）三卷序錄一卷訂誤一卷、《洪範五行傳輯本》
三卷、《歐陽夏侯經說考》一卷、《齊魯韓詩說考》三卷、《禮記鄭讀考》四卷、
《春秋左氏禮》、《公羊禮》、《穀梁禮》、《說文經詁》二卷、《左海經辨》四卷、
《兩漢拾遺》、《東越文苑儒林後傳》二卷、《左海文集》十卷、《左海詩集》六

卷、《蹧跗草堂詩集》六卷、《左海駢體文》二卷，彙編為《左海全集》。修《海塘志》，又與陳若霖共倡修《福建通志》四百卷，任總編纂，書垂成而歿。又刊印黃道周《黃忠端集》。子喬樅能修世業，張大其家法。

陳壽祺 公羊禮 佚

◎林昌彝《小石渠閣文集》卷四《陳恭甫先生傳》（節錄）：兩漢經師，莫先於伏生，莫備於許氏、鄭氏。先生故嘗闡明遺書，皆得其指歸。所撰《尚書大傳定本》《洪範五行傳輯本》《五經異義疏證》《左海經辨》，四方學者戶有之。又有《禮記鄭讀考》《說文經詁》《歐陽夏侯經說考》《齊魯韓詩說考》《兩漢拾遺》凡若干卷。又嘗撰《春秋左氏禮》《公羊禮》《穀梁禮》，未成。

陳壽祺 穀梁禮 佚

◎林昌彝《小石渠閣文集》卷四《陳恭甫先生傳》（節錄）：兩漢經師，莫先於伏生，莫備於許氏、鄭氏。先生故嘗闡明遺書，皆得其指歸。所撰《尚書大傳定本》《洪範五行傳輯本》《五經異義疏證》《左海經辨》，四方學者戶有之。又有《禮記鄭讀考》《說文經詁》《歐陽夏侯經說考》《齊魯韓詩說考》《兩漢拾遺》凡若干卷。又嘗撰《春秋左氏禮》《公羊禮》《穀梁禮》，未成。

陳樹華 春秋經傳集解考正 三十卷 存

國圖藏盧文弨鈔校本

國圖藏清抄本（七卷）

復旦藏清抄稿本（七卷）

復旦藏乾隆傳抄稿本（佚名錄清孫星衍、洪亮吉校，王大隆跋）

蘇州藏道光魏錫曾續語堂抄本

上海藏 1941 年抄本

續修四庫全書影印國圖藏盧文弨抄本

◎一名《春秋內傳考證》《春秋內傳考正》《春秋經傳集解考證》。

◎校定春秋經傳集解自序：樹華性好《春秋左氏傳》，研精覃思久矣。每見俗本承譌，文義益晦，心病之。因念漢石經遺字僅載於《隸釋》《東觀餘論》《廣川書跋》諸書，魏晉石經俱已湮沒，蜀宋石經年代較近，海內罕覯拓本，唯唐開成石經歷千百歲劫火之餘，雖遭殘闕，巋然獨存，此殆有神靈呵護者。國初顧亭林先生著《金石文字記》，信劉昫《唐書》貶石經語，遂詳校《易》、

《書》、《詩》、《三禮》、《三傳》、《論語》、《爾雅》，識其謬戾，孰謂所據摹本
廼屬入明嘉靖間西安王堯惠等補刻，正《左傳》誤字計九十餘條，唐刻誤者實
止數條。而石經與監本異同處轉致疏漏，甚或以是為非。朱竹垞先生弗察，全
卷盡錄《經義攷》中，開成石經受誣多矣。竊懼其日就磨泐也，爰取《春秋左
氏傳》校讀再三，復假得南宋慶元重彫淳化元年監本《春秋正義》、南宋相臺
岳氏《集解》本及架上元明諸刻本，並舊本陸氏《經典釋文》，悉力互勘，準
古酌今，期歸至當，兼審定句讀，俾便誦習。字體放石經，通乎俗而不失古意；
行款則依岳本；《釋文·左氏音義》六卷附於《經傳集解》三十卷後，庶不紊
舊次。又慮人之習非勝是也，撰《考證》□〔註8〕卷，采異同，羅眾說，無關
文字者略焉。明代刻本流傳最廣，間亦標舉其脫誤，使知釐正、疑似皆有根據。
亭林先生云：「讀九經自考文始，考文自知音始。」至哉斯言！樹華幼承庭訓，
獲侍嚴師，長大無成，端居卻埽，聊從事鉛槧，孜孜矻矻，繼晷焚膏，但冀少
補藝林，即糾前脩微失，識者諒必深鑑鑒苦衷，恕其妄而教之耳。乾隆三十有
五年庚寅春三月，吳郡陳樹華識於響山書屋。

◎論例：

一、《左氏》傳本多古文，降為篆隸今體，代有損益，勢難復古。若必以
篆正楷，徒扞格而驚俗。愚謂講述字學不得不嚴，施之經典恐失於泥。蓋經典
古字每多假借，且有許叔重《說文》所未收者，安可憑臆見粲斥耶！開成石經
字體楷法中猶存古意，至偏旁點畫豈能盡是？今姑用以為準，俾後有所稽，惟
乖於音義者正之（如以本為夲、證為譅、市為巿之類）。《說文》而外，並參攷顧
野王《玉篇》、張參《五經文字》、唐玄度《九經字樣》諸編，宋元人說亦采一
二，竊師張司業「為經不為字」之意，識者鑒焉。

一、唐石經經傳中有避廟諱闕筆及變从省文者，有用古文及籀文前後畫一
者，有字失於勘正者，有本不誤為後人所妄改者，悉心斟酌，詳加釐定。其《釋
文》及宋本間有古字本字可以正石經近本之失者，並為校訂。此外經典注疏暨
子史、《說文》徵引傳文，或字句不同，或記事各異，亦多采擇以資稽考，唯
古人偶誤者略之。其梅賾《偽尚書古文》及刻本之譌者，則粲置弗錄，非漏也。

一、石經每行十字，其脫誤處有當時即勘正者，有初刻作某字覆勘改從定
本者，有失於勘補後人增正者，有刊去之字後又增入於旁者，有後人據他本旁
增者，有後人據俗本妄加於旁及妄改本字者（石經脫誤，復經勘定處，往往九字

〔註8〕原文即為空格。蔣光煦著《東湖叢記》卷五此句作「撰《考正》七卷」。

一行、十一字一行，間有十二字一行者，有可考有不可考。○唐人改刻類多剗磨重刻，後人改刊，即加於本字之上，故尚可辨妄。改之字雕鏤淺細，不致大損，此又石經之幸也），今就唐刻所有者，苟非衍文，一一增正，以補雕本之遺漏，其竄增及刊改，非唐人元刻，則詳加審定，說見《攷正》中本句下（乾隆三十九年四月朔，蘆墟沈剛中示余蜀石經《左傳》六紙，字體仿佛唐石經，結構稍欠道逸，《兼義》杜注傳文每行十四字，注雙行疏密不能畫一，約十五六字。昭二年傳「夫子，君子也」下子字起至「而又何請焉」而字止，因知海內尚有存者，倘或覩其全，則又畢生之厚幸也）。

一、石經凡經傳二十三十字竝作廿字（亦作卄）、卅字（亦作丗。杜元凱後序竝同），四十字仍不作卌。案蔡中郎寫石經，已有廿卅卌之文，自是經典相承用，此體豈容蔑棄。亭林顧氏云：「案古詩之文多是四言，如『于三十里』、『三十維物』，皆四言也，當為三十字。《史記》秦始皇刻石，如廿有六年、維廿九年、卅有七年，則當為廿字、卅字。今改經文而為廿卅字，非矣。」此說最允。茲則於經傳首書魯公年歲及卷數依石經用廿字卅字，傳文則否，庶兩得之。

一、亭林顧氏言石經文公宣公卷字更濫惡，而成、城字皆缺末筆，《穀梁》襄昭定哀卷（案石經《穀梁》成公卷唐刻尚存其半，宣公卷幾全屬朱、梁補刻矣，昭定哀卷皆是唐刻）、《儀禮・士昏禮》皆然，此為朱梁所補刻。案文公卷字甚道勁有法，成城字皆不缺筆，顧氏所攷誤。唯宣公卷唐刻僅存三之一，其朱梁補刻者，信作𠆩（全忠祖名信。唯宣三年「將不信敢徵蘭乎」信字未缺筆，蓋書丹者偶忘避也）、成城字作圹圻（案全忠父名誠，則成城乃嫌名，凡避唐諱皆如前卷），不僅缺末筆也。字體多譌，筆法亦劣，然較諸明代王堯惠謬刻，似尚帶古趣。

一、經典中如修脩、於于、唯惟維等字，雖相承通用，然亦有畫一者（如《尚書》用惟字于字、《毛詩》用維字于字），《左傳》修作脩，唯字凡涉語辭俱從口、引《詩》《書》本文槩作惟字，有應作口旁而誤從忄旁者（僖五年「惟德是依」、哀元年「闔廬惟能用其民」），有應作忄旁而誤從口旁者（昭廿八年《詩》曰唯此文王」、哀十八年「《夏書》曰官占唯能蔽志」），石經止此四處有異（宋元明諸刻本多同），至于於兩字前後雜出（鄭康成《儀禮・大射儀》注云「今文於為于」，《既夕》篇注又云「今文于為於」），今一以石經為準，庶猶近古（《詩・采蘩》毛傳訓于為於，又《禮記》《大學》鄭注云：「于，於也」，自當以于為正）。

一、石經緤絏二字乃泄絏之變，《五經文字》云：「緤本文從廿，緣廟諱偏旁，今經典準式例變」，《玉篇》云：「洩同泄」，《釋文》洩泄緤絏互出。哀八

-63-

年傳「王問於子洩」，《釋文》云：「子洩又作洩」，可知相承已久，非唐人寫經典創造此字避諱也。今不便一一更正，唯《釋文》作泄絏及宋本傳注中有作泄絏與《釋文》合者則仍之。洛雒婁屢臧藏等字放此。

一、石經如罕鄭、高無罕諸罕字俱從不從十，與《釋文》刻本合（淳化本《正義》、岳本《集解》同），《五經文字》收丕罕二字云：「上《說文》，下石經，下見《春秋傳》。」若以罕字不見《說文》而改作丕，反失之矣。他如丕顯休命、生秦丕茲，石經及諸刻本固仍作丕字也。唯石經昭三年昧旦丕顯，丕字後人妄加末筆（《釋文》及淳化本、岳本皆誤）。又如句吳句踐，句字唯定四年「越子勾踐禦之」、「勾踐患吳之整也」兩勾字不從口從厶，淳化本、岳本與石經合，益徵舊本之不苟。

一、昏字（《釋文》作昬，石經作昏，岳本與石經同，餘本互出）《說文》云：「日冥也。從日氏省，氏者下也。一曰民聲。」案毛氏《六經正誤》云：「昏作昬誤」，戴侗《六書故》云：「唐本《說文》從民省，徐本《說文》從氏省。」晁說之曰：「因唐諱，民改為氏也。」晁說是之，因覆檢《說文》，如暋字、痻字、蟁字皆從民聲，蟁字注云：「蟁或從昏，以昏時出也。」是從昏之字不一。又案《五經文字》愍字注云：「緣廟諱偏旁，準式省從氏，凡泯、昏之類皆從氏。」據此則晁說信而有徵矣。蓋《說文》曾經李陽冰刊定，本避唐諱，後人以意增注，徐鉉等輒仍之耳。緡之為緍亦然。今定作昏，於義諧聲為長。

一、宋毛居正作《六經正誤》，蓋止正當時監本譌字，石經則毛氏未寓目也。書欠精審，其疏繆處如昭七年「日我先君其王」，日字謂當作曰，以監本作日月之日為誤，猶之石經成十七年楚公子橐師襲舒庸，顧亭林轉以明監本作橐為是，同一乖舛也。略舉一端，餘詳攷正。

一、杜預手定《左傳》齊代猶存，班固真本《漢書》梁時尚在，士生後世，攷古興懷。王伯厚《困學紀聞》云：「雍熙中校九經，史館有宋臧榮緒、梁岑之敬所校《左傳》，諸儒引以為證，孔維謂不可。案據杜鎬引正觀敕，以經籍譌舛由五胡之亂，學士多南遷，中國經術浸微。今竝以六朝舊本為證，持以詰維，維不能對。」（原注見《談苑》）案杜氏注轉寫多脫誤，今據《釋文》及宋本並他書所徵引，詳加訂正。

一、晁公武《石經考異》無由得見，唐石經舊拓本近來絕少。余所據石經雖本朝搨本，凡嘉靖乙卯地震後西安府學生員王堯惠等補刻之字（詳見趙子函《石墨鐫華》），盡行割棄，幸未為所誤，得以正亭林顧氏之失。淳化元年監本

正義乃南宋慶元庚申吳興沈作賓重彫，婺州州學教授趙彥穮、鄉貢進士馮嗣祖分校者，《經典釋文》則通志堂所據之舊抄本。已上三種皆南濠朱氏（奐）滋蘭堂臧本，又於蔣氏（元泰）貯書樓借金氏（鳳翔）挍本，竝紅豆齋惠氏（棟）手校本與岳本及元明諸刻本互勘再過。海內不乏善本，當次第訪之。

一、此書專訂譌字、定句讀，而音義之失亦間及之。凡杜注未純處，弗暇舉正。其先後失次及重複處不可枚數，亭林顧氏所拈出僅十分之一。茲則略加訂正，未及一一標識，轉滋蕪累。至采取諸家姓名竝所著書名，攷正中已詳舉，不更贅列。

一、本朝廟諱、御名，恪遵令甲，並仿唐人寫經例，止闕末筆。

◎翁方綱《復初齋文集》卷十六《書陳芳林校定春秋經傳集解後》：吳人陳芳林校定《春秋傳》六卷，予嘗俾胥鈔之，以是正於同年弓父盧學士。學士校讐之力最深，既於是書貫串弗遺矣，馳書報予曰：「中有開成石經作某而上下同一文者，苦無拓本。子有之，盍以參驗諸？」予乃摘是書之引唐石經而上下一文者凡若干條，命僮展碑於壁而審觀焉。乃陳所謂「舍，石經作舍」者，「干作士也」；「楹作楹」者，中加「丿」也；「督作督」者，目作日也；「婿作壻」者，月總承而加潤也。今其寫本上下皆同，則鈔胥之又失也。然吾以為凡若此者非君子之所必用其心者也，將以是為依六書乎？則漢熹平石經且弗六書之依，而責唐之開成邪？且必六書之依焉，則必胥十三經之文而皆小篆焉然後可也。隸固已乖矣，而何楷之責邪？且君子所以必六書之是爭者，為其盭於詁而害於經也。苟盭於詁而害於經，吾雖殫心罷精以爭之可也。若盻盼眄之不可混也、若支交又之弗可假也、若穎潁舀臽氏氐之勿可以遷就也，此皆在所必爭者也。今以唐人歐、虞以來相沿筆迹，經生書手無不然矣，而矻矻焉一一以正之，況實不勝其正之，則不如其已也。凡所為校定經傳者，校其異同足矣，若必其楷之無大戾於六書，則宋嘉祐石經第一酢則醋也、涖則逮也、哲則晢也（原注：《書・洪範》曰：晢時燠若），然其中亦尚有未盡準於是者。至於紹興石經幾於行楷，益不足言矣。陳氏此書其用力全在開成之石，故約舉其不必然者如此。

◎翁方綱《復初齋文集》卷十六《跋蜀石經殘本》：吳郡陳芳林以所藏蜀石經《左氏傳》殘本寄示。是昭公二年傳，凡三十有五行，行或十四字或十五字，字視開成石本差小，字體亦略近之。「伯有之亂」句注誤多一字，餘無異。曾宏父《石刻鋪敘》云：「益郡石經《春秋左氏傳》三十卷，蜀鐫至十七卷止，

凡三傳畢工於皇祐元年己丑九月望日，帥臣樞密直學士京兆郡開國侯田況、益州路諸州水陸轉運使曹穎叔、提點益州路刑獄孫長卿暨倅僉皆鑴銜於石。《成都志》又謂《公》《穀》田況所刻，又云《詩》《書》《三禮》不書歲月，《春秋三傳》則皇祐元年訖工。宋有天下九十九年矣，通蜀廣政元年肇始之日凡一百一十二禩，成之若是其艱也。」按此則《左傳》十七卷已前蜀所鑴，十八卷至三十卷，入宋所鑴也。然是至宋始畢工，非宋刻補附也。即以《成都志》目《公》《穀》為田況刻，則《左傳》是蜀原刻無疑，第其後十三卷成於入宋之日耳。至於《孟子》十二卷方是宋人補刻，不得因此而謂蜀石經之《左傳》亦宋補也。又晁公武《郡齋讀書志》云：「蜀石經《左氏傳》三十卷不缺唐諱及國朝諱而缺『祥』字，當是孟知祥僭位後刊石，《穀梁傳》不缺唐諱蜀諱而缺『恆』字，知刊在真宗以後。意者其田況乎？」按此條，則《左傳》刊石於唐蜀時尤可證也。晁《志》又云：「《左氏傳》不誌何人書，詳觀其字畫亦必蜀人所書也。」又晁氏《讀書附志》云：「孟蜀石經惟三傳至皇祐初方畢，故《公羊傳》後書大宋皇祐元年歲次己丑九月辛卯朔十五日乙巳工畢云云。」然則三傳之畢工直至皇祐時耳，非《左傳》恰畢工於皇祐也。第拓本絕少，其在今日真虬甲鳳毛矣。芳林精攷《內外傳》，既著有成書，為功經訓甚大，宜造物以神物界之。雖寥寥殘字，何止球璧視之耶！予昔聞芳林得此於盧墟沈剛中氏，凡六紙，渴思一見而未得遂。今按試南昌而芳林假守吳城，其裝冊適自杭寄來，郵以見示，爰為記其概於後而繫以詩。

◎張金吾著《愛日精廬藏書志》卷五「《春秋左傳正義》三十六卷，臨金壇段氏校宋慶元本」條錄陳樹華跋語二則：

杜氏後序並淳化元年勘校官姓名及慶元庚申吳興沈中賓重刻題跋一篇，依宋本鈔補於後。戊子三月借得朱君文游（奐）滋蘭堂藏本及石經詳細手校，凡宋本有疑誤者悉書於本字之旁，經傳文兼從石經，增正一二。七月三十日校畢，野泉樹華記。

南宋翻刻北宋本，無陸氏《音義》，復以《釋文》並借得金梧亭（鳳翔）、惠松崖（棟）從南宋本手校者互勘一過。八月廿五日。

◎段玉裁《經韻樓集》卷四《春秋左傳校勘記目錄序》：《春秋左氏傳》漢初未審獻於何時，漢《藝文志》說孔壁事祇云得《古文尚書》及《禮記》《論語》《孝經》，不言《左氏》經傳也。《景十三王傳》亦但云得古文經傳，所謂傳者即禮之記及《論語》，亦未言有《左氏》也。《楚元王傳》劉歆讓太常博士，

亦以逸禮三十有九、書十六篇繫之。魯恭王所得孔安國所獻，而於《春秋左氏》所修二十餘通則但云藏於秘府，不言獻自何人。惟《說文解字敘》分別言之曰：「魯恭王壞孔子宅，得《禮記》《尚書》《春秋》《論語》《孝經》，又北平侯張倉獻《春秋左氏傳》」，然後《左氏》經傳所自出始大白於世。顧許言恭王所得有《春秋》，豈孔壁中有《春秋》經文為孔子手定者與？北平侯所獻，蓋必有經有傳，度其經必與孔壁經同，然則班《志》所云古經十二篇者，指恭王所得與？抑指北平所獻與？左氏傳之學興於賈逵、服虔、董遇、潁容諸家，而杜預分經比傳為之集解，今諸家全書不可見，而流傳間見者往往與杜本乖異。古有吳皇象所書本、宋藏榮緒、梁岑之敬所校本，今皆不可得，蓋傳文異同可放者亦僅矣。唐人專宗杜注，惟蜀石經兼刻經傳杜注文，而蜀石盡亡，世間拓本僅存數百字。後唐詔儒臣田敏等校九經鏤本於國子監，此亦經傳注兼刻者，而多不存。至於孔穎達等依杜注經傳為《正義》三十六卷，本自單行。宋淳化元年有刻本，至慶元間吳興沈作賓分係諸經注本合刻之，其跋云「踵給事中汪公之後，取國子監《春秋經傳集解》《正義》精校，萃為一書。」蓋田敏等所鏤、淳化元年所頒，皆最為善本，而畢集於是。後此併附《釋文》之本，未有能及此者。國朝乾隆中，元和陳芳林樹華有《左》癖，既得此善本，乃棄官杜門，遍放他經傳記子史別集與《左氏》經傳及注有異同可參攷者，成《春秋內傳考證》一書。往者戴東原師、盧紹弓氏、金輔之氏、王懷祖氏皆服其該洽。錢塘嚴生杰，博聞強識，因授以慶元所刻淳化本并陳氏《攷證》及唐石經以下各本，及《釋文》各本，令其精詳捃摭。觀其所聚，而於是非難定者則予以暇日，折其衷焉。雖班氏所謂多古字古言、許氏所謂述《春秋傳》用古文者，年代縣邈，不可究悉，亦庶幾綱羅放佚，冀成注疏善本，用禆好學之士云。嘉慶八年冬至日。

◎段玉裁《經韻樓集》卷八《陳芳林墓志》（並序）：乾隆辛丑，余自巫山引疾歸，南陔多暇，補理舊業，得盧召弓、金輔之、劉端臨諸君為友。盧、金二君為余言蘇州陳君芳林以所著《春秋內外傳攷正》五十一卷相示，余讀之駭然以驚曰：「詳矣！精矣！《內外傳》乃有善本矣。」迻書其副藏於家，用以訂阮梁伯《十三經校刊記》。顧余不識陳君，壬子冬移居姑蘇，嘉慶辛酉君乃自晉歸，容兒頎然，嚴毅厚重。相見恨晚，並得其《國語補音訂誤》及詩集觀之。詩集摘采於青浦王氏《湖海詩傳》矣，其全集三千七百首，生平舉動一一可稽，如白樂天之《長慶》也。余與君居相近，然不能數見。邃於九月哭君澀

逝。余歸自蜀今三十年，舊友如盧、金輩鮮有存者，吳門王禮堂、江艮庭、錢曉徵、汪明之皆樂數晨夕，亦相繼凋喪。若君則相識才數月而旋失之，可不哀哉！辛未君子承宗等將葬，請余志墓，余不敢辭。按狀，君諱樹華，字芳林，號冶泉，誥封奉政大夫。先世由崑山遷長洲，曾祖學洙仕知縣；祖璋康熙甲戌進士，歷官侍讀學士、順天學政；父鴻黑歷官兩廣都轉鹽運使。君以乾隆元年恩蔭貢生，補授湖南武岡州州同。公事詿誤回籍家居十載，閉戶著書，《內外傳攷正》蓋成於此時也。已而得江西靖安縣縣丞，嗣陞湖口縣知縣。大吏保薦，特授山西澤州府同知，旋以到任遲延降補鄉寧縣知縣，乾隆六十年也。君蒞官能聽斷，長官前侃侃辨論，無阿諛。姚巡撫棻、王藩司昶、善觀察泰皆服其才。其於民事，雖無某事某事可指，殆古所謂日計不足月計有餘者與！讀君《遺命》一篇有云：「早知窮達有命，恨不十年讀書。吾所著惟《內外傳攷證》、《宋氏補音訂誤》可壽。」蓋君以勤學自任如此。君生雍正庚戌，享年七十有二。妻吳氏誥封宜人，克謹婦道。卒嘉慶辛未，享年八十有四。子三：承宗，安徽試用主簿；次翊宗、啟宗。君長子也，後君之伯父拱乾為孫。女三：適吳鉉、孔廣彬、吳雲錦。嘉慶十六年月日葬君於某縣某鄉某原，吳宜人合窆焉。銘曰：或謂之循吏，或謂之儒林。古字古言精熟有過於劉歆。千秋而後，過其墓者，知君於《左氏》之學綦深。

◎阮元《十三經注疏校勘記・左傳注疏校勘記》卷首《左傳注疏校勘記序》：元和陳樹華即以此本遍考諸書，凡與左氏經傳文有異同可備參考者，撰成《春秋內傳考證》一書，《考證》所載之同異，雖與正義復然不同，然亦間有可采者。臣更病今日各本之踳駁，思為釐正。錢塘監生嚴傑熟於經疏，因授以舊日手校本，又慶元間所刻之本，並陳樹華《考證》及唐石經以下各本及《釋文》各本，精詳捃摭，共為《校勘記》四十二卷。

◎王欣夫《蛾術軒篋存善本書錄・癸卯稿》卷一：

《春秋經傳集解考正》七卷（十二冊），清元和陳樹華撰。舊鈔稿本。

樹華字芳林，號冶泉。乾隆元年恩貢。官湖南武岡州州同。冶泉性好《春秋左氏傳》，病俗本承譌，乃據《開成石經》、南宋慶元庚申吳興沈作賓刊《正義》、相臺岳氏刊《集解》，及元明諸刻，并陸氏《經典釋文》、金鳳翔、惠棟校本互勘，撰《考正》若干卷。乾隆三十五年庚寅三月寫清而自序之。段玉裁錄以授阮元，即嚴杰據以撰定《校勘記》者也。段氏之序《校勘記》曰：「元和陳芳林有左癖，既得善本，乃棄官杜門，遍考他經傳記、子史別集，與《左

氏》經傳及注有異同可參考者，成《春秋內傳考正》一書，往者戴東原師、盧紹弓氏、金輔之氏、王懷祖氏皆服其該洽。」阮氏序亦謂樹華得有吳興沈作賓所刊《春秋正義》，因遍考諸書，撰成《考正》。所載同異雖與《正義》本夐然不同，然亦間有可采。因以是書及其他各本授之嚴杰，精詳掊摭。翁方綱書其書後曰：「吳人陳芳林校定《春秋傳》六卷，余嘗俾胥鈔之，以是正於同年弓父盧學士。學士校讎之力最深，馳書報余曰：『中有《開成石經》作某，而上下同一文者，苦無拓本。子有之，盍以參驗之。』陳氏此書，用力全在開成之石，故約舉其不必然者為此。」其書為當時通儒所推重如此。自序未定卷數，尚留空格。蓋庚寅冶泉四十一歲，年力方壯，猶待增益。段氏撰冶泉《墓志銘》，并《外傳考正》為五十一卷。翁氏鈔本又為六卷，與此皆不合。必鈔者任意為之。惟盧文弨依《釋文》分為三十卷，最為有據。當從之。案，自序稱蜀、宋石經年代較近，海內罕覩拓本。而論例第三條附注：「乾隆三十九年四月朔，盧墟沈剛中示余蜀石經《左傳》六紙」云云，翁氏《復初齋文集》有《跋蜀石經殘本》云：「芳林精考《內外傳》，既著有成書，為功經訓甚大，宜造物以神物界之，雖寥寥殘字，何止球璧視之耶？」蓋即其本，由沈剛中所歸者。可見精神所至，異物隨之。亦可以聊慰著書寂寞矣。惟惜成書迄今將三百年，僅傳鈔本。涵芬樓輯印《四部叢刊三編擬目》，曾列盧氏校本，後亦不果印。而《外傳考正》《國語補音訂誤》及《詩集》，則并鈔本亦絕，抑何不幸耶。茲附序例於後，俾治《左氏傳》者有考焉。

◎上海古籍出版社 2015 年《續修四庫全書總目提要·春秋類》「《春秋經傳集解考正》三十卷」：是書前有乾隆三十五年（1770）陳氏自序，稱性好《春秋左氏傳》，然俗本承偽，文義益晦，其心甚憂。幸有唐《開成石經》傳世，考其堪為善本，又取南宋慶元重雕淳化元年監本《春秋正義》，南宋相臺岳氏《集解》本，及元明諸刻本，並舊本陸德明《經典釋文》，悉力互勘，準古酌今，撰成是書云云。是書大抵以考證偽字、審定句讀為主，音義之失，亦間及之。其所引據，除唐石經及宋元明刻本之外，凡注疏、子史、說文及諸家載籍徵引經傳文句有不同者，亦悉加采擇，援引頗稱賅洽。又於梅賾偽《古文尚書》及刻本之偽，皆置而不論，尤為矜慎。至其校勘異同亦多精審，如論顧亭林據摹本羼入明嘉靖間王堯惠等補刻與傳世諸經相較，正《左傳》誤字計九十餘條，然細考之，開成石經誤者只數條而已，其蒙冤至此方明，且於石經與監本異同之處，是書亦悉加釐正。如成公十七年「楚公子橐師襲舒庸」，石經不誤，而

監本作「槖師」，亭林轉以監本為是，樹華皆指其謬，亦足資考核。陳氏以為「讀九經自考文始，考文自知音始」，故其書尤重歷代傳世異文乖字之考察。如隱公六年，「鄭人來渝平」，《公》、《穀》皆作「輸平」，陳氏遍考史籍，以為「輸作渝乃古文之僅存者」，訓「渝」為「變」為俗儒傳寫之偽，亦較可信。是書自敘於卷數留有空格，後盧文弨為之校定，依《釋文》定為三十卷。盧氏於陳著之誤或予校訂，或為增補，所據之書凡數十種，皆一一注明出處。又有孫詒穀校語，並為迻錄於上。段玉裁嘗謂陳氏有《左》癖，覽其書而歎《內外傳》乃有善本，後乃迻錄而藏於家，足見其影響。惟其書專論文字，於大義幾一無發揮，或失於瑣屑；如「仲子生而有文在其手曰為『魯夫人』」條，引《正義》以證手文之必有之類，又往往自亂其例。然總體而言，其書一掃宋明刻本之疏漏，而返求於古經之正，段玉裁評之曰：「古字古言精熟，有過於劉歆。千秋而後過其墓者，知君於《左氏》之學蟊深。」可見是書足以傳世。此本據國家圖書館藏清盧文弨抄本影印。（高瑞傑）

◎陳樹華（1731～1801），字芳林，號冶（野）泉。長洲（今江蘇蘇州）人。乾隆元年（1736）恩蔭貢生，補授湖南武岡州州同。以公事詿誤回籍家居十載。已而得江西靖安縣縣丞，嗣陞湖口縣知縣。乾隆六十年（1795）大吏保薦，特授山西澤州府同知，旋以到任遲延降補鄉寧縣知縣。子承宗、翊宗、啟宗。著有《春秋經傳集解考正》三十卷、《春秋外傳考正》二十一卷、《國語補音訂誤》（一名《宋氏補音訂誤》）諸書。

陳樹華 春秋內外傳考正 五十一卷 存

蘇州藏道光魏錫曾績語堂抄本

◎括《內傳考正》三十卷、《外傳考正》二十一卷。

◎錢思元《吳門補乘》續編卷十《藝文》：陳樹華：《春秋內外傳考正》五十卷（字芳林，號冶泉。元和人。由蔭生官澤州府同知。少時愛左氏《內外傳》，參稽攷訂，至老不衰）。

陳熙晉 春秋規過考信 三卷 存

上海藏咸豐六年（1856）習佳精舍刻本

國圖、北師大、中央民族大學藏光緒十五年（1889）廣雅書局刻本

上海古籍出版社 2013 年影印光緒十五年（1889）廣雅書局刻本

◎春秋規過考信目次：

有令狐之會、十六年欒范以其族夾公行、敢告不寧、十七年邾子貜卒、六月戊辰士燮卒。

卷二之下：襄公：四年金奏肆夏之三、九年使西鉏吾尼府守、十一年公會晉侯宋公衛侯曹伯齊世子光莒子邾子滕子薛伯杞伯小邾子伐鄭、公至自會、十二年吳子乘卒、十四年遒人以木鐸徇于路、十七年邾子牼卒、十八年曹伯負芻卒于師、齊侯禦諸平陰塹防門而守之廣里、十九年齊侯環卒、二十一年邾庶其以漆閭丘來奔季武子以公姑姊妻之、二十三年夏邾畀我來奔、知悼子少而聽於中行氏、二十四年在周為唐杜氏、二十五年同盟于重丘、晉侯許之、二十六年先八邑、取衛西鄙懿氏六十以與孫氏、二十七年伯有賦鶉之賁賁、二十八年且觀優至於魚里、二十九年夏五月庚午衛侯衎卒、其周德之衰乎猶有先王之遺民焉、盛德之所同也、三十年降婁中而旦。

卷三之上：昭公：元年三月取鄆、吾代二子愍矣、十一月己酉、十二月晉既烝趙孟適南陽將會孟子餘甲辰朔烝于溫、三年春王正月丁未滕子原卒、四年西陸朝覿而出之、五年叔禽叔椒子羽、羊舌四族、因其十家九縣、八年夏四月辛丑陳侯溺卒、九年逐楚而建陳也、十年宋公成卒、十一年朝有著定、鄭莊公城櫟而置子元焉、十二年公子憖遂如晉、有酒如淮有肉如坻、假道于鮮虞遂入昔陽、僕析父從右尹子革夕、是四國者專足畏也、十三年夏五月癸亥、不明棄共百事不終、十四年猶義也夫、十六年受賑歸脈、十八年許遷于白羽、許不專于楚、十九年紡焉以度而去之及師至則投諸外。

卷三之中：昭公：二十年丙辰衛侯在平壽丁巳晦公入與北宮喜盟于彭水之上、七音、二十一年使有司以齊鮑國歸費之禮為士鞅、二十三年戊辰吳敗頓胡沈蔡陳許之師于雞父、六月壬午王子朝入于尹、書曰胡子髡沈子逞滅獲陳夏齧君臣之辭也、二十四年同德度義、紂有憶兆夷人、二十五年宋公享昭子賦新宮昭子賦車轄、則天之明因地之性、齊侯圍鄆、二十六年尹氏召伯毛伯以王子朝奔楚、萬民弗忍居王于虢、矯誣先王、二十七年使宰獻而請安、二十九年木正曰勾芒、有烈山氏之子曰柱為稷、三十二年崇文德焉。定公：元年魏獻子屬役于韓簡子及原壽過而田于大陸焚焉、四年春王二月癸巳陳侯吳卒、五月公及諸侯盟于皋鼬、社稷不勤祝不出境、七年九月大雩、八年公會晉師于瓦、九年秋齊侯衛侯次于五氏、得用焉曰護、齊師克城稱驕其師又賤、十三年齊侯衛侯次于垂葭實郔氏。

卷三之下：哀公：元年夫屯晝夜九日、齊侯衛侯伐晉、二年叔孫州仇仲孫何忌及邾子盟于句繹、六年再敗楚師不如死、八年及吳師至拘者道之以伐武城克之王犯嘗為之宰澹臺子羽之父好焉國人懼、景伯負載造于萊門、十二年孔子與弔適季氏、九月宋向巢伐鄭、十三年大事未成二臣之罪也、十四年逢澤有介麋焉、十六年夏四月己丑孔丘卒、十七年如魚窺尾衛流而方羊裔焉大國滅之將亡、諸侯盟誰執牛耳、十九年叔青如京師敬王崩故也。

◎春秋規過考信敘：漢《藝文志》，《春秋》古文經十二篇、《左氏傳》三十卷，經不連傳。晉杜元凱始集經傳並合為一而為之解，前無是也，故西京博士皆以左氏不傳《春秋》。故今《左傳》有或書或不書，及所謂五十凡者，皆發明經文，安得謂之不傳《春秋》？可見其文為劉歆增益。伯山、仲師欲扶《左氏》，知之而不言；景伯、子慎欲抑眾家，尊之而愈力。要之，《左傳》《國語》集百二十國寶書而成，紀事紀書盡得其實，而于筆削之理顧未及之。自杜解盛行，而賈、服諸家遂微。劉光伯出而規其過，書既不傳，賴得存于孔沖遠《正義》。《正義》伸杜抑劉，是疏家之體，其文具在，好學深思，瑕瑜自見。此西橋先生《考信》之所為作也。蓋杜氏之解多逞私臆，每違傳意；而劉氏之規亦有略發其端，未能窮徵博引。至于此書分別義類、決擇是非，依劉者中之，存杜者釋之，杜、劉俱未安者，采古今之說以證之，往所瞀亂，咸歸條理，各立依據，本末粲然。凡其大端，莫不備是。劉之未規，見于別載。蒙示下走，紬釋兼旬，歎為淵海。然就師承閒有疑義，如漢之大儒董生言：「春者天之所為，正者王之所為，王者上承天之所為，下以正其所為」，此夏時冠周月說所由出，唐虞三代皆存二王，後以通三統正朔三而改，其來自古。秦以建亥為正，而太初麻未定，閏月皆在歲終，與歸餘之義亦難可通。秦之變古易常，宜儒者所不道。左氏為不傳《春秋》，復鄙心之所執，惟厥數事未敢雷同，姑存斯理以俟後來。道光二十年四月廿四日，長洲宋翔鳳謹記。

◎春秋規過考信敘：劉光伯《規過》多按傳析經，精鑿而折衷於是。孔沖遠非之，率牽合以護武庫，而苟駮劉規，至有前後矛盾而不自覺者。元凱，晉臣也，又為司馬家壻，非不明綱常名教之大義，而迫于時勢，故其注《春秋》，處處恐觸忌諱，不顧亂臣賊子之大防。其他攷證之未協、臆度之不經，更不具論。是預為晉室功臣，實《春秋》之罪人也。陳壽仕晉，承詔作三國史，以晉假禪受而取天下于曹氏，無殊魏之承漢，勢不得不崇魏黜蜀，崇魏即以尊本朝也。司馬溫公作《通鑑》，帝魏寇蜀，誠以藝祖黃袍加身，亦假禪受而得柴氏

之天下，欲諱本朝之詭取，不得不以歷朝之篡弒者而並諱之。迨南渡後，世遷時貿，禁忌漸疎，得紫陽《綱目》帝漢黜魏而反正焉，遂成千古信史。若夫注經，雖不能不顧所處之時勢，而于綱常名節之所繫，斷不可因時勢而顯悖義理。杜注「宋華督弒君與夷及其大夫孔父」，謂孔父書名，內不能治閨門，外取怨于民，身死而禍及君；論仇牧、荀息，一以為不警而遇盜，一以為從君于昏；洩冶直諫而死，以為直諫于淫亂之朝取死。如此論人，是孟子所謂異端詖邪，將使忠節寒心、亂賊益無顧忌矣。其他如鄭莊射王中肩為志在苟免；祭仲被執不明責以逐君之罪，以為聽脅迫而不稱行人；齊崔杼弒莊公、晉平受賄還師，不譏其不討賊，而許為不伐喪。諸如此類，未堪枚舉。在元凱，目擊典午先世之篡逆，不敢褒美忠良以彰醜惡，固也。然隱惡則可，縱惡則不可；舍善猶可，鋤善則不可。曲護其惡而鍛煉其善，是誠何心！詎千有餘年後，穎達孔氏又從而和之，反以劉炫《規過》為非，四端安在乎？沙氏定峰《讀史大略》云：「時與義可兼則兼之，後世之論前史是也。不可兼或後義而先時，陳壽《三國史》之類是也。或正義而黜時，吾輩今日論前史之是非，而無關時局者是也。」立論極為諦當。陳壽與司馬溫公皆後義先時，紫陽則黜時正義。杜注、孔疏是解經，非修史，即宜從時，亦不當背義。雖諸家各有糾繩，而迄無定論。西橋太守淹貫古今，精于考據，與凡天文地輿禮樂星紀無不窮搜互證，而斷歸一是。至綱常名教之防，其袞鉞予奪，尤不肯稍事依違，多有折于片言，無須諸說相附麗，而自成千古鐵案，且能與盲左相發明，是乃《春秋》之功臣、光伯之知己、武庫之諒友。雖杜、孔二氏復生，亦當心折而無可置喙。請即付剞劂，俾後來之讀《春秋》者得有指歸，真不朽之功業也。是為序。道光二十七年丁未小春中澣，蕭山蔡聘珍謹撰。

　　◎春秋規過考信自敘：劉光伯《春秋規過》，新舊《唐志》著錄三卷，孔沖遠稱規杜氏之失凡一百五十餘條，今從《正義》中悉心搜採，乃得一百七十三事，輒依經傳排次，仍為三卷。又或不具義之缺佚者鮮矣，不可謂非完書也。夫漢以來言《左氏》者十數家，皆雜取《公》《穀》以釋《左氏》。至晉而《左氏》盛行，二傳寖微，是杜氏之有功于左氏也。典午後，服虔、杜預二注俱立國學。至隋而杜氏盛行，服義寖微，是劉氏之有功于杜氏也。然杜氏有功亦有過，以劉氏所規言之致過之由，其蔽有三。六藝者學問之樞轄，《爾雅》者訓詁之權輿，杜氏銳于立言，疏于稽古，擁武庫而有餘，擅顧門而不足。是以釋元正昧始長之義，釋大遾遉九遉之義，以先王遺民謂有殷王

餘俗，不知孔子未正樂以前，《小雅》無正雅、《大雅》無變雅也。以盛德所同，謂頌有殷、魯，不知季札觀樂之時，但據《周頌》無殷、魯也。鮑國歸費，不引聘禮主國待卿饗餼五牢，而謂牢禮如其命數。使宰請安不引燕禮使司正請安于賓，而謂齊侯使自安。甚至緣飾經傳，附會短喪。晉人敗狄于箕，距晉文之喪不及九月，謂非背喪而不諱用兵。惠叔毀而猶請，距公孫敖之喪纔七月餘，謂已期年，而不須帀月。沿誤無窮，階厲斯甚，其蔽一也。一闉之市必立之平，一卷之書必立之師。杜氏之解，不詳所自，古字古言諸多散佚，家法師法愍所據依，駕空立義，往往有之：降婁旦中，六月而以為五月；西陸朝覿，四月而以為二月。此星厤之舛也。不羹一國，強別東西，酈氏二名，倒區先後。平陰乃齊邑，書圍何與于塹門？昔陽果肥都，偽耀何當云襲鼓？此地理之誤也。蚡冒非熊達之父，鄭簡豈良霄之兄？此世系之差也。訓如為而，失縣磬之象；借音為蔭，詭走險之意。大路木路而非金輅，否則與越席不相偶矣。栗為穗狀而非敬謹，否則與旨酒不相偶矣，此名物之訛也。為諡下屬為義，顯戾傳文；裔焉上屬為僻，殊乖緐韻。趙衰逕綏，逕不當上屬；子革從夕，從本當下屬，此句讀之錯也。師心自用，習非勝是，其蔽二也。賈景伯以劉氏徵堯後，何邵公以獲麟驗漢瑞，沖遠詆其趨時媚世，曾不稍貸。杜氏祖父並仕當塗，身為司馬氏貴壻，廢芳弒髦，事涉不韙，但求固寵于當世，不恤厚誣乎古人。宋貶孔父，以稱名為有罪；齊縱崔杼，以討賊為伐喪。鄭祭仲實易君位，乃謂見誘，不稱行人；公子慭欲抑臣權，乃謂謀亂。還不復位天王，入周而曰子朝來告；不顯奔楚之文，齊侯圍鄆而曰鄆人自服。務掩意如之惡，義本非義，例亦非例，其蔽三也。夫曲說勝則紛，紛則雜；臆說勝則窒，窒則戾；飾說勝則謬，謬則亂。此三者，注家之過，亦即疏家之過也。沖遠顧謂習杜義而攻杜氏為非，其理豈不固哉？丙午冬，郡齋多暇，治《左氏春秋》，撮鈔光伯規杜各條，鱗次櫛比，都為一編。竝刺取經史百家及近儒著述與劉規相發明者，臚列而備論之。非曰聚訟，務求考信。其杜氏非而劉氏是者，則為之申，以見其說之可據也。若杜氏是而劉氏非者，則為之釋，以見其不足難也。至杜劉兩說義俱未安，則為之證。證之羣言，斷以己意，以明所言之不敢出入于繩墨也。蓋劉說未合者不及十之二焉，可謂精而核矣。非學通南北、博極古今之大儒，其孰能與于斯！昔魏衛冀隆精服氏學，上書難杜氏《春秋》六十三事，賈思同駮冀隆乖者十餘條。後姚文安、秦道靜復述思同意，劉休和又持冀隆說，竟未能裁正。周樂遜著《春秋

序義》，通賈、服說，發杜氏違，辭理並可觀。梁崔靈恩先習服解，不為江東所行，乃改說杜義，每文句常申服以難杜，遂著《左氏條義》以明之。虞僧誕又精杜學，因作《申杜難服》以荅靈恩。陳王元規從沈文阿受業，通《春秋左氏》。自梁代諸儒皆以賈逵、服虔之義難駁杜預，凡一百八十條。元規引證通析，無復凝滯。張沖撰《春秋義略》，異于杜氏七十餘事。隋以前南北之難杜者不一。唐初奉敕刪定時未盡佚也，今惟衛冀隆難杜數條見于《正義》中，餘無存者。獨光伯之規，一事不遺，殆以疏家之體尊注，若經非顯加排斥，則無由盡錄歟？考沖遠之于劉義不曰妄解杜意則曰不達杜旨、不曰與杜無別則曰各自為義，其無可辨者則以為傳寫之誤。名護注家，實多舍注而用其說。且沖遠于《規過》外間取劉說，每與杜異，並不以為非，俾光伯之書得以略見梗槩，是又孔氏之有功于劉氏也。異同兩端，是非千古，信信疑疑，折衷斯在。序其緣起，以俟好學深恩之君子。道光二十七年歲在彊圉協洽端陽前三日，義烏陳熙晉撰于宜昌府署願規吾過之齋。

◎輯錄春秋規過條例：

《隋書經籍志》載《春秋左氏述義》四十卷，東京太學博士劉炫撰，本傳復有《春秋攻昧》十卷，不及《規過》。據孔氏序稱「習杜義而攻杜氏」，疑《規過》當在《述義》中，非別為一書也。劉昫《舊唐書・經籍志》載《述議》三十七卷，較《隋志》少三卷，多《規過》三卷，此其證也。疏中一規一駁，炳然分明，是編須具規過字者方錄入，餘俱別載《述義拾遺》，以昭畫一。

劉氏之規不傳，其文錯見于孔氏疏中，別白為難。其體例大約先釋杜、稱杜、言杜以發端。所規稱炫謂、炫以為表明己意，殆與鄭康成之駁《五經異義》及《箴膏肓》《發墨守》《起廢疾》相仿，顓輯註次，寒煥載更，雖聚碎金，實俟完璧。

裒輯古書，宜標所自。茲編皆錄自《正義》，間于《釋文》見其義，並未著姓名。十二公以年為次，字句異同排纂先後，讀者無難勘檢，今悉從略。

近世糾杜者，元趙氏汸有《春秋左傳補注》十卷，明邵氏寶有《左觽》一卷、陸氏粲有《左傳附注》五卷、傅氏遜有《左傳屬事》二十卷，國朝顧氏炎武有《左傳杜解補正》三卷、惠氏棟有《左傳補注》六卷、顧氏棟高有《春秋左傳杜注正譌表》一卷、姚氏鼐有《左傳補注》一卷、焦氏循有《春秋左傳補疏》一卷、馬氏宗槤有《左傳補注》十卷。凡所徵引，皆主河閒之說為多。博稽眾家，藉求真是，于《春秋之學》不無小助云爾。

◎摘錄卷首附義烏朱一新撰《陳西橋先生傳稿》：熙晉於學，積書數萬卷，訂疑糾謬，務窮竟原委，去取精審（《義烏縣志》）。政暇則獨坐一室，披誦至夜分。每語及經史三通歷朝會要，袞袞若成誦（王柏心撰傳）。所著《春秋規過考信》九卷，謂杜預解經厥有三蔽，劉光伯規之，而其書久佚，乃從《正義》中采得一百七十三事，並刺取經史百家及近儒著述與劉規相發明者，臚列而備論之。其杜非而劉是者，則為之申，以見其說之可據；杜是而劉非者，則為之釋，以見其不足難；至杜劉兩說義俱未安則為之證，證之羣書，斷以己意。蓋劉說未合不及十之二焉（《春秋規過考信自敘》）。又謂《隋經籍志》載《春秋述義》四十卷，光伯本傳復有《春秋攻昧》十卷，不及《規過》，據孔穎達序稱「習杜義而攻杜氏」，疑《規過》當在《述義》中，非別為一書，《舊唐書經籍志》載《述義》三十七卷，較《隋志》少三卷而多《規過》三卷，此其證也。孔氏於《規杜》一百七十三事無一不以為非，茲於所規之外又得一百四十三事，並皆《述義》之文；其異杜者三十事駁正甚少，殆以唐初奉敕刪定，著為令典，黨同伐異，亦勢會使然歟？今參稽經籍，援據羣言，案其事理，辨其得失，成《春秋述義拾遺》八卷（《春秋規過考信／述義拾遺自敘》）。又有《古文孝經述義餘語》五卷、《帝王世紀》二卷、《貴州風土記》三十卷、《黔中水道記》四卷、《宋大夫集箋注》三卷、《駱臨海集箋注》十卷、《日損齋筆記考證》一卷、《文集》八卷、《征帆集》四卷（《義烏縣志》）。官仁懷時，以未有志乘，刱成《仁懷廳志》二十卷（《仁懷志・名宦傳》）。

右朱鼎甫先生擬先曾祖西橋公《國史儒林文苑傳》，稿文存《佩弦齋集》。知本謹取以弁先曾祖遺箸《春秋規過考信述義拾遺》一書卷首，俾讀是書者攷見焉。曾孫知本補刊謹志。

◎孫殿起《販書偶記》卷二：《春秋規過考信》九卷，義烏陳熙晉撰。光緒十五年廣雅書局刊。

◎王柏心《百柱堂全集》卷四十《西橋陳公傳》：公於學極邃，尤以致遠為務，達經濟，括文獻，稽證羣籍，訂疑糾誤，歸於至當。不務智，不炫博，取精審而已。惟不治天文曆算，曰：「此自有專家，非可歲月竟也。」撰《駱臨海集箋注》十卷、《帝王世紀》二卷、《貴州風土記》三十二卷、《黔中水道記》四卷、《仁懷廳志》二十卷。晚而耽研經學，其《劉炫春秋規過考信》九卷、《春秋述義拾遺》八卷、《古文孝經疏證》五卷與《宋大夫集箋注》三卷，皆守宜昌時撰。嘗蒐輯宗忠簡遺佚文字，欲勒為集；及鄉先正遺書，將裒而刊

之，皆未及就。所自著古文二卷淳懿有法度，《古今體詩》六卷、《征帆集》四卷安雅精練，善含蓄，新城尚書之亞也。他撰錄甚富，不盡著。

◎趙爾巽《清史稿》卷一百四十五志一百二十《藝文》一：《春秋述義拾遺》九卷、《春秋規過考信》九卷，陳熙晉撰。

◎陳熙晉（1791～1851），初名世振，尋改名津，字析木，號西橋。浙江義烏人。侍郎汪由敦督學浙江，奇其文，有國士之目。嘉慶二十四年（1819）舉優貢生，盡發所蓄書，恣披閱，學益進。二十五年（1820）朝考充鑲黃旗教習。官學期滿，引見，以知縣用。道光五年（1825）揀發貴州，權廣順州。大吏謂才可治劇，奏調桐梓，格部議不果，權開泰。至龍里，創蓮峰書院。三年，兼權郎岱同知及安平縣。擢仁懷廳同知。再權開泰。又權普安直隸同知、都勻府，又官仁懷同知。道光二十一年（1841）選授湖北宜昌府知府。著有《春秋規過考信》九卷、《春秋述義拾遺》八卷卷首一卷卷末一卷、《古文孝經述義餘語》五卷、《帝王世紀》二卷、《貴州風土記》三十二卷、《黔中水道記》四卷、《宋大夫集箋注》三卷、《駱臨海集箋注》十卷、《日損齋筆記考證》一卷、《文集》八卷、《征帆集》四卷、《仁懷廳志》二十卷等。

陳熙晉 春秋述義拾遺 八卷 卷首一卷 卷末一卷 存

上海藏咸豐六年（1856）習佳精舍刻本

國圖、中央民族大學藏光緒十七年（1891）廣雅書局刻本

齊魯書社 2011 年清經解三編影印光緒十七年（1891）廣雅書局刻本

◎一名《春秋左氏傳述義拾遺》。

◎春秋述義拾遺目次：

卷首：春秋經傳杜預集解序：周禮有史官掌邦國四方之事達四方之志諸侯亦各有國史、其微顯闡幽裁成義類者皆據舊例而發義指行事以正褒貶、杜氏。

卷一：隱公傳首：為魯夫人。隱公：元年春王正月、公及邾儀父盟于蔑、冬十有二月祭伯來、謂之鄭志、天子七月而葬司軌畢至諸侯五月同盟至大夫三月同位至士踰月外姻至、二年莒人入向、三年驕奢淫佚所自邪也四者之來寵祿過也、五年公將如棠觀魚者、凡物不足以講大事其材不足以備器用則君不舉焉君將納民敗軌物者也故講事以度軌量謂之軌取材以彰物采謂之物不軌不物謂之亂政亂政亟行所以敗也、鳥獸之肉不登於俎皮革齒牙骨角毛羽不登於器則

公不射古之制也若夫山林川澤之實器用之資皂隸之事官司之守非君所及也、考仲子之宮將萬焉、八年鄭伯使宛來歸祊、十一年羽父使賊弑公于寪氏立桓公而討寪民有死者。

卷二：桓公：五年冬州公如曹、凡祀啟蟄而郊、六年故奉牲以告曰博碩肥腯謂民力之普存也謂其畜之碩大蕃滋也謂其不疾瘯蠡也謂其備腯咸有也、於是諸侯之大夫戍齊齊人饋之餼使魯為其班後鄭、以山川則廢主、十一月商周之不敵君之所聞也、十有三年春二月公會紀侯鄭伯己巳及齊侯宋公衛侯燕人戰齊師宋師衛師燕師敗績、十八年女有家男有室。莊公：二年公子慶父帥師伐於餘丘、六年必度於本末而後立衷焉、十一年京師敗曰王師敗績于某。二十二年成子得政、二十五年夏六月辛未朔日有食之。閔公：二年是服也狂夫阻之。

卷三：僖公：六年圍新密鄭所以不時城也、八年盟于洮、十年及七輿大夫、十五年公如齊、十六年今茲魯多大喪明年齊有亂君將得諸侯而不終是陰陽之事非吉凶所生也、二十有一年夏大旱、二十四年召穆公思周德之不類故糾合宗族于成周而作詩、二十七年入務利民民懷生矣、二十八年執曹伯畀宋人、不有寧也、此三志者晉之謂矣、夢河神謂己曰畀余、三十年秦軍氾南、三十二年秋衛人及狄盟、三十三年葬僖公緩作主非禮也、烝嘗福於廟。

卷四：文公：元年舉正於中歸餘於終、衛孔達帥師伐晉君子以為古、十四年晉人納捷菑于邾弗克納、曰夫已氏、十五年三月宋華耦來盟其官皆從之書曰宋司馬華孫貴之也、十八年此十六族也。宣公：十一年楚子入陳、十二年其君之戎分為二廣廣有一卒卒偏之兩、十五年晉師滅赤狄潞氏、十七年冬公弟叔肸卒公母弟也凡太子之母弟公在曰公子不在曰弟凡稱弟皆母弟也。成公：十三年三月公如京師、民受天地之中以生所謂命也、十五年仲嬰齊卒、十七年故皆書曰晉殺其大夫。

卷五：襄公：四年戎狄擇居、五年季文子卒大夫入斂公在位、九年冠必以裸享之禮行之、九年春公會晉侯宋公衛侯曹伯莒子邾子滕子薛伯杞伯小邾子齊世子光會吳于柤、三月癸丑、魯有禘樂賓祭用之、納諸霍人、下而無直則何謂正矣、十一年七姓十二國之祖、歌鐘二肆、十四年商旅于市、十五年劉夏逆王后于齊、十六年齊高厚之詩不類、十九年婦人無刑、二十一年軌度其信、二十二年祭以特羊殷以少牢、二十三年惟魏氏及七輿大夫與之、二十四年秋七月甲子朔日有食之既、上帝臨女無貳爾心、二十五年入于其宮不見其妻凶無所歸也、不為崔子其無冠乎、齊人以莊公說、男女以班賂晉侯以宗器樂器自六正五

吏三十帥三軍之大夫百官之正長師旅及處守者皆有賂、祝祓社司徒致民司馬致節司空致地乃還、賦車兵徒卒。

卷六：襄公：二十六年臣不心競而力爭不務德而爭善、國景子相齊侯賦蓼蕭、則苗賁皇之為也、晉士起將歸時專於宰旅無他事矣、二十七年皆取其邑而歸諸侯是以睦於晉、宋公兼享晉楚之大夫趙孟為客、而公怨之以為賓榮、十一月乙亥朔日有食之辰在申司歷過也再失閏矣、二十九年祓殯而禭則布幣也、不尚取之、好善而不能擇人、使公為之歌周南召南、為之歌頌、見舞象箾南籥者、齊人立敬仲之曾孫鄟、三十年師曠曰魯叔仲惠伯會郤成子于承匡之歲也七十三年矣、然則二萬二千六百有六旬也、三十一年愿吾愛之不吾叛也、使夫往而學焉夫亦愈知治矣。

卷七：昭公：元年書曰秦伯之弟鍼出奔晉罪秦伯也、內官不及同姓其生不殖美先盡矣則相生疾、四姬有省猶可無則必生疾矣、中聲以降五降之後不容彈矣、於是有煩手淫聲慆堙心耳乃忘和平君子弗聽也、二年送從逆班、三年今嬖寵之喪不敢擇位而數於守適、以樂慆憂、五月叔弓如滕葬滕成公子服椒為介及郊遇敬伯之忌敬子不入、四年其出之也桃弧棘矢以除其災、黿之為蕝誰能禦之、五年舍申軍、毀中軍于施氏成諸臧氏、七年人生始化曰魄既生魄陽曰魂、八年今在析木之津猶將復由、九年豈如弁髦而因以敝之、十二年春齊高偃帥師納北燕伯于陽、克己復禮仁也。

卷八：昭公：十七年不君君矣、若火入而伏必以壬午、十八年梓慎登大庭氏之庫以望之、二十年夏曹公孫會自鄸出奔宋、二十二年劉子單子以王猛居於皇、二十五年故人之能自曲直以赴禮者謂之成人、左師展將以公乘馬而歸、二十六年冬十月天王入于成周、攜王奸命、二十八年詩曰惟此文王、二十九年土正曰后土、其同人、又加范氏焉易之亡也、三十年春王正月公在乾侯不先書鄆與乾侯非公且徵過也。定公：三年公如晉至河乃復、四年命以伯禽、懷姓九宗職官五正、八年主人出師奔、喜於徵死何暇追余。

卷末：河間劉氏書目考、隋書儒林傳。

◎春秋左氏傳述義拾遺敘：杜元凱注《春秋》經傳曰《集解》，劉光伯疏杜氏《集解》曰《述義》。集解者集諸家之解，第拘一家之解，不可謂之集；述義者述一家之義，必通諸家之義，始可謂之述。自《集解》行而漢儒之家法盡廢。今疏中劉、賈、鄭、服之說得以不絕者，光伯之力也。五經之有義疏，昉於宋齊。案鄭康成《六藝論》云：「注《詩》宗毛為主，其義若隱略則更表

明，如有不同，即下己意，使可識別也。」實為疏家之祖。鄭箋毛而異毛，不
害其宗毛；劉述杜而異杜，豈害其宗杜乎？孔氏於《規杜》一百七十三事，無
一不以為非。茲於所規之外，又得一百四十三事。異杜者三十事駁正甚少，殆
以唐初奉敕刪定，著為令典，黨伐同異，亦勢會使然歟？今參稽經籍，援據羣
言，案其事理，辨其得失，釐為八卷，題曰《拾遺》。竊謂集兩漢之大成者康
成也，集六朝之大成者光伯也。康成於眾經並為注解，光伯之自狀曰《周禮》
《禮記》《毛詩》《尚書》《公羊》《左傳》《孝經》《論語》孔、鄭、王、何、服、
杜等注凡十三家，雖義有精粗，並堪講授；《周易》《儀禮》《穀梁》用功差少，
著錄《隋志》本傳凡百四十餘卷。古來注家注經之多未有過於康成者，疏家疏
注之多未有過於光伯者。唐初修《五經正義》，《易》雖有江南義疏十餘家，無
足據者，故諸疏惟《易》最下。自《禮記》據皇侃外，《尚書》《毛詩》《春秋》
皆據光伯本也。或曰《春秋》序但稱光伯，不及士元，而《詩》《書》之序並
言二劉，似不盡屬光伯者。案士元本傳第言《五經述議》並行於世，不詳卷數，
《志》亦未著其目。貞觀初詔擢皇侃等子孫官，亦及炫而不及焯。意者士元之
疏已併入光伯疏歟？《春秋述義》稍見崖略，其於《書》及《詩》亦有可窺測
者焉。孔傳自宋以前無有指其偽者，後人皆以書不用鄭而用孔咎穎達，今攷穎
達據炫，炫據焯，焯據費甝，自蕭梁已然矣。《皋陶謨》「思曰贊贊襄哉」，二
劉並以襄為因；《武成》「皇天后土」，小劉以后土為地；《呂刑》「刑罰世輕世
重」，劉君以為上刑適輕、下刑適重，皆以違傳意為穎達所駁。其祖乙圮於
耿，以圮於相遷於耿為大不辭立政；三亳歸周在武王時，非文王時；《呂刑》
九黎在少昊之末，非蚩尤，皆直攻孔傳之失，當亦劉說。《舜典》「在璿璣玉衡」，
謂江南宋元嘉年大史丞錢樂鑄銅作渾天儀。傳於齊梁周平江陵遷其器於長安，
今在大史書矣，此在隋未併陳之前，故云江南；若鞭作官刑、宮辟疑赦，疏中
兩稱大隋，比於不去葛龔，尤屬顯然。《新唐書歷志》引《書》乃季秋月朔辰
弗集于房，載光伯說。檢《胤征》疏全用其文，他可知矣。《詩》之《述義》
最為殊絕，而三百五篇疏中都無一字。以《左氏》及《詩正義》證之，襄二十
四年「無貳爾心」，用毛傳也；昭二十六年賦蓼蕭，用鄭箋也。與孔氏之依違
毛、鄭者不同。《周南》疏引《左傳》「如魚賴尾，衡流而彷徉」、《小雅》疏引
《左傳》「為吳季札歌《小雅》《大雅》」、《大雅》疏引《左傳》嘉栗旨酒，所
引服注均與《規杜》合，亦與孔氏之彼此岐異者不同。據孔氏之序但云削煩增
簡，則全本之光伯矣。由此言之，孔氏《書》《詩》《春秋》諸疏皆勦襲光伯之

成書以為己功。向使南北分裂之際，微光伯為之兼綜條貫、包羅古義，貞觀君臣即欲成《五經正義》，豈能炳爍今古乎？故光伯為功經術，不在康成下。因《春秋》而備論之，世有研經之君子，其不以斯言為河漢夫！道光二十八年歲在著雍涒灘人日，義烏陳熙晉序於宜昌郡齋。

◎孫殿起《販書偶記》卷二：《春秋述義拾遺》九卷，義烏陳熙晉撰。光緒十五年廣雅書局刊。

◎李慈銘《越縵堂讀書記・經部・春秋類》：閱陳熙晉《春秋述義拾遺》。其首一卷辨杜氏《集解》序注疏之說，自卷一至卷八依傳文之次，共一百四十三條，末一卷為河間劉氏《書目考》，又綴以《隋書・儒林傳》。其每事先標舉經文，附以杜注，然後頂格錄劉氏《述義》語，皆采自《正義》，又低一格列《正義》說及古今諸家說，後加「案曰」以折衷之，亦間有駁劉氏說者。論頗平允，而考證未博，頗有空言，文義近於批抹家者。其為魯夫人一條，不知傳文本無曰字，為即曰也。每條下多附監利龔紹仁評語，尤為非體。光緒乙酉七月初四日。

◎趙爾巽《清史稿》卷一百四十五志一百二十《藝文》一：《春秋述義拾遺》九卷、《春秋規過考信》九卷，陳熙晉撰。

陳許廷 春秋左傳典略 十二卷 存

上海辭書出版社藏崇禎刻本

續修四庫全書影印上海辭書出版社藏崇禎刻本

四庫存目叢書影印崇禎刻本

◎目錄：隱公一十六則、桓公一十一則、莊公一十六則、閔公二則、僖公二十五則、文公一十五則、宣公九則、成公一十六則、襄公二十六則、昭公三十一則、定公九則、哀公九則，共一百八十五則。

◎春秋左傳典略序：《春秋》何昉乎？折四序輻輳，象政中和，因舉以為名爾。迺左氏則緣采魯史而襲績粉黼，相與比其言語謀議之得失，稍用吾法而為《春秋》翼，蓋古今稱事辭者宗焉。是以綜學務博，取裁約也；飾練務精，抉理覈也。覈則典，約則略，鹽官陳靈茂《左傳典畧》所繇標指乎！其觸類詮詠，假借譯況，不貴依樣貴創，不貴囫圇貴駁，所謂創者、駁者，樞紐經史，觀變蟲魚，或搜討九丘八索所已陳；或印證圖讖齊諧所未備，文不紆繆乎本，字不妄舒其藻，吹霜歠露，寒暑筆端，騰褒裁貶，萬古魂動，譬諸天地之竅缺

也，為輪楫以通之，為丘陵為川瀆為甄陶為都邑為文章以補之，其鎔冶結撰不啻龍函英蕰也，其纂組比綴不啻追氏梓人也，其搏空奪舍不啻神君氣為也。口挾《左傳》者爭逐康成車後，宋之林、周諸君猶不免塵垢囊之譏。有如《典略》之奧而辨、質而澤，宕而嫺，于度纍纍惻惻，綿綿延延，卒莫得其儲胥者乎？每讀郭子《莊生注》、酈子《水經注》、《東坡易傳》、《韓詩外傳》，曾不知從何處落解。彌深有味乎《典略》一編恍乎蔗漿萍實，不五味而味也；若寒暑晝夜之不四時而時也。靈茂名家子，後先所蓄書頗異，而年弱力強，精神廣大，才足以餚饌之，識足以剺割之，故義不必排，故能出型；語不必吊詭，能孕奇緣、飾經術，明徵故府，雖使休寧復生，無敢滋其標榜。試挾之洞庭、岣嶁之間，吾知龍威丈人必且噓霧以抱之，理雲以護之，不亞金檢玉畫也，無寧渠大都通國，舉以翼《左氏》以翼《春秋》。華亭張昂之題。

◎春秋左傳典略序：《左氏》之膏馥乎曩茲也，以豔以富以巫。字必靚特，篇必冶睞，如璧斯羨，壹不知肉好倍也，曰豔。道籥瀇流，碎乘恀楪，裹絡訾箏，俾懷鈆傚費無挐瓴也，曰富。描鬼繪夢，落雉開猴，擊短扶長，滿謳紿謿，驅掉五寸不律，顐鼓而偯舞，風傝傛乎卜夜不休也，曰巫。匪巫不稱豔富，得巫解者，可與讀盲史，可與旁魄羅狩訟，伐同異而不詭乎宗。比者謝氏辨證鄭氏，博議種輦，鮮足百人，墮莊語詀諿也。邈矣征南，踵起廓拭者為鹽官陳靈茂《典略》矣！諟淵玄雧義虛白，而以藻響導指歸，辨紛解頤，不減《詩》之韓《傳》、《易》之焦《林》也。鴻秘如許，則昔之碻鼪鼠、準龍雉、畫地就圖、抈碑暗疏者，夫復何恔？巫而豔而富之三奧膈早已伐毛洗髓，不作優孟抵掌。是編也，張征南以張盲史，其環奇踔犖之觀哉！崇禎己巳上冬，長水譚貞默撰竝書。

◎自序：先文邃著《五經疑》，《詩》與《春秋》稍已散佚，廷不及闚其全，間欲續成而未遑也。今夏偶取《內外傳》，合高、淑兩家衰序之，使事義斷章頭訖條屬，一切本《左氏》為要褏，以兩家埤益焉。衰序且竟，因憪然于三傳之迭為廢興也。雖傳聞親見，汙隆異揆，然晉唐以還，崇獎盲史，鮮復病其膏肓者，翳征南之力爾。武子塵標牙韻，未能度越晉人。邵公條例十有七年，無捄二創，大抵促數耗矣。獨征南於《左氏》，蒐伐遐異，騁騖極博，微彰顯幽之宏致，徑屈覆逆之殊情，分條同貫，比義合要，皆弋其而洞其趣。夾漈稱之。雖羲氏緯天、夏后鋊水，允哉無以尚也。長夏餘閒，往復其解，心乎愛之，不自揆茹，私更埤益焉。於約而盡者疏其旨，於辨而裁者類其徵，於岐而不害

者綴其異，演以靈緯，蒧以鄙裁，其見聞傳聞，淳燿今古者，不敢牘而登之也。目之曰《典略》，凡十有二卷。竊愧嵬瑣多蕪，闌單失力，不能揚搉左氏。劑異味，闢異境，鼓芳風以扇遊塵。方駕唐杜，淳燿今古。如味之酉腊柔嘉，嘗脟可以動指；如竞之靈窈絕異，遊目可以虛懷。使迴環之者，觀我垂頤，盱其駭囑，猶冀千秋而後。丕淮燒策，未炮精靈。習其讀，問其傳，窺武庫而興美哉之憾。討先文邃之散佚，劉覽於是，而以為中逵之尊。《晉語》曰：「咫聞則多」，或非讆言爾。崇禎二年歲在玄枵辰在壽星，浙譇陳許廷靈茂甫識於一笑山之桐臺。

◎許瑤光修，吳仰賢等纂光緒四年《光緒嘉興府志》卷五十七《列傳八·海鹽縣》：所著有《蘇庵集》《周易注傳演林》《左傳典略》《漢書雋》《洪永紀事本末》《李義山詩箋》（《浙江通志》。參《海鹽續圖經》）。

◎許瑤光修，吳仰賢等纂光緒四年《光緒嘉興府志》卷八十《經籍一》：陳許庭《春秋左傳典略》十二卷（《經義考》《四庫存目》）。

◎上海古籍出版社 2015 年《續修四庫全書總目提要·春秋類》「《春秋典略》十二卷」：是書前有華亭張昂之、長水譚貞默序、陳氏自序。自序稱，其於杜注深膺服之，故不自揆茹，私更埤益。是書於約而盡者，疏其旨；辨而裁者，類其徵；歧而不害者，綴其異。演以靈緯，蒧以鄙裁云云。書以十二公為十二卷，計隱公十六則、桓公十一則、莊公十六則、閔公二則、僖公二十五則、文公十五則、宣公九則、成公十六則、襄公二十六則、昭公三十一則、定公九則、哀公九則，凡一百八十五則。各則細目，列於每卷之前。是書入《四庫全書總目》春秋類存目，提要稱其摘取《左氏》中單文隻字可資考核者證以他書，繁稱博引，以詭麗為宗，不專主於疏通經義，然就其所論，亦往往失之穿鑿云云。此本據上海辭書出版社圖書館藏明崇禎間刻本影印。（潘華穎）

◎陳許廷，字靈茂。浙江海鹽人。萬曆中諸生。陳際泰、楊廷樞、張溥，皆與定交。薦授兵部司務。博物洽聞，尤悉掌故，嫻於鄭學、三禮、讖緯。著有《周易注傳演林》、《春秋左傳典略》十二卷、《漢書雋》、《洪永紀事本末》、《蘇庵集》、《李義山詩箋》。

陳學受 陳藝叔先生春秋八種 三十卷 存

上海藏稿本

◎子目：《春秋口義說》四卷、《春秋全經口義說》六卷、《春秋類文求義》

七卷、《春秋災異歲事物害說》一卷、《春秋類事求異》八卷、《春秋原本》二卷、《春秋讀本》一卷、《春秋三傳異同說》一卷。

◎陳學受，字永之，號藝（懿）叔。江西新城（今黎川）人。陳溥從兄。嘗受古文於梅曾亮、朱琦。著有《二南詩義》、《尚書二十八篇》、《春秋大旨口義》、《春秋說》、《春秋類文求義》、《春秋無闕文說》、《春秋一字之稱說》、《春秋全經口義》、《春秋類事求義》、《春秋原本》、《春秋單辭說》、《春秋讀本》、《春秋三傳同異考》、《圈點春秋經文》、《圈點春秋讀本》、《大學中庸註疏本》、《夏世譜》、《商世譜》、《帝王世譜》、《圈點通鑑》、《孔子年譜》、《刪節史記》、《評點史記四篇》、《少吏論辨正》、《明道先生行狀》、《諸葛忠武侯傳》、《正蒙軌物口義》、《唐人七言絕句鈔》、《寒山拾得詩鈔》、《霞綺集》、《凝神篇》、《夏山堂唱和詩詞》、《陳懿叔詩鈔》一卷、《二陳遺稿》、《盱江叢稿》一卷、《丁戊書鈔》、《廣敷書牘》、《宗鏡錄節鈔》、《釋乘諸法題詞》。

陳學受　春秋大旨口義　佚

◎劉聲木《桐城文學撰述考》卷三「陳溥陳學受撰述」：《古文詩鈔》、《涵詠篇》、《性修篇》一卷（陳溥）、《凝神篇》、《尚書二十八篇》、《大學中庸註疏本》、《詩說》二卷（陳溥）、《評點史記四篇》、《少吏論辨正》、《明道先生行狀》、《諸葛忠武侯傳》、《正蒙軌物口義》、《朱子集節錄》一卷（陳溥）、《陸子集節錄》一卷（陳溥）、《王陽明集節錄》一卷（陳溥）、《唐人七言絕句鈔》、《寒山拾得詩鈔》、《霞綺集》、《夏山堂唱和詩詞》、《陳懿叔詩鈔》一卷、《二陳遺稿》、《盱江叢稿》一卷、《丁戊書鈔》、《廣敷書牘》、《五事篇》（陳溥）、《食事積微篇》（陳溥）、《宗鏡錄節鈔》、《釋乘諸法題詞》、《春秋大旨口義》、《春秋無闕文說》、《春秋一字之稱說》、《春秋全經口義》、《春秋類事求義》、《春秋原本》、《春秋單辭說》、《春秋讀本》、《春秋三傳同異考》、《二南詩義》□卷、《評點唐宋各家詞選》□□卷（陳溥）、《夏世譜》□卷、《商世譜》□卷、《帝王世譜》□卷、《圈點春秋經文》□卷、《圈點春秋讀本》□卷、《圈點通鑑》□□卷、《孔子年譜》□卷、《刪節史記》□□卷、《春秋說》□卷、《春秋類文求義》□卷（已脫稿十餘冊）。

陳學受　春秋單辭說　佚

◎劉聲木《桐城文學撰述考》卷三「陳溥陳學受撰述」：《古文詩鈔》、《涵詠篇》、《性修篇》一卷（陳溥）、《凝神篇》、《尚書二十八篇》、《大學中庸註疏

本》、《詩說》二卷（陳溥）、《評點史記四篇》、《少吏論辨正》、《明道先生行狀》、《諸葛忠武侯傳》、《正蒙軌物口義》、《朱子集節錄》一卷（陳溥）、《陸子集節錄》一卷（陳溥）、《王陽明集節錄》一卷（陳溥）、《唐人七言絕句鈔》、《寒山拾得詩鈔》、《霞綺集》、《夏山堂唱和詩詞》、《陳懿叔詩鈔》一卷、《二陳遺稿》、《盱江叢稿》一卷、《丁戊書鈔》、《廣敷書牘》、《五事篇》（陳溥）、《食事積微篇》（陳溥）、《宗鏡錄節鈔》、《釋乘諸法題詞》、《春秋大旨口義》、《春秋無闕文說》、《春秋一字之稱說》、《春秋全經口義》、《春秋類事求義》、《春秋原本》、《春秋單辭說》、《春秋讀本》、《春秋三傳同異考》、《二南詩義》□卷、《評點唐宋各家詞選》□□卷（陳溥）、《夏世譜》□卷、《商世譜》□卷、《帝王世譜》□卷、《圈點春秋經文》□卷、《圈點春秋讀本》□卷、《圈點通鑑》□□卷、《孔子年譜》□卷、《刪節史記》□□卷、《春秋說》□卷、《春秋類文求義》□卷（已脫稿十餘冊）。

陳學受 春秋讀本 一卷 存

上海藏陳藝叔先生春秋八種本（稿本）

◎劉聲木《桐城文學撰述考》卷三「陳溥陳學受撰述」：《古文詩鈔》、《涵詠篇》、《性修篇》一卷（陳溥）、《凝神篇》、《尚書二十八篇》、《大學中庸註疏本》、《詩說》二卷（陳溥）、《評點史記四篇》、《少吏論辨正》、《明道先生行狀》、《諸葛忠武侯傳》、《正蒙軌物口義》、《朱子集節錄》一卷（陳溥）、《陸子集節錄》一卷（陳溥）、《王陽明集節錄》一卷（陳溥）、《唐人七言絕句鈔》、《寒山拾得詩鈔》、《霞綺集》、《夏山堂唱和詩詞》、《陳懿叔詩鈔》一卷、《二陳遺稿》、《盱江叢稿》一卷、《丁戊書鈔》、《廣敷書牘》、《五事篇》（陳溥）、《食事積微篇》（陳溥）、《宗鏡錄節鈔》、《釋乘諸法題詞》、《春秋大旨口義》、《春秋無闕文說》、《春秋一字之稱說》、《春秋全經口義》、《春秋類事求義》、《春秋原本》、《春秋單辭說》、《春秋讀本》、《春秋三傳同異考》、《二南詩義》□卷、《評點唐宋各家詞選》□□卷（陳溥）、《夏世譜》□卷、《商世譜》□卷、《帝王世譜》□卷、《圈點春秋經文》□卷、《圈點春秋讀本》□卷、《圈點通鑑》□□卷、《孔子年譜》□卷、《刪節史記》□□卷、《春秋說》□卷、《春秋類文求義》□卷（已脫稿十餘冊）。

陳學受 春秋口義說 四卷 存

上海藏陳藝叔先生春秋八種本（稿本）

陳學受　春秋類事求異　八卷　存

上海藏陳藝叔先生春秋八種本（稿本）

◎劉聲木《桐城文學撰述考》卷三「陳溥陳學受撰述」：《古文詩鈔》、《涵詠篇》、《性修篇》一卷（陳溥）、《凝神篇》、《尚書二十八篇》、《大學中庸註疏本》、《詩說》二卷（陳溥）、《評點史記四篇》、《少吏論辨正》、《明道先生行狀》、《諸葛忠武侯傳》、《正蒙軌物口義》、《朱子集節錄》一卷（陳溥）、《陸子集節錄》一卷（陳溥）、《王陽明集節錄》一卷（陳溥）、《唐人七言絕句鈔》、《寒山拾得詩鈔》、《霞綺集》、《夏山堂唱和詩詞》、《陳懿叔詩鈔》一卷、《二陳遺稿》、《盱江叢稿》一卷、《丁戊書鈔》、《廣敷書牘》、《五事篇》（陳溥）、《食事積微篇》（陳溥）、《宗鏡錄節鈔》、《釋乘諸法題詞》、《春秋大旨口義》、《春秋無闕文說》、《春秋一字之稱說》、《春秋全經口義》、《春秋類事求義》、《春秋原本》、《春秋單辭說》、《春秋讀本》、《春秋三傳同異考》、《二南詩義》□卷、《評點唐宋各家詞選》□□卷（陳溥）、《夏世譜》□卷、《商世譜》□卷、《帝王世譜》□卷、《圈點春秋經文》□卷、《圈點春秋讀本》□卷、《圈點通鑒》□□卷、《孔子年譜》□卷、《刪節史記》□□卷、《春秋說》□卷、《春秋類文求義》□卷（已脫稿十餘冊）。

陳學受　春秋類文求義　七卷　存

上海藏陳藝叔先生春秋八種本（稿本）

◎劉聲木《桐城文學撰述考》卷三「陳溥陳學受撰述」：《古文詩鈔》、《涵詠篇》、《性修篇》一卷（陳溥）、《凝神篇》、《尚書二十八篇》、《大學中庸註疏本》、《詩說》二卷（陳溥）、《評點史記四篇》、《少吏論辨正》、《明道先生行狀》、《諸葛忠武侯傳》、《正蒙軌物口義》、《朱子集節錄》一卷（陳溥）、《陸子集節錄》一卷（陳溥）、《王陽明集節錄》一卷（陳溥）、《唐人七言絕句鈔》、《寒山拾得詩鈔》、《霞綺集》、《夏山堂唱和詩詞》、《陳懿叔詩鈔》一卷、《二陳遺稿》、《盱江叢稿》一卷、《丁戊書鈔》、《廣敷書牘》、《五事篇》（陳溥）、《食事積微篇》（陳溥）、《宗鏡錄節鈔》、《釋乘諸法題詞》、《春秋大旨口義》、《春秋無闕文說》、《春秋一字之稱說》、《春秋全經口義》、《春秋類事求義》、《春秋原本》、《春秋單辭說》、《春秋讀本》、《春秋三傳同異考》、《二南詩義》□卷、《評點唐宋各家詞選》□□卷（陳溥）、《夏世譜》□卷、《商世譜》□卷、《帝王世譜》□卷、《圈點春秋經文》□卷、《圈點春秋讀本》□卷、《圈點通鑒》□□卷、

《孔子年譜》□卷、《刪節史記》□□卷、《春秋說》□卷、《春秋類文求義》□卷（已脫稿十餘冊）。

陳學受 春秋全經口義說 六卷 存

上海藏陳藝叔先生春秋八種本（稿本）

◎劉聲木《桐城文學撰述考》卷三「陳溥陳學受撰述」：《古文詩鈔》、《涵詠篇》、《性修篇》一卷（陳溥）、《凝神篇》、《尚書二十八篇》、《大學中庸註疏本》、《詩說》二卷（陳溥）、《評點史記四篇》、《少吏論辨正》、《明道先生行狀》、《諸葛忠武侯傳》、《正蒙軌物口義》、《朱子集節錄》一卷（陳溥）、《陸子集節錄》一卷（陳溥）、《王陽明集節錄》一卷（陳溥）、《唐人七言絕句鈔》、《寒山拾得詩鈔》、《霞綺集》、《夏山堂唱和詩詞》、《陳懿叔詩鈔》一卷、《二陳遺稿》、《盱江叢稿》一卷、《丁戊書鈔》、《廣敷書牘》、《五事篇》（陳溥）、《食事積微篇》（陳溥）、《宗鏡錄節鈔》、《釋乘諸法題詞》、《春秋大旨口義》、《春秋無闕文說》、《春秋一字之稱說》、《春秋全經口義》、《春秋類事求義》、《春秋原本》、《春秋單辭說》、《春秋讀本》、《春秋三傳同異考》、《二南詩義》□卷、《評點唐宋各家詞選》□□卷（陳溥）、《夏世譜》□卷、《商世譜》□卷、《帝王世譜》□卷、《圈點春秋經文》□卷、《圈點春秋讀本》□卷、《圈點通鑑》□□卷、《孔子年譜》□卷、《刪節史記》□□卷、《春秋說》□卷、《春秋類文求義》□卷（已脫稿十餘冊）。

陳學受 春秋三傳同異考 佚

◎劉聲木《桐城文學撰述考》卷三「陳溥陳學受撰述」：《古文詩鈔》、《涵詠篇》、《性修篇》一卷（陳溥）、《凝神篇》、《尚書二十八篇》、《大學中庸註疏本》、《詩說》二卷（陳溥）、《評點史記四篇》、《少吏論辨正》、《明道先生行狀》、《諸葛忠武侯傳》、《正蒙軌物口義》、《朱子集節錄》一卷（陳溥）、《陸子集節錄》一卷（陳溥）、《王陽明集節錄》一卷（陳溥）、《唐人七言絕句鈔》、《寒山拾得詩鈔》、《霞綺集》、《夏山堂唱和詩詞》、《陳懿叔詩鈔》一卷、《二陳遺稿》、《盱江叢稿》一卷、《丁戊書鈔》、《廣敷書牘》、《五事篇》（陳溥）、《食事積微篇》（陳溥）、《宗鏡錄節鈔》、《釋乘諸法題詞》、《春秋大旨口義》、《春秋無闕文說》、《春秋一字之稱說》、《春秋全經口義》、《春秋類事求義》、《春秋原本》、《春秋單辭說》、《春秋讀本》、《春秋三傳同異考》、《二南詩義》□卷、《評點唐宋各家詞選》□□卷（陳溥）、《夏世譜》□卷、《商世譜》□卷、《帝王世譜》

□卷、《圈點春秋經文》□卷、《圈點春秋讀本》□卷、《圈點通鑒》□□卷、
《孔子年譜》□卷、《刪節史記》□□卷、《春秋說》□卷、《春秋類文求義》
□卷（已脫稿十餘冊）。

陳學受 春秋三傳異同說 一卷 存

上海藏陳藝叔先生春秋八種本（稿本）

陳學受 春秋說 佚

◎劉聲木《桐城文學撰述考》卷三「陳溥陳學受撰述」：《古文詩鈔》、《涵
詠篇》、《性修篇》一卷（陳溥）、《凝神篇》、《尚書二十八篇》、《大學中庸註疏
本》、《詩說》二卷（陳溥）、《評點史記四篇》、《少吏論辨正》、《明道先生行狀》、
《諸葛忠武侯傳》、《正蒙軏物口義》、《朱子集節錄》一卷（陳溥）、《陸子集節
錄》一卷（陳溥）、《王陽明集節錄》一卷（陳溥）、《唐人七言絕句鈔》、《寒山
拾得詩鈔》、《霞綺集》、《夏山堂唱和詩詞》、《陳懿叔詩鈔》一卷、《二陳遺稿》、
《盱江叢稿》一卷、《丁戊書鈔》、《廣敷書牘》、《五事篇》（陳溥）、《食事積微
篇》（陳溥）、《宗鏡錄節鈔》、《釋乘諸法題詞》、《春秋大旨口義》、《春秋無闕文
說》、《春秋一字之稱說》、《春秋全經口義》、《春秋類事求義》、《春秋原本》、
《春秋單辭說》、《春秋讀本》、《春秋三傳同異考》、《二南詩義》□卷、《評點
唐宋各家詞選》□□卷（陳溥）、《夏世譜》□卷、《商世譜》□卷、《帝王世譜》
□卷、《圈點春秋經文》□卷、《圈點春秋讀本》□卷、《圈點通鑒》□□卷、
《孔子年譜》□卷、《刪節史記》□□卷、《春秋說》□卷、《春秋類文求義》
□卷（已脫稿十餘冊）。

陳學受 春秋無闕文說 佚

◎劉聲木《桐城文學撰述考》卷三「陳溥陳學受撰述」：《古文詩鈔》、《涵
詠篇》、《性修篇》一卷（陳溥）、《凝神篇》、《尚書二十八篇》、《大學中庸註疏
本》、《詩說》二卷（陳溥）、《評點史記四篇》、《少吏論辨正》、《明道先生行狀》、
《諸葛忠武侯傳》、《正蒙軏物口義》、《朱子集節錄》一卷（陳溥）、《陸子集節
錄》一卷（陳溥）、《王陽明集節錄》一卷（陳溥）、《唐人七言絕句鈔》、《寒山
拾得詩鈔》、《霞綺集》、《夏山堂唱和詩詞》、《陳懿叔詩鈔》一卷、《二陳遺稿》、
《盱江叢稿》一卷、《丁戊書鈔》、《廣敷書牘》、《五事篇》（陳溥）、《食事積微
篇》（陳溥）、《宗鏡錄節鈔》、《釋乘諸法題詞》、《春秋大旨口義》、《春秋無闕文

說》、《春秋一字之稱說》、《春秋全經口義》、《春秋類事求義》、《春秋原本》、
《春秋單辭說》、《春秋讀本》、《春秋三傳同異考》、《二南詩義》□卷、《評點
唐宋各家詞選》□□卷（陳溥）、《夏世譜》□卷、《商世譜》□卷、《帝王世譜》
□卷、《圈點春秋經文》□卷、《圈點春秋讀本》□卷、《圈點通鑒》□□卷、
《孔子年譜》□卷、《刪節史記》□□卷、《春秋說》□卷、《春秋類文求義》
□卷（已脫稿十餘冊）。

陳學受　春秋一字之稱說　佚

　　◎劉聲木《桐城文學撰述考》卷三「陳溥陳學受撰述」：《古文詩鈔》、《涵
詠篇》、《性修篇》一卷（陳溥）、《凝神篇》、《尚書二十八篇》、《大學中庸註疏
本》、《詩說》二卷（陳溥）、《評點史記四篇》、《少吏論辨正》、《明道先生行狀》、
《諸葛忠武侯傳》、《正蒙軌物口義》、《朱子集節錄》一卷（陳溥）、《陸子集節
錄》一卷（陳溥）、《王陽明集節錄》一卷（陳溥）、《唐人七言絕句鈔》、《寒山
拾得詩鈔》、《霞綺集》、《夏山堂唱和詩詞》、《陳懿叔詩鈔》一卷、《二陳遺稿》、
《盱江叢稿》一卷、《丁戊書鈔》、《廣敷書牘》、《五事篇》（陳溥）、《食事積微
篇》（陳溥）、《宗鏡錄節鈔》、《釋乘諸法題詞》、《春秋大旨口義》、《春秋無闕文
說》、《春秋一字之稱說》、《春秋全經口義》、《春秋類事求義》、《春秋原本》、
《春秋單辭說》、《春秋讀本》、《春秋三傳同異考》、《二南詩義》□卷、《評點
唐宋各家詞選》□□卷（陳溥）、《夏世譜》□卷、《商世譜》□卷、《帝王世譜》
□卷、《圈點春秋經文》□卷、《圈點春秋讀本》□卷、《圈點通鑒》□□卷、
《孔子年譜》□卷、《刪節史記》□□卷、《春秋說》□卷、《春秋類文求義》
□卷（已脫稿十餘冊）。

陳學受　春秋原本　二卷　存

　　上海藏陳藝叔先生春秋八種本（稿本）
　　◎劉聲木《桐城文學撰述考》卷三「陳溥陳學受撰述」：《古文詩鈔》、《涵
詠篇》、《性修篇》一卷（陳溥）、《凝神篇》、《尚書二十八篇》、《大學中庸註疏
本》、《詩說》二卷（陳溥）、《評點史記四篇》、《少吏論辨正》、《明道先生行狀》、
《諸葛忠武侯傳》、《正蒙軌物口義》、《朱子集節錄》一卷（陳溥）、《陸子集節
錄》一卷（陳溥）、《王陽明集節錄》一卷（陳溥）、《唐人七言絕句鈔》、《寒山
拾得詩鈔》、《霞綺集》、《夏山堂唱和詩詞》、《陳懿叔詩鈔》一卷、《二陳遺稿》、
《盱江叢稿》一卷、《丁戊書鈔》、《廣敷書牘》、《五事篇》（陳溥）、《食事積微

篇》（陳溥）、《宗鏡錄節鈔》、《釋乘諸法題詞》、《春秋大旨口義》、《春秋無闕文說》、《春秋一字之稱說》、《春秋全經口義》、《春秋類事求義》、《春秋原本》、《春秋單辭說》、《春秋讀本》、《春秋三傳同異考》、《二南詩義》□卷、《評點唐宋各家詞選》□□卷（陳溥）、《夏世譜》□卷、《商世譜》□卷、《帝王世譜》□卷、《圈點春秋經文》□卷、《圈點春秋讀本》□卷、《圈點通鑒》□□卷、《孔子年譜》□卷、《刪節史記》□□卷、《春秋說》□卷、《春秋類文求義》□卷（已脫稿十餘冊）。

陳學受 春秋災異歲事物害說 一卷 存

上海藏陳藝叔先生春秋八種本（稿本）

陳學受 孟子說春秋兩章口義 一卷 存

南京藏清末民國初石印本

◎沈壽榕《玉笙樓詩錄》卷四《送陳藝叔上舍（學受）游湘》：

道義文章合，交情詎偶然。錦城送君處，霜落晚秋天。孤客一樽酒，長江萬里船。風波行自慎，愁病況年年。

讀左陽秋筆（君治《左氏》最精），丹黃照眼明。關山餘襆被，風雨戀書。中散難諧俗，元方不愧兄（君為廣冀哲兄）。湖南春草綠，相望定含情。

◎邵懿辰《贈陳藝叔序》：方乾隆中，俗學橫流，其聰明傑魁之士，相劘而為考證行末之務，名治經而經日以蔽晦。

◎陳詩《尊瓠室詩話》卷三載：陳懿叔明經（學受），江西新城人。湛深經學，詩不多見。

◎張嶽駿《簡陳懿叔》〔註9〕：踵箕隘巷擊轂行，巷南巷北居兩生。一生覓句一校經，天寒同聽輾冰聲。朝來暖日醉虛白，繭足皸瘃行不得。並門十日疏過從，恍若千山萬山隔。

陳學受 圈點春秋讀本 佚

◎劉聲木《桐城文學撰述考》卷三「陳溥陳學受撰述」：《古文詩鈔》、《涵詠篇》、《性修篇》一卷（陳溥）、《凝神篇》、《尚書二十八篇》、《大學中庸註疏本》、《詩說》二卷（陳溥）、《評點史記四篇》、《少吏論辨正》、《明道先生行狀》、《諸葛忠武侯傳》、《正蒙軌物口義》、《朱子集節錄》一卷（陳溥）、《陸子集節

〔註9〕載徐世昌《晚晴簃詩匯》。

錄》一卷（陳溥）、《王陽明集節錄》一卷（陳溥）、《唐人七言絕句鈔》、《寒山拾得詩鈔》、《霞綺集》、《夏山堂唱和詩詞》、《陳懿叔詩鈔》一卷、《二陳遺稿》、《盱江叢稿》一卷、《丁戊書鈔》、《廣敷書牘》、《五事篇》（陳溥）、《食事積微篇》（陳溥）、《宗鏡錄節鈔》、《釋乘諸法題詞》、《春秋大旨口義》、《春秋無闕文說》、《春秋一字之稱說》、《春秋全經口義》、《春秋類事求義》、《春秋原本》、《春秋單辭說》、《春秋讀本》、《春秋三傳同異考》、《二南詩義》□卷、《評點唐宋各家詞選》□□卷（陳溥）、《夏世譜》□卷、《商世譜》□卷、《帝王世譜》□卷、《圈點春秋經文》□卷、《圈點春秋讀本》□卷、《圈點通鑒》□□卷、《孔子年譜》□卷、《刪節史記》□□卷、《春秋說》□卷、《春秋類文求義》□卷（已脫稿十餘冊）。

陳學受 圈點春秋經文 佚

◎劉聲木《桐城文學撰述考》卷三「陳溥陳學受撰述」：《古文詩鈔》、《涵詠篇》、《性修篇》一卷（陳溥）、《凝神篇》、《尚書二十八篇》、《大學中庸註疏本》、《詩說》二卷（陳溥）、《評點史記四篇》、《少吏論辨正》、《明道先生行狀》、《諸葛忠武侯傳》、《正蒙軌物口義》、《朱子集節錄》一卷（陳溥）、《陸子集節錄》一卷（陳溥）、《王陽明集節錄》一卷（陳溥）、《唐人七言絕句鈔》、《寒山拾得詩鈔》、《霞綺集》、《夏山堂唱和詩詞》、《陳懿叔詩鈔》一卷、《二陳遺稿》、《盱江叢稿》一卷、《丁戊書鈔》、《廣敷書牘》、《五事篇》（陳溥）、《食事積微篇》（陳溥）、《宗鏡錄節鈔》、《釋乘諸法題詞》、《春秋大旨口義》、《春秋無闕文說》、《春秋一字之稱說》、《春秋全經口義》、《春秋類事求義》、《春秋原本》、《春秋單辭說》、《春秋讀本》、《春秋三傳同異考》、《二南詩義》□卷、《評點唐宋各家詞選》□□卷（陳溥）、《夏世譜》□卷、《商世譜》□卷、《帝王世譜》□卷、《圈點春秋經文》□卷、《圈點春秋讀本》□卷、《圈點通鑒》□□卷、《孔子年譜》□卷、《刪節史記》□□卷、《春秋說》□卷、《春秋類文求義》□卷（已脫稿十餘冊）。

陳延齡 春秋謚法表 不分卷 存

國圖、天津、陝西師範大學、中國民族圖書館藏宣統二年（1910）北京琉璃廠東北園北京開智石印書局石印本

◎陳延齡，湖南郴縣人。著有《春秋謚法表》不分卷。

陳堯典 杏園左傳句解立案 六卷 存

國圖藏 1933 年潮安鶴塘鄉廣益書局排印本（末附各卷正誤表）

◎目錄：

罃對楚子、季文子私言晉二命、韓厥請立趙孤、巫臣誡莒子備國、范文子論尋盟、晉歸楚囚、晉侯奇夢上、宋華元克合晉楚之成、郤至辭楚享樂、劉子論成子不敬、呂相絕秦、叔孫僑如齊逆女、子臧辭固、申叔時諫子反慎戰、欒郤論楚師、范文子不欲與楚戰、嬰齊復季文子于魯、郤至不叛君、晉悼公初政、祁奚舉善、魏絳以刑佐民、穆叔重拜鹿鳴、魏絳和戎、文子盡忠公室、子產能憂鄭國、子展子駟議從楚、穆姜知過、公子貢諫代晉、晉鄭同盟于戲、晉侯息民、子產焚載書、魏絳辭樂、晉諸將相讓、師曠論衛出君、子罕辭玉、季武子如晉拜師。

卷四：武仲戒季武子勤功、臧武仲斥季孫賞盜、閔子馬使公鉏孝敬、臧孫受、臧武仲辟齊禍、叔孫豹論不朽、子產告范宣子輕幣、晏子不死君難、子產獻陳捷於晉、子產然明論政、聲子請復伍舉、楚人衷甲、子罕不忍兵威、游吉使楚、子產舍不為壇、晏子辭邑、季札觀樂、子產料陳必亡、申無宇論子圍不免、子產辭政、穆公知昭公不度、子產壞晉館垣、子產不毀鄉校、子產止子皮用尹何、北宮佗論威儀、子羽郤楚逆女以兵、祁奚以信論趙武、趙文子請釋叔孫豹、劉定公料武子不年、子產逐子南、鄭子產論晉侯之疾、醫和論晉侯之疾、叔弓聘晉有禮、晏嬰使晉請繼室論國政、晏嬰諷諫繁刑、女叔齊論三不殆、申豐論雹、楚子會諸侯于申、司馬侯論昭公、叔向不虞楚、蹶繇不畏釁鼓、叔向貽子產書、叔向請逆楚子、申無宇執亡閽、公至自楚、子產歸州田於晉。

卷五〔註10〕：子產立良止以安民、孟僖子使子學禮、師曠論石言、周王使詹桓伯讓晉、屠蒯請佐尊、晏子勸桓子致邑、叔向料楚靈王、叔向論單子、大蒐于比蒲、申無宇諫外重、惠伯論黃裳元吉、鄭丹以詩諫、區夫不執費人、叔向料楚子千、公會諸侯于平丘、公不與平丘之盟、子產爭承、南蒯奔齊、費無忌害朝吳、荀吳不納叛人、周景王詰晉不獻彝鼎、子產不恥孔張失禮、子產重環、郯子論官、子產弗信裨竈、子產對晉讓登陴、子產對晉問駟乞立故、沈尹戌論楚必敗、無極不忍殺太子、伍尚勉弟報仇、孔子不許琴張弔宗魯、晏嬰諫誅祝史、沈尹戌料子常、鸜鵒之謠、子西辭國、王子朝告諸侯。

卷六：晏子與齊侯論禮、晏嬰諫禳彗、范鞅難於納魯、沈尹戌勸誅費無極、魏舒舉賢、魏舒命賈辛、孔子論刑鼎、子太叔對景伯、子西諫楚子、荀躒唁公于乾侯、郳黑肱以濫來奔、周敬王請晉城成周、蔡墨論事、祝鮀長衛于蔡、大叔九言、鬭辛勸弟從君、申包胥乞秦師、公叔發諫追魯師、鮑國諫用陽虎、孔

子用夾谷、於越敗吳于檇李、子貢覩執玉、伍員諫平越、逢滑議辭吳、子西不患吳、子閭辭國、楚昭王不禜災越望、子服景伯論伐邾、伍員諫遺越患、孔子拒攻太叔、用田賦、公會吳于橐皋、子貢譏誅孔子、白公勝作亂、葉公討白公勝、勾踐圍吳、立妾為夫人、公去三桓。

◎杏園左傳句解立案序：文有論事之文，有記事之文。論事之文則以義理勝，記事之文則以事跡勝。《左氏》之文，論事與記事兩相兼勝。是故遷得其奇、固得其雅、韓得其富、歐得其婉，皆以文章雄誇一時，赫然名於後世。則《左氏》之於文，其為千古以來第一名家，古已。余主教育文科多年，歷講《左傳句解》，其於義理則藉口語以相授受，其於事跡則獨篇立案。以評是非得失，非敢以是為著作。蓋明其事跡之是非得失，使讀《左傳句解》者，綴覽是案，心目瞭然。每逢課試日期，撮取事跡以命題，初學自易以定論所斷褒貶，此則余經三寒暑假以案《左傳句解》之苦衷也。然其間有採自經解、摘自《公》《穀》《胡傳》及孔穎達《正義》者，莫非論篇中是非得失，彼此可以互相證明，使人一覽而足以增長其智識學問者矣。竊嘗論之，文之於學，其要有二：一曰稽古，一曰效今。稽古者貴知其是非得失，效今者亦貴知其是非得失。然不洞悉乎古，則無以明達乎今。顧讀《左傳句解》者，又非徒空言以諷誦其詞章而已，借之以為鑑也。鑑其論事可以知其義理之深淺，鑑其記事可以知其事跡之善惡。昔范仲淹授狄青以《左氏春秋》，曰：「將不知古今，匹夫勇耳。」青折節讀書，悉通秦漢以來將帥兵法。由是益知名。此亦有以明其是非得失也。然在初學，欲求智識學問者，若能於讀《左氏》之文外，再參觀是案，則於事跡之是非得失與乎立身行己之道，斯過半矣。時在民國十七年歲次丙辰孟秋之月，潮安陳堯典序於仰蓮國學講習所之教室。

◎摘錄卷一第一篇《鄭伯克段於鄢》：

案鄭伯之於叔段，始曰「姜氏欲之，焉避害」，再曰「多行不義必自斃」，終曰「不義不暱，厚將崩」，一似能忍以俟命，而有愛於叔段也。及聞襲鄭之期，即命子封帥車二百乘以伐京。噫！前何其忍，後何其勇！一舉措而前後之情畢露。孫月峯譏其處心積慮成於殺弟，呂東萊則處心為天下之至險，誠有以窺莊公之隱微。夫莊公果有愛於其弟，則誠以待之，信以出之，使無人以伺察之，其於襲鄭之期，烏從而知之耶！是莊公欲殺叔段，特患其無隙可乘。不然，何不俟叔段襲鄭，而後帥羣臣以禦之，聲其罪以討之？乃一聞襲鄭之期，竟無從稍緩，遽然興兵以伐？豈非有心於叔段，而欲殺之歟？

〔參攷〕姜炳璋曰：武姜愛段，婦人之情，不可理詰者也。然莊公明知不義縱之，有死其弟之心焉。襲鄭祕事也，而公聞之，即見內外偵諜，設心險甚。子封率車，莊即自領一軍，要段歸路。段于是日奔，隨于是日逼母出走，單車輦至，白髮頹然，何其辣也。（補注）林堯叟曰：杜氏謂寤寐而莊公已生，非也。如此當喜，何得復驚而惡之？《史記》云：「寤生，生之難」，是也。此當為難生，故武姜困而後寤。武姜因寤而驚，以其事名莊公。

◎陳堯典，字舜臣。廣東潮安（今潮安市區）人。著有《杏園左傳句解立案》六卷、《杏園仰蓮軒存稿》、《杏園唱和詩彙》。

陳以恂 春秋三傳合註 佚

◎嘉慶《重修揚州府志》卷四十八《人物》三：著有《周易心學篇》《春秋三傳合註》《檀弓解略》《宋元明三朝史鈔》共八十餘卷（康熙《志》）。

◎陳以恂，字長恭。揚州府興化（今泰州興化市）人。順治十八年（1661）進士。授山西平遙縣。以疾告歸。著有《周易心學篇》《春秋三傳合註》《檀弓解略》《宋元明三朝史鈔》，主修康熙《重修平遙縣志》二卷。

◎嘉慶《重修揚州府志》卷六十二《藝文志》一：《春秋合註》（陳以恂撰）。

陳翼 春秋義 十二卷 存

福建、南京藏光緒十九年（1893）陳秉中刻本
◎或誤題陳翼學撰。
◎陳翼，福建人。授翰林院編修、贊善大夫。嘗主陝西學政。著有《春秋義》十二卷。

陳用光 春秋屬辭會義 佚

◎吳德旋《皇清誥授資政大夫禮部左侍郎陳公神道碑銘》：公之先自凝齋先生以宋儒之學為教陳州，恪遵其說。公幼時習聞之，言動必循禮法，然治經未嘗墨守宋儒門戶。於《禮記》有刪改陳澔《集說》，於《四書》有《通義》未定本；於《春秋》則仿呂東萊《讀詩記》，取儒先之說，合於己例者順而摭之，緣而成之，名《春秋屬辭會義》，斷手於襄公。至臨歿時猶以此書未成為憾。嘗取近時人之嘉言懿行及關於掌故國聞者，集為《衲被錄》若干卷。自為詩文集若干卷。公於為文善上元管同、宣城梅曾亮。同、曾亮皆嘗受古文法於姚郎中，而同為公典試江南所得士。

◎梅曾亮撰《陳用光墓誌銘》：有《衲被錄》、《太乙舟詩文集》若干卷、《春秋屬詞會義》若干卷未成。

◎劉聲木《桐城文學撰述考》卷二「陳用光撰述」：《太乙舟制藝正編》二卷、《春秋屬詞會義》（至襄公止）、《刪訂禮記集說》、《四書通義》、《衲被錄》（稿本積至數十百本）、《續一隅集》（制藝選本）、《使豫草》一卷（與陳希曾《奉使集》合刊）、《審訂四書文選》、《學範》。

◎梅曾亮《柏梘山房文集》卷十二《資政大夫禮部侍郎陳公墓誌銘》（乙未）：有《衲被錄》《太乙舟詩文集》若干卷、《春秋屬詞會意》若干卷未成。

◎翁方綱《復初齋文集》卷十一《與陳石士論攷訂書》：昨見尊集有王君苣孫紅字識語，因言義理而斥攷訂，遂比之於邪說。此不特不知攷訂，抑且不知義理也。夫攷訂之學何為而必欲攷訂乎？欲以明義理而已矣。其舍義理而泛言攷訂者乃近名者耳、嗜異者耳。然若以其矜言博涉目為邪說，則言義理者獨無涉偏涉空者，亦得目之以邪說乎？義理至南宋而益加密，用心至南宋而益加深切。是以楊信齋之《禮圖》、陳北溪之《字義》、黃東發之《日鈔》皆本於朱門也，馬貴與、王伯厚之博聞多識皆南宋之善學者也，故攷訂之學必推南宋。雖朱子不專以攷訂名，而精義入微，所必衷之於此者也。惟其攷之也確，是以信之也篤。是攷訂乃義理所必資，而豈得外之乎？其空言義理而不知有攷據者，無過於有明一代，經書則專尚《大全》，文則僅知帖括，是言八比時文者，其或與攷訂異歟？然特明人不知攷訂耳。至我國朝而攷訂之家輩出，實足以補救之。惟時藝之為體自與攷訂不同，以致日習時藝者置漢唐傳注箋疏束手不觀，問以訓故徵實則茫如也。此自在善學者通經學古以正其趨耳，而不善為之者乃涉取子史之僻事、訓詁之奇字雜入於時文中，自命博取之通才，而不知其弊百出也。又或輕以己意測古籍，不甘闕疑而目為錯簡，不知六書而目為通用，此皆不善攷訂者致之，而非攷訂之過也。甚有臆逞才筆者，視攷訂為畏途。如吾同年蔣心餘，有詩筆者也，而其詩有云「注疏流弊事攷訂」，此轉以攷訂為流弊，且歸咎於讀注疏，適以自白其未嘗讀注疏而已。今見王苣孫之言至於比攷訂於邪說，則其害理傷道視心餘為尤甚矣，將使學者株守兔園講章不敢涉目注疏而後止耳。苣孫者，吾同年王世琪孫也。昔來吾齋，知吾欲理《尚書》諸條，問曰：「先生必專治今文也！」予應之曰：「古文豈可廢乎？」蓋彼習聞閻氏說，妄以此疑我耳。而今見其評文之謬又若此，其亦進退無據耳矣。聞此人在南方頗有能文之譽，恐其偏謬之論致誤學者，故不得不著之。

◎陳用光（1768～1835），字碩士，一字實思。江西新城（今黎川）人。陳道孫、陳守詒子。少從學舅父魯九皋學，好為文章。及壯，師桐城姚鼐、大興翁方綱。以為古文詞必扶植理道，緣經術為義法宗，瞀儒不根，而高材生又奴主同異，破碎大體，藝精道荒，故慨然欲以文章道術自表見。嘉慶五年（1800）舉人、六年（1801）進士。改庶吉士，授編修，轉御史，以部議回編修供職。道光二年（1822）陞司業，歷任中允侍講庶子、翰林院侍講學士、詹事府詹事，內閣學士兵兼禮部右侍郎、代理戶部右侍郎、禮部左侍郎。又先後任日講起居注官、文淵閣事、國史館纂修總纂、文穎館及明鑒總纂、鄉會試同考官、河南鄉試下考官、江南鄉試正考官、提督福建學政、浙江學政、壬辰科會試復試閱卷大臣、武會試總裁。著有《刪訂禮記集說》、《春秋屬詞會義》、《四書通義》、《審訂四書文選》、《續一隅集》、《使豫草》一卷、《學範》、《太乙舟文集》八卷、《太乙舟制藝正編》二卷、《衲被錄》等。

陳裕 左傳分國彙編 佚

◎乾隆《南匯縣新志》卷之十一《藝文志》：《左傳分國彙編》（陳裕著）。

◎王大同等主修，李林松主纂嘉慶《上海縣志》卷十八《志藝文・經部》：《左傳分國彙編》（陳裕撰）。

◎應寶時修，俞樾、方宗誠等纂同治《上海縣志》卷二十七《藝文》：《左傳分國彙編》（陳裕撰）。

◎光緒五年（1879）金福曾光緒《南匯縣志》卷十二《藝文志》：《左傳分國彙編》（明陳裕著。胡《志》）。

◎光緒九年（1883）博潤《松江府續志》卷三十七《藝文志・經部補遺》：《左傳分國彙編》（明陳裕著）。

◎《華婁續志殘稿・藝文志・華亭縣藝文志・經部補遺・春秋類補遺》：《左傳分國彙編》，明陳裕（景容）著。《府續志・藝文補遺》。

◎陳裕，字景容。南匯（今上海浦東新區）人。陳景祺弟。洪武三十年（1397）應薦入京，以母喪歸，累詔不起。著書滿架，作詩盈箱，積德累善，至老如一日。年八十一卒於家。著有《左傳分國彙編》，與陶九成、顧謹中諸人有《倡和集》。

陳毓護 左傳嘉集 四卷 存

上海藏稿本（不分卷）

◎陳毓護，字子厚，號貽穀。福建漳州漳浦縣杜潯逢山人。生平可參漳浦縣博物館藏《清乾隆例贈文林郎陳貽穀墓誌銘》。著有《左傳嘉集》四卷。

陳元鐘 春秋戰國史記 佚

◎嘉慶《連江縣志》卷之七《人物‧文苑》：又春秋戰國時諸侯王人士事多錯見難稽，於是倣司馬氏義例作《春秋戰國史記》若干卷，以統攝羣雄，默寄一王之意。蓋皆假浩衍宏肆之章以壯其感憤悲激之懷也。

◎嘉慶《連江縣志》卷之七《藝文》：陳元鐘《春秋戰國史記》、《易問述》一卷、《環海志》一卷、《編輯閩中唐宋元明詩文》□卷、《會山樓詩集》一卷（吳牛岡序）。

◎陳元鐘，字孕采，一字孝受，號埒園丈人。陳第之孫、肇復子。福建連江人。著有《易問述》、《春秋戰國史記》、《閩中唐宋元明詩文編》、《環海志》、《會山樓詩集》。

陳增履 讀春秋錄 佚

◎光緒《山西通志》卷八十七《經籍記》上：《讀春秋錄》，徐溝陳增履撰。

◎陳增履，山西徐溝（今山西清徐徐溝鎮）人。著有《讀書疏》一卷、《讀春秋錄》。

陳肇 左傳彙選 佚

◎《平度縣續志‧藝文》著錄。

◎陳肇，山東平度人。著有《詩古文經解》、《左傳彙選》。

陳振先 關於竹書紀年詩書春秋左傳的幾樁公案 存

1933年排印陳振先文存〔註11〕本

◎扉頁題：拙著兩篇樣本（第二篇僅排得一半）敬呈詠霓先生秘書長教政。陳振先。廿五‧八‧七。

◎副題：民國二十一年十月三十一日為北平青年讀書互助會演講。

◎摘錄卷首引言：讀書互助會諸君：本年夏間，貴會同人一定要我作一次學術講演，我一來因為自己讀書心得無多，二來又因為為他務所纏，以故屢次將債務拖延，久未履行尊約，心中非常抱歉。今者節關都已早過，年關亦漸漸

〔註11〕 一名《不虛我生文存》。

逼近，在債臺上躲避得太久，實在不好意思再拖延下去了。我自維學識譾陋，沒有甚麼甚深微妙的見解，可貢獻於諸君。好在此會以讀書互助為宗旨，那末，我以下所講，正好本切磋互助之義，以與國人商榷之。不過我恐怕以下所講的還是助人的成分少求助的地方多罷了。我今天所講的題目，是《關於竹書紀年詩書春秋左傳的幾樁公案》，這篇演詞的布局，是以竹書的真偽問題為經、以經史中之若干問題為緯，把《詩》《書》《春秋左傳》《史記》中的幾樁公案，穿插在今本竹書的公案上，庶於討論極繁複極散漫的問題中，仍保持著謹嚴的格局，而不失文藝上的 Unity 與 Coherence。好比千絲萬縷，織成一疋家機大布（夠不上說錦繡），又如一條繩索將千百個沙版銅錢（夠不上說萬選青錢）穿為一貫，以便聽講諸君之取携帶。我這種自成一家的格局，在考證學上到還別開生面，在文藝的立場也是值得諸君注意的。現在開講《竹書紀年》。《竹書紀年》的來源，我想大家是早已知道的囉。關於此事，以《晉書・束晢傳》及杜預《春秋經傳集解後序》載得最詳。據《束晢傳》所載，晉武帝太康二年，汲郡有一人名叫不準者，偷偷挖開魏襄王的墳墓，或云安釐王冢，意欲偷取寶物，在冢中得到竹書數十車，都是大片竹簡，上寫科斗文字。初發冢的人燒簡照取寶物，等到官家聞訊派人收取時，已經燒壞的不少了。共計得七十五篇，其中紀年十三篇，記夏商以來到周幽王為犬戎所滅，皆三代王事；此後則特記晉國事，起自殤叔，次文侯昭侯，以至曲沃莊伯；三家分晉後，獨記魏事至安釐王（杜預作哀王）之二十年止；哀王至二十三年乃卒，故是書不稱謚，但稱今王。此蓋魏之史書，其文體與《春秋》相似。但有幾樁事與孟子所言及後儒師說大不相同的，就是《竹書紀年》謂益謀啟位，啟殺之；伊尹放太甲於桐後，篡位自立，太甲潛出自桐殺伊尹；厲王既亡，有共伯和者攝行天子事，並非周公、召公二相共和，是也。竹書是否可信，其中有無作偽？那是另一問題，不在今夕討論範圍之內。今但論晉太康二年束晢、荀勖、和嶠等校釋寫定那本《竹書紀年》，亦即太康三年杜預所見那本《竹書紀年》，其原文至今尚存否？現時世間流傳那本《竹書紀年》，有好些人信是真的。又有些人疑是贋鼎，謂係出自後人蒐輯臆造的，其原書久已亡佚了。又有些人謂今本《竹書紀年》曾經後人竄改增益，稍失本來面目，但究非偽書可比。主張後說的，如清嘉慶間考訂今本《竹書紀年》之洪頤烜氏是。主張今本竹書是偽造的，其最著者則為著《今本竹書紀年疏證》之近人王國維氏是。諸君或者以為我要隨王靜安先生之後，湊湊熱鬧，拿打死老虎來出風頭，振先雖不才，還不至於無出息至此，拿有用的精神

與光陰，來作這無聊之事。但諸位要說我今天是「打死老虎」也未嘗不可，這要看這句話的句讀（音逗）如何了。我盼望不是「打」字一讀（逗）、「死老虎」一讀，而是「打死」一逗、「老虎」一逗；不是打「死老虎」，而是「打死」老虎，而且所打死的也許不止一隻老虎。我打老虎也有一定步驟的：初時祇是盤馬彎弓，欲擒故縱；請大家不要著急，不要不耐煩，不妨忍耐些靜聽下去，「以觀後效」，也許有一劍封喉射虎沒羽的結果。這就像梅蘭芳唱費貞娥刺虎一樣：初時那幾幕，只是假裝著愛護那虎，只是拼命的替那虎灌米湯（白乾酒），等到最後那一幕——最精彩的那一幕——這纔探懷而匕首現，刀光一閃，直奔咽喉，俄頃之間，那一隻久稽顯戮的猛虎，就直挺挺的躺在地下了。

◎陳振先，廣東新會（今江門新會區）人。著有《關於竹書紀年詩書春秋左傳的幾樁公案》、《因詩書日食公案答客難》、《秦末漢初之正朔閏法及其意義》，均收入《陳振先文存》。又著有《陳氏天然拼音新字》、《送舊曆文》、《為歲差與節氣問題問答》、《補答客問並對中央研究院天文研究所及舊中央觀象臺出版物質疑》。

陳震 左傳日知錄 八卷 存

臺灣藏乾隆稿本

◎目錄：卷一隱公、桓公、莊公、閔公。卷二僖公、文公。卷三宣公、成公。卷四襄公上。卷五襄公下。卷六昭公上。卷七昭公下。卷八定公、哀公（附悼公）。

◎敘：客有家幔亭下者，為人言九曲之勝，聞者神往，因欲遊焉一識山靈真面目。客曰：「嘻！脫遊焉，亦不能見武夷。」聞者色然而駭。客曰：「一步一曲，一曲一態，九何足云然？猶言其形耳。若夫以風雨為離合，以陰晴為明晦，以榮落為慘舒，以霧露為淨垢，四時易態，昕夕殊觀，即一水一丘，每見恒非熟跡。矧千岩萬壑，呈變態於數百里種，豈扶杖裹糧所能究極山靈之真面目哉？」夫天下有未經賞識而真存、一遇品題而真亡者，識隘之也。僕少營上海舶者三，初則望洋而歎，謂極天下大觀也。及掛帆開洋，長風從萬里來，萬斛舟破浪駛如飛葉，睇天末一痕如髮，轉盼而至，乃連島也。俄而狂飆倒吹，白波山立，黑雲煙擁，千靈百怪，惶惑槎枒，舟隨濤上下如桔橰。既而風恬浪平，水面如鏡，天水皆作銅青色，四圍相際，以極無際。東日如盎，西月如箕，浮魚如嶺，欹帆如鴉。種種駴目蕩心，較初見不啻什百。以誇舟師，笑不置對。始悟離奇詭譎，千端萬倪，殊未易言究極。以淺涉者與習處者較，方存乎見少，

奚以自多歟？文何自昉？曰昉於六經。然經以載道，不可以文名。可以文名者何自昉？曰昉于《左氏傳》。然則六經之言不冒萬理，天也，人皆仰之而不可得而究極者也。左氏之文備列萬象，天工也，可得而究極，而非一朝一夕之力者也。僕六齡歸家塾，閔西華師授以《左傳》，句讀間能粗解。後授他經，愛而時時諷者惟《左》。伯父蘭圃先生因為疏解一過，遂稍通其文勢，愈益愛諷之。生十三年，見人為時藝，輒欲效之。苦目未識四子書，因摘《左》為題，並擘積其典故議論以從比偶體，若唐館職之搨搉玉豀生也。然舍業他營，懼或呵叱，每成輒匿篋中。先君子廉得之，不責以強作解事，而喜其無挾徑造也。郵寄諸先僉憲公，劇加獎異。於是益力讀《左》，漸能通其文意矣。弱冠後受學于紀容菴師，間問讀《左》有心得否，對曰：「竊見《左氏》無序事文字。」先生擊節曰：「此《左氏》之所以成章也。子而及此，不惟識其文法，且窺見文心矣。」嗟夫！自髫齔讀《左》，迄今且四十稔矣。前賢所指陳、師友所啟發、銳力所鑽研、閒情所觸悟，豈無涯涘曾經測識哉？然而稱武夷焉九曲，識滄溟於望洋，山人海叟，粲然笑來。蓋即於竟秀爭流、沐日浴月者，身遍歷之，猶未盡山海之趣也，則究極稱難也。僕每讀《左》而無新解也，僕每讀《左》而輒有新解，則所以解《左氏》者固未究極也。爰錄其文，爰志所得，顏曰《日知錄》。稽前功於斯，跂後效於斯。敢曰歷日久而知已深乎哉！雖然，僕本恨人，坐一室如斗大，日誶誶與諸生徒辨訓詁語，殊不自聊。惟時一翻帙，則千岩萬壑，竟秀爭流，沐日浴月，駴目蕩心，頓覺斗室萬里而遙天倪所運，天工契焉，何異置身於名山大溟間而歷識其勝也！倘日以繼日，知而益知，僕于《左》文，其殆庶幾！豈以得形而遺趣者畫地自限也哉！然于此益喟然於溫故知新之不可以已也。乾隆癸巳中秋二十二日，春麓陳震題，戊戌日為牛子宿燿書于容城寓齋。

◎孫殿起《販書偶記》卷二：《左傳日知錄》八卷，燕南陳震撰。底稿本，首有乾隆癸巳自序。

◎陳震，字淑起，號春麓。河北文安人。著有《左傳日知錄》八卷、《讀詩識小錄》十卷、《先儒說詩綱領》一卷。

陳鍾英 駁正朔考 一卷 佚

◎趙爾巽《清史稿》卷一百四十五志一百二十《藝文》一：《駁正朔考》一卷，陳鍾英撰。

◎陳鍾英，字英多。吳江（今江蘇蘇州吳江區）人。著有《駁正朔考》一卷、《答疑孟》、《辯宜齋野乘》、《退息篇》、《說文詹詹》一卷、《羣經咫聞錄》一卷、《攬香小品三種》。

陳柱 春秋公羊微言大義 存

華東師範大學出版社・六點分社 2014 年陳柱集李靜校注本

◎目錄：序、革命篇、尊王篇、弭兵篇、崇讓篇、攘夷篇、疾亡篇、尚恥篇、進化篇、正名篇、倫理篇、仁義篇、善惡篇、經權篇、匡何篇、恕何篇、自序篇。

◎陳柱《定本墨子間詁補正自序》：予自治學之年，好治子部。其於《墨子》，尤所用心。孫君之書，犖犖尤舉。鼎革以後，子學朋興，六藝之言，漸如土苴。余性好矯俗，乃轉而治經。

◎陳柱（1890～1944），字柱尊，號守玄。廣西北流人。師從唐文治。曾任教於中央大學、交通大學上海分部。著有《周易論略》一卷、《春秋公羊微言大義》、《說文部首均語注》一卷、《守玄閣文字學》、《小學考據》、《公羊家哲學》、《墨子間詁補正》、《子二十六論》四卷、《老子集訓》、《公孫龍子集解》、《墨子十論》、《三書堂叢書》、《文心雕龍校注》、《諸子概論》、《中國散文史》、《待焚詩稿》、《守玄閣詩集》、《粵西十四家詩鈔》等。

陳柱 公羊家哲學 存

中華書局 1929 年上海排印本

臺灣力行書局 1970 年影印 1929 年排印本

文聽閣圖書有限公司 2008 年民國時期經學叢書第二輯影印中華書局 1929 年排印本

華東師範大學出版社・六點分社 2014 年陳柱集李靜校注本

◎目錄：自序、革命說、尊王說或名統一說、弭兵說、崇讓說、攘夷說、疾亡說、尚恥說、進化說、正名說、倫理說、仁義說、善惡說、經權說、災異說、傳述考。

◎臺灣中華書局《公羊家哲學》一九六九年刊印本提要：《公羊家哲學》，近人陳柱尊之所著也。陳氏自謂「自趨庭受教，篤好《春秋》，嘗以《左氏》之事，《公》、《穀》之例，以求聖人之恉，作《春秋三傳異同平》，以明三家異同之本，不能執一以廢二，尤愛何邵公之注《公羊》，以謂胡母生之條例，猶

存於今；孔子之異義，斯可考見。邵公所謂非常異義可怪之論，謂孔子新意，而世儒見之，則以為非常怪異之說也。前乎何君之書，有董相仲舒之《繁露》；後乎何君之注，有孔氏廣森之《通義》；皆麟經羽翼，孤家絕學，雖與何君間有異同，而大抵皆足相發。是故居常講論，既恆以三傳治經，而又以三子之書摯公羊之傳。嘗慨何君《解詁》雖存，而義例散見於經注，學者未易尋索，前儒所釋，又多不能祛除俗見，頗近怪誕。爰發憤而著此十五篇之文，採三子之精華，通《公羊》之傳例，以明《春秋》之特筆。由是而聖經之微言大義，可矗得而述，而聖人匡救天下後世之孤悃，亦昭然大白矣。」以上摘錄末篇《傳述考》中語，提要之作，實無逾於此，爰移綴於此。十五篇者，曰：《革命說》、《尊王說》、《弭兵說》、《崇讓說》、《攘夷說》、《疾亡說》、《尚恥說》、《進化說》、《正名說》、《倫理說》、《仁義說》、《善惡說》、《經權說》、《災異說》、《傳述考》。行文警醒曲到，極富邏輯精神；於公羊氏之深心奧義，抉發無餘；公羊氏靈爽不昧，應欣然於兩千年後有此解人也。

◎臺灣中華書局《公羊家哲學》一九六九年刊印本校注說明：

陳氏家族世代書香、詩禮傳家，陳柱自幼秉承家學，九歲即熟誦經書，又先後師從蘇紹章、唐文治及陳衍等名家，多獲讚譽。陳柱早年熱忱學詩，後經其師唐文治影響而轉治群經諸子，並發憤纂述，終其一生，著述多達一百三十二種。陳柱一生涉獵甚廣，就經學而言，於《易》、《詩》、《書》、《禮》、《春秋》均用力頗深，且多有著述。僅《春秋》學，便撰有《春秋公羊集解》、《春秋公羊微言大義》、《公羊家哲學》、《春秋穀梁微言大義》、《春秋左傳司馬氏學》以及《春秋三傳異同評》等。本卷收錄其《公羊家哲學》與《春秋公羊微言大義》。

《公羊家哲學》曾多次公開出版。最早於 1929 年由上海中華書局出版，1970 年又由臺灣力行書局刊行，並分別於 1971 年、1980 年在臺北由中華書局再次刊印。名曰「公羊家哲學」，陳柱解釋是為了「省免論難」：「蓋今所傳之《春秋公羊傳》，與其謂為孔子之《春秋》，無寧謂為公羊之《春秋》。自董仲舒、何休以下，皆說公羊學，而亦各不能盡其同，與其定孰為公羊之真，無寧統名為公羊家之學。」鑒於此，《公羊家哲學》博采董仲舒、何休以及孔廣森之疏解，著重條陳公羊學之大義；又因何休之條例散見於經書，不便讀者把握，更循董仲舒《春秋繁露》分篇討論公羊學義理之體例，依內容之不同，分全書為十五篇，後附《公羊微言大義自序》，凡十六篇。內容涉及革命、尊王、弭兵、崇讓、攘夷、疾亡、尚恥、進化、正名、倫理、仁義、善惡、經權、災異

以及傳述考。立論以經傳為準，又結合當時時勢，自成一體，廣獲學界讚譽。其師唐文治評價為「闡發宏深，切合時勢，尤針砭末俗，激動人心，實於世道大有關係，入著述之林，足為吾道光。」

至於《春秋公羊微言大義》，則與《公羊家哲學》淵源頗深，甚至可視為《公羊家哲學》之前身。在《公羊家哲學》結尾處，陳柱言道：「惟余末學，頗思紹明古學，閔前賢之書散無統紀，曾作《公羊微言大義》。」由此看來，在著作時間上，《春秋公羊微言大義》在前，而《公羊家哲學》在後。具體而言，陳柱在 36 歲之時（1926 年），便著成《公羊微言大義自序》，想來彼時《春秋公羊微言大義》便已成型。1929 年，《春秋公羊微言大義》作為《陳柱尊叢書》四十三種之一，得以刊行。同年，《公羊家哲學》亦首次刊行。

更為重要的是，無論篇章佈局的安排還是具體內容，《公羊家哲學》與《春秋公羊微言大義》均甚為相似。可以說，《公羊家哲學》就是在《春秋公羊微言大義》的基礎上改寫而成。在正文篇目安排上，《公羊家哲學》與《春秋公羊微言大義》都分為十五篇，其中前十三篇題目完全一致，僅在最後兩篇裡，《公羊家哲學》將《春秋公羊微言大義》中的「匡何篇」與「恕何篇」分別改為「災異說」與「傳述考」。「匡何篇」與「災異說」內容大體一致，而「傳述考」則在「恕何篇」基礎上多有增補。同題之十三篇中，除「革命說」、「尊王說」和「經權說」在《春秋公羊微言大義》基礎上做不同程度修改外，其餘十篇內容則基本相同。

從《公羊家哲學》與《春秋公羊微言大義》中，我們可以看到陳柱公羊學的深厚造詣。他不僅熟稔公羊學流傳過程中各家之解讀，且深諳《春秋三傳》之異同。雖則陳柱自謂不拘於一傳之學，但他最為屬意的當屬《春秋公羊傳》，而後人也對《公羊家哲學》最多讚譽。李源澄讚其「納公羊大義於十五目之中，隱身發明，兼前人之長，而去其短」，為「公羊之功臣」。

本卷所收錄的兩種著述《公羊家哲學》、《春秋公羊微言大義》，二十世紀上半葉均曾刊印。原書字詞偶有錯訛，且全無注釋，不能滿足當今普通學子的閱讀需要。有鑒於此，我們重新校注整理。《公羊家哲學》以 1929 年上海中華書局排印本為底本，《春秋公羊微言大義》以廣西師範大學所藏之民國 14 年油印本為底本；排版格式由繁體豎排調整為繁體橫排；在標點與段落安排上做了些許調整；正文採用五號宋體，注釋小五號宋體跟排，外加括號「（ ）」，原書自注則為小五號宋體，不用括號；採用夾住與腳注並用方式；對書中出現的難

解字詞、人名、地名、事件以及典章制度等，作簡明注釋；文中三行及以上的引文改為獨立引文格式；原稿中的文字錯訛，尤其引文之誤（個別不致影響文意的詞句與虛詞除外），出校說明；其餘內容與體例格式（儘管其中有些許不一致之處），為保持原書風貌，概仍其舊。

成瓘 讀三傳隨筆 一卷 存

山東藏清鈔箬園日札七種本

咸豐箬園日札鈔稿本

山東藏石印箬園日札八卷本

◎成瓘（1764～1842），字肅中，號篛園，晚號古稀迂叟。山東鄒平人。乾隆五十八年（1793年）出館長山。嘉慶六年（1801）舉人。九入春闈不第，遂棄科舉，專一著述。師湖北葉雲素、江西劉金門，潛心經籍。與俞正燮為至交。嘗以所得館金修玉泉義學，與王永安、張君齋傳業授徒。著有《讀三傳隨筆》一卷、《大學古本通義》、《篛園日劄》八卷、《篛園醫說》，續訂《鄒平縣志》，重修《濟南府志》。

成康保 春秋要旨 四卷 佚

◎嘉慶《重修揚州府志》卷四十八《人物》三：著有《制藝》《詩鈔》已付梓，其《大易闡微》四卷、《春秋要旨》四卷、《左傳解》六卷、《詩裁》四卷、《賦格》二卷、《讀史辨訛》一卷藏於家（《家傳》）。

◎嘉慶《重修揚州府志》卷六十二《藝文志》一：《春秋要旨》《左傳解》（成康保撰）。

◎成康保，字安若。江蘇寶應人。康熙十八年（1679）進士，考授中書。康熙二十六年（1687）分校京闈，三十二年（1693）典試山西，三十七年（1698）出為台州府同知，署仙居、麗水等縣，所至皆有聲。著有《大易闡微》四卷、《春秋要旨》四卷、《左傳解》六卷、《讀史辨訛》一卷、《詩裁》四卷、《賦格》二卷、《詩鈔》、《制藝》。

成康保 左傳解 六卷 佚

◎嘉慶《重修揚州府志》卷四十八《人物》三：著有《制藝》《詩鈔》已付梓，其《大易闡微》四卷、《春秋要旨》四卷、《左傳解》六卷、《詩裁》四卷、《賦格》二卷、《讀史辨訛》一卷藏於家（《家傳》）。

成蓉鏡 春秋日南至譜 一卷 存

光緒十四年（1888）南菁書院刻皇清經解續編本

光緒十五年（1889）上海蜚英館皇清經解續編石印本

光緒刻成氏遺書本

續修四庫全書影印光緒十四年（1888）南菁書院刻皇清經解續編本

◎敘：周之盛也，土圭致日。《周官》之典瑞／馮相／土方、《考工》之玉人職焉，亦《越春秋》「天子有日官」、「諸侯有日御」。祖龍而後，故籍淪亡。鼇昭之世，兩紀日南至，當鰩晷測。儒者據二千年後之厤，率議其先天，猶以宋尺度周布而訾為失度也。周厤氣合於傳，一行之論韙矣。《四分》《春秋》，古術之廑存者。故《三統》世經述焉。天道窈邃，罔可諏贊。壣史憲政，曠彌歲季。發斂贏朒，莫從闚諗。而簡書所紀，策祅所筊，步符會軌，合古厤翿續萬鈞一緪，甄象數，翼經傳，是所望於篤古之君子。成蓉鏡敘。

◎趙爾巽《清史稿》卷一百四十五志一百二十《藝文》一：《春秋日南至譜》一卷，成蓉鏡撰。

◎上海古籍出版社 2015 年《續修四庫全書總目提要・春秋類》「《春秋日南至譜》一卷」：冬至之日，日南至也。《春秋》兩紀「日南至」。《左傳》僖五年「春，王正月辛亥朔，日南至」，以周曆推之，入壬子蔀第四章，以辛亥一分合朔冬至。昭二十年「春，王二月己丑，日南至」，杜預注云：「是歲朔旦，冬至之歲也。當言正月己丑朔，日南至。時史失閏，閏更在二月後。」日南至者，子月也，周以子月為正，日至必無在二月者。孟子云：「千歲之日至，可坐而致。」亦謂測驗既往，順推將來，得其常度，可以知之。故蓉鏡以古《四分曆》、《三統曆》推算日至，以作是書。其數排列為表，每列一年。古《四分曆》錄其入蔀年、大餘、小餘；《三統曆》錄其入統年、大餘、小餘。大餘者，日也。小餘者，日之分數也。凡十九歲為一章，故隱十一年、莊元年、莊二十年、僖五年、僖二十四年、文十年、宣十一年、成十二年、襄十三年、昭元年、昭二十年、定七年、哀十一年，皆至朔同日，於表中特顯明之。是以《春秋》二百四十二年日南至之干支時刻，學者可以一覽瞭然，於讀《春秋》者不為無裨。此本據清光緒十四年南菁書院刻《皇清經解續編》本影印。（孫文文）

◎成蓉鏡（1816～1883），又名孺，字芙卿，自號心巢。江蘇寶應人。附生，性至孝，授經養母垂六十年。經學之外，旁及象緯、輿地、聲韻、訓詁，於金石審定尤為精確。著有《周易釋爻例》一卷、《尚書曆譜》二卷、《禹貢班

義述》三卷、《春秋日南至譜》一卷、《明明德解義》一卷、《論語論仁釋》一卷、《切韻表》、《釋名補證》一卷、《鄭志考證》、《漢太初曆考》一卷、《大初曆譜》一卷、《史漢駢枝》一卷、《宋州郡志校勘記》一卷、《漢麋水入尚龍谿考》一卷、《國朝學案備忘錄》、《寶應儒林事畧》一卷、《寶應文苑事畧》一卷、《成氏先德傳》一卷、《我師錄》一卷、《必自錄》二卷、《庸德錄》一卷、《心巢困勉記》一卷、《校經堂學程》一卷附《勸約》一卷《學議》一卷、《太極衍義》一卷、《心巢文錄》二卷、《駧思室答問》一卷。

成蓉鏡 春秋世族譜拾遺 一卷 存

國圖、遼寧大學藏光緒十四年（1888）江陰南菁書院刻南菁書院叢書本

光緒刻成氏遺書本

續修四庫全書影印上海辭書出版社藏光緒十四年（1888）刻南菁書院叢書本

◎卷首云：泰州陳氏曙峯《春秋世族譜》間引《世本》為據，蓋本之《左·正義》。近高郵茆君水以手輯《世本》見貽，茲取以校陳書，其足相補正者輒錄於左。

◎趙爾巽《清史稿》卷一百四十五志一百二十《藝文》一：《春秋世族譜拾遺》一卷，成蓉鏡撰。

◎上海古籍出版社 2015 年《續修四庫全書總目提要·春秋類》「《春秋世族譜拾遺》一卷」：春秋之世，自王朝以迄諸侯大夫得姓受氏，各有源流。其人見於經、傳者，不可殫數。漢宋衷有《世本》四卷，唐代尚傳。今則久佚，惟孔穎達《正義》中偶載其文。杜預作《春秋釋例》中有《世族譜》一篇，本之《世本》，具載其世系昭穆之詳，而自宋以來，湮沒不見。四庫館臣據《永樂大典》輯佚《春秋釋例》，然《世族譜》僅存數條，不免闕略。陳厚耀未睹《釋例》原本，以原書久佚，中外所行皆坊間陋刻，學舍承襲，譌舛實多，因據孔穎達《正義》，傍及他書，勾稽排纂，於康熙五十六年（1717）寫成正本。嘉慶五年（1800），聊城葉蘭淇園拾闕補遺，復成《補鈔》一卷。後高郵茆泮林以手輯《世本》，蓉鏡取以校陳厚耀輯佚之《世族譜》，錄其足相補正者，為《春秋世族譜拾遺》一卷，正誤補闕，於《春秋》氏族之學，庶乎臚采無遺。此本據上海辭書出版社圖書館藏清光緒十四年刻《南菁書院叢書》本影印。（孫文文）

成元濟 春秋三傳輯要 佚

◎民國《重修新城縣志》卷十八《人物志》六：所著有《周易會解》《儀禮鄭注刪增》《春秋三傳輯要》藏於家。

◎民國《重修新城縣志》卷二十五《藝文志》二：《周易會解》《春秋三傳輯要》《儀禮鄭注刪增》，右成元濟著。

◎成元濟，字巨川，又字濼源，自號齊東放民。山東新城（今恆臺）人。嘉慶九年（1804）歲貢。內行純篤，學問淹博。著有《周易會解》《儀禮鄭注刪增》《春秋三傳輯要》。

程崇信 春秋穀梁義 未見

◎尋霖、龔篤清編《湘人著述表》著錄。

◎程崇信（1864～1933），字戟傳，號二溟、半芋翁、半芋居士、天鬻老人、烏臺舊吏等。湖南衡陽人。兩淮鹽運使程商霖長子，陳兆奎甥，王闓運弟子。精書法，喜集印。光緒十九年（1893）舉人，大挑得選知縣，後任延安知府、陝西潼關道、監察御史，民國初任平政院肅政使，後任湖南眾議院議員。光緒三十二年（1906）辭歸隱於衡陽縣樟木鄉西林「麟鳳山莊」，1915年任船山存古學堂監學。著有《詩補箋繹》十八卷、《春秋穀梁義》、《讀左隨筆》等。江瓶水曾為其集印編輯《名家集印》一冊。

程崇信 讀左隨筆 未見

◎尋霖、龔篤清編《湘人著述表》著錄。

◎程崇信（1864～1933），字戟傳，號二溟。湖南衡陽人。民國初眾議院議員。著有《春秋穀梁義》、《讀左隨筆》、《王氏詩補箋繹》二十卷。

程菡宗 春秋溯志 十二卷 佚

◎梅曾亮《柏梘山房文集》卷四《春秋溯志序》（甲申）：百年以來，名儒老師相逐於訓詁名物象數之學，凡宋儒說經空虛道術之談，變之惟恐不盡。至《春秋》一書，褒貶善惡，貴取其義，無可肆其掆撤，則又雜出於讖緯之誣、科例之煩，苦迂怪破碎，難知其說之窮，而屢變者，不勝其詞之遁也。彼豈以是為人心之所安哉？亦好與宋儒為異而已。歙縣程菡宗先生，篤志君子也，慨然有志於是經，凡閱二十年，成書十二卷，曰《春秋溯志》。其大義、書法、微詞、比觀、直書諸要旨一本程子《春秋傳》之義，推演之以求合乎聖人之志。

此豈獨私於程子哉？以為聖人之志微矣，竭吾之心力以求之，未必其能合否也，而必不敢悖乎人心之所安。苟無悖乎人心之所安，則以求聖人之志不遠矣。當康熙時，公卿多崇尚理學者，進取之士摩時好以成俗，儒先語錄之書遍天下矣。而士或空踈齊陋，立詞不根，視經傳如異物。有志之士慨然思變之，義理考證之學遂判然不可復合。今天下考證之風如昔之言義理者矣，其設心注意專以為吾學而不因習尚者固亦有之，而不可數數觀。然則當昔時而能言考證者，真考證也；當今之世而能言義理者，真義理也。可謂雄俊特出，不惑於流俗之君子矣，此尤余之所重於先生也。

程晉芳 春秋左傳翼疏 三十二卷 存

北大藏稿本

◎嘉慶《重修揚州府志》卷五十一《人物》六：著有《周易知旨》《尚書今文釋義》《左傳翼疏》《禮記集釋》若干卷、《勉行齋文集》十卷、《蕺園詩集》三十卷（新增）。

◎道光《徽州府志》卷十一之四《人物志‧文苑》：其為學無所不窺，經史子集、天星地志、蟲魚攷據俱宣究，而尤長於詩古文，醇潔有歐、曾遺意。所著《周易知旨》《尚書今文釋義》《左傳翼疏》《禮記集釋》各若干卷、《勉行齋文》十卷、《蕺園詩》三十卷。

◎道光《徽州府志》卷十五《藝文志》：程晉芳《左傳翼疏》十二卷。

◎同治《續纂揚州府志》卷二十二《藝文志》上：《春秋翼疏》（程晉芳撰）。

◎民國《歙縣志‧儒林》卷七《人物志‧文苑》：著有《周易知旨》《尚書今文釋》《左傳翼疏》《禮記集釋》各若干卷、《勉行齋文》十卷、《蕺園詩》三十卷。

◎民國《歙縣志》卷十五《藝文志‧書目》：《周易知旨》一卷、《尚書今文釋》四卷、《禮記集釋》四十九卷、《左傳翼疏》十二卷、《勉行齋文》十卷、《蕺園詩》三十卷、《程氏正學論》（俱程晉芳）。

◎劉聲木《桐城文學撰述考》卷一「程晉芳撰述」：《周易知旨編》三十卷、《尚書古文解略》六卷、《尚書今文釋義》四十卷、《詩毛鄭異同考》十卷、《春秋左傳翼疏》三十二卷、《禮記集釋》二十卷、《諸經答問》十二卷、《桂宧書目》二卷、《群書題跋》六卷。

◎翁方綱《復初齋文集》卷十五《同學二首贈魚門別》：予與魚門交一十三年，而魚門假歸江南，思所以贈吾魚門者，當於所同學之事言之。因舉平日

所欲言者為文二首，非敢云規也。顧以予為魚門交甚深，無令他日有人謂吾二人別後始為異說也。蓋舍此二篇所言，則吾二人無不同者矣，亦見吾二人不欺其素而已。

◎李盛鐸《木犀軒藏書書錄·經部·春秋類》：《春秋左傳翼疏》三十二卷〔三三卷（存卷一至八、卷一三至三三）。清程晉芳撰。稿本〕。題「歙程晉芳學」。手稿本。有「孫星衍耤觀印」朱文長方印。

◎程晉芳（1718～1784），初名廷璜，又名志鑰，字魚（于）門，號蕺園。由安徽歙縣岑山渡遷江蘇江都（今淮安）。乾隆三十六年（1771）進士。官吏部文選司主事、武英殿分校官、會試同考官、《四庫全書》纂修官。與朱筠、戴震、商盤、吳玉搢、袁枚、吳敬梓、邊壽民、盧雅雨等有交。獨嗜圖書，構桂宧室、拜書亭藏書，撰《桂宧藏書序》記藏書源流。晚年藏書星散，奔走於陝西西安，投畢沅幕，未幾客死關中。為人和厚，善待士人，京師中語曰：「自竹君〔註12〕先生死，士無談處；自魚門先生死，士無走處。」著有《周易知旨編》三十餘卷、《讀詩疏箋鈔》不分卷、《禮記集釋》四十九卷、《諸經答問》十二卷、《春秋左傳翼疏》三十二卷、《詩毛鄭異同考》十卷、《尚書古文解略》六卷、《尚書今文釋義》四十卷、《桂宧集》、《桂宧書目》、《蕺園詩》三十卷、《勉行齋文》十卷、《群書題跋》六卷、《程氏正學論》。

程均 春秋辨義 四卷 佚

◎孫雲錦光緒《淮安府志》卷三十八《藝文》：程均《春秋辨義》（四卷）、《論文》（二卷）。

◎程均，淮安府人。著有《春秋辨義》四卷、《論文》二卷。

程名世 左傳識小錄 佚

◎嘉慶《重修揚州府志》卷五十一《人物》六：著有《坐而安居詩》三卷、《老屋吟》、《飲淥吟稿》、《雲山小稿》、《小酉館詩存》五卷、《柘溪集》《撈蝦集》各一卷、《柘溪續集》二卷、《海上集／續集》各一卷、《春雨樓集》二卷、《秋水芙蓉館稿》一卷、《老屋吟稿》《海上吟稿》各一卷，另有《詞》一卷、《樂府》一卷，暨《左傳識小錄》、《國策取譬》、《莊子貴言》、《老管荀韓四子／楞嚴法華維摩詰三經註本》藏於家。

〔註12〕周按：朱筠，晉芳座主。

◎嘉慶《重修揚州府志》卷六十二《藝文志》一：《左傳識小錄》（程名世撰）。

◎道光《徽州府志》卷十一之四《人物志・文苑》：所著有《思純堂集》《秋水芙蓉館集》《小酉山館集》《海上集》《撈蝦集》《柘溪漁長集》《老屋吟》《飲淥吟》若干卷、《詩餘》一卷、《樂府》一卷，又有《左傳識小錄》《國策取譬》《莊子貴言》《老管荀韓四子／楞嚴法華維摩詰三經注本》藏於家。

◎民國《歙縣志》卷十五《藝文志・書目》：《左傳識小錄》《國策取譬》《莊子貴言》《老荀管韓四子／楞嚴法華維摩詰三經註》《思純堂集》《秋水芙蓉集》《小酉館集》《海上集》《撈蝦集》《柘溪漁唱集》《老屋吟》《飲淥吟》《詩餘》（俱程名世）。

◎程名世，字令延，號筠榭。曾祖之誐自安徽歙縣遷揚州江都，累世積善名。與吳烺、方扶南、杭董浦、厲樊榭、沙白岸、韋藥軒、杜補堂、江橙里諸人為詩友。官通判，乾隆二十七年（1763）南巡，賜四品頂戴。著有《左傳識小錄》、《國策取譬》、《思純堂集》、《小酉山館集》、《柘溪漁長集》一卷、《柘溪續集》二卷、《海上集》一卷、《海上續集》一卷、《春雨樓集》二卷、《秋水芙蓉館稿》一卷、《撈蝦集》一卷、《坐而安居詩》三卷、《老屋吟稿》一卷、《飲淥吟稿》、《雲山小稿》、《小酉館詩存》五卷、《詩餘》一卷、《樂府》一卷、《莊子貴言》《老管荀韓四子／楞嚴法華維摩詰三經注本》，與吳烺、吳鐄、江昉等合編《學宋齋詞韻》。

程慶燕 春秋左氏傳分國纂 佚

◎劉聲木《桐城文學撰述考》卷一「程慶燕撰述」：《春秋左氏傳分國纂》□卷、《易注》□卷。

◎程慶燕，字又庭。江蘇儀徵人。諸生。咸豐三年（1853）闔門殉難揚州。著有《易注》、《春秋左氏傳分國纂》。

程瑞祊 麟經集義 八卷 佚

◎道光《徽州府志》卷十一之四《人物志・文苑》：著有《麟經集義》八卷、《飄風過耳集》二十卷、《京華搜玉集》三十二卷、《槐江詩鈔》八卷、《槐江雜著》八卷、《黃山紀游／西山詩／七閩游草》各一卷、《藜牀囈語》六卷（《休寧縣志》）。

◎程瑞祊《槐江詩鈔》卷末汪由敦撰《覃恩誥贈中憲大夫槐江程先生墓誌銘》：治經於《春秋》尤邃，嘗言泥一字為褒貶，則比事連類多齟齬而不通；若謂同事異意則暮四朝三，亦非經世之大法；微言大義非可以臆見為訓詁，故自三傳異同及唐宋以來箋疏無不薈萃尋繹，虛其心以求之，要不為新說以自炫。史學貫串古今通達治體，縱論成敗得失，纚纚萬言，切中要害。嘗蒐考金石遺文及國朝掌故，撰《帝京搜玉集》三十二卷，該博不下秀水朱檢討《日下舊聞》。綜生平所著，自《搜玉》而外，有《麟經集義》八卷，《飄風過耳集》二十卷，《槐江詩鈔／雜著》各八卷，《黃山紀游詩》、《南徐游山詩》、《游西山詩》、《七閩游草》各一卷，《藜牀囈語》六卷。曩吾郡諸鄉先生以經術風雅卓然自名一家，先後林立，遺風被數百年間。

◎程瑞祊（1666～1719），字姬田，自號槐江，一號槐林。安徽休寧率口人。與曲阜孔東塘、濟南王阮亭、黃岡杜子皇、泰州鄧孝威、山陰黃儀逋、東明袁杜少為詩友。康熙三十年（1691）歲貢。康熙四十四年（1705）南巡，獻賦，循例入成均。候選中行評博，內閣中書。當得邑令，不就，歸而訪黃山諸峯之勝，讀書練江精舍。著有《麟經集義》八卷、《藜牀囈語》六卷、《飄風過耳集》二十卷、《京華搜玉集》三十二卷、《槐江詩鈔》八卷、《槐江雜著》八卷、《黃山紀游詩》一卷、《南徐游山詩》一卷、《游西山詩》一卷、《七閩游草》一卷諸書。

程式金 左氏樹萱玉格編 佚

◎同治《黟縣三志》卷六上《人物志補傳·宦業傳》：著有《說文類求》《左氏樹萱玉格編》《咫聞日記》《詩文集》《筆記》。俞正燮作《說文類求序》，徽甯道馮志沂官刑部時作墓誌銘。以子鴻詔官贈三品。

◎同治《黟縣三志》卷十二上《雜志·書籍·現在採訪書目·經部》：程式金《左氏樹萱玉格編》《說文類求》。

◎同治《黟縣四志》卷十二《藝文志》上：程式金《左氏樹萱玉格編》《說文類求》。

◎程式金，字友石。安徽黟縣中城桂林人。順天大興籍廩生，嘉慶十五年（1810）副榜，正紅旗教習。期滿用知縣。十八年（1813）舉人、二十五年（1820）進士。官四川知縣，署鹽亭。署遂甯，補高縣知縣，充道光二年（1822）科同考官。調華陽，署宜賓。以總督陳若霖奏保，兼署成都。道光六年（1826）陞

敘永廳同知。以設立華陽鄉學十處，論加一級。九年（1829）特授甘肅蘭州府
遺缺知府，時卒已三年。居京師時，漢陽葉名琛、名澧受業於門；官四川時，
縣試得洪錫璜等，鄉試得宋沛霖等。著有《左氏樹萱玉格編》《說文類求》《㤀
聞日記》《詩文集》《筆記》。

程廷祚 春秋地名辨異 三卷 存

　　國圖、清華、上海藏乾隆八年（1743）三近堂刻春秋識小錄初刻三書本
　　國圖藏光緒二十七年（1901）彙印江寧傅春官晦齋刻傅春官輯國朝金陵叢
書本
　　南京藏光緒三十二年（1906）江寧傅氏晦齋刻春秋識小錄初刻三書本
　　中華書局 1985 年新 1 版叢書集成初編本
　　國圖藏清末節鈔藝海珠塵本（附鈔春秋左氏傳地理考一紙）
　　叢書集成初編據藝海珠塵本排印
　　叢書集成新編本
　　國圖出版社 2009 年賈貴榮宋志英輯春秋戰國史研究文獻叢刊影印春秋識
小錄初刻三書本
　　◎目錄：卷上一地二名、一地三名、一地四名、一地七名。卷中二地一名。
卷下三地一名、四地一名、五地一名、晉書地理志證今（附）。
　　◎自序：地理沿革，古者靡得而稱，春秋則不可殫述矣。昔塗山之朝、孟
津之會，諸侯不可勝數，周室東遷，大國多至數圻。其狡焉思啟封疆者，何國
蔑有。往昔諸侯，大抵為春秋之縣邑矣，加以疆域所介，一彼一此，建置之滋
多、名號之繁矣，非事變使然哉！《春秋》之中，有一地數名者，有數地一名
者，異同未析，每多淆混。夫兩漢之際，劉昭以為稱號糾紛；南北之時，沈約
以為巧曆莫算，蓋謂革之難詳也。余采舊說為《春秋地名辨異》，以著沿革所
自始，而世運之污隆亦從可觀焉。上元程廷祚。
　　◎李兆洛《養一齋文集續編》卷二《春秋輿地圖跋》：春秋輿地，服虔、
穎容皆有注釋，杜氏出而諸家皆亡，不能不以杜氏為斷。國朝顧棟高《春秋大
事表》、程廷祚《春秋地名辨異》時有補正。
　　◎張之洞《書目答問》卷一《經部》：《春秋識小錄》九卷、《職官考畧》
三卷、《地名辨異》三卷、《左傳人名辨異》三卷（程廷祚。縣莊遺書本。珠塵本。
林伯桐《春秋左傳風俗》二十卷，未刊）。

◎《浙江採集遺書總錄・乙集・經部・春秋類》：《春秋職官考畧》三卷（寫本）、《春秋地名辨異》三卷（寫本）、《左傳人名辨異》三卷（寫本），右俱國朝上元程廷祚輯。取《春秋》職官、地名、姓氏，詳為臚列而考證之。此三書與上高氏《姓名同異考》，皆取資檢校之本。

◎耿文光《萬卷精華樓藏書記》卷八《經部五・春秋類》「《春秋地名辨異》三卷」（國朝程廷祚撰）：《珠塵》本。上卷一地二名至七名，中卷二地一名，下卷三地一名至五地一名。《晉書地理志證今》附。程氏自序曰：「地理沿革，古者靡得而稱，春秋則不可殫述矣。昔塗山之朝、孟津之會，諸侯不可勝數，周室東遷，大國多至數圻，其狡焉思啟封疆者，何國蔑有？往昔諸侯，大抵為《春秋》之縣邑矣，非事變使然哉！《春秋》之中，有一地數名者，有數地一名者，異同未析，每多淆混。夫兩漢之際，劉昭以為稱號糾紛；南北之時，沈約以為巧歷莫算：蓋謂沿革之難詳也。余採舊說為《春秋地名辨異》，以著沿革所自始，而世運之污隆亦從可觀焉。」

◎程廷祚（1691～1767），初名默，字啟生，號綿莊、青溪（居士）。本安徽歙縣岑山渡人。曾大父虛卿遷江寧。年十四作《松賦》七千餘言，驚其長老。弱冠補諸生，鄉試屢蹶，遂棄科舉，專治經。交惲鶴生，聞顏元之學，乃上書李塨致願學之意。康熙五十九年（1720），塨南遊金陵，屢過從問學，益究心天文輿地食貨河渠兵農禮樂之事。乾隆元年（1736）應博學鴻詞徵、十五年（1750）舉經學，皆不錄用。著有《大易擇言》三十六卷、《讀易管見》一卷、《易通》十四卷（《易學要論》二卷、《周易正解》十卷、《易學精義》一卷、《占法訂誤》一卷）、《易說辨正》四卷、《青溪詩說》二十卷、《魯論說》四卷、《春秋地名辨異》三卷、《春秋人名辨異》三卷、《春秋職官考略》三卷、《春秋識小錄》九卷、《晉書地理志證今》一卷、《遊周橋記》一卷、《青溪文集》十二卷續集八卷。

程廷祚 春秋人名辨異 三卷 存

國圖藏乾隆八年（1743）三近堂刻春秋識小錄初刻三書本

國圖、福建藏光緒二十七年（1901）彙印江寧傅春官晦齋刻傅春官輯國朝金陵叢書本

中華書局 1985 年新 1 版叢書集成初編本

國圖藏清末節鈔藝海珠塵本

國圖出版社2009年賈貴榮宋志英輯春秋戰國史研究文獻叢刊影印春秋識小錄初刻三書本

◎一名《左傳人名辨異》。

◎目錄：卷上周魯晉。卷中齊宋鄭衛。卷下楚秦陳蔡曹邾莒吳紀虢州。

◎自序：幼名冠字，五十以伯仲，死謚，周道也，人道之至文者也。上古有名而已，春秋之時則異焉：軫也、志父也，一人兩名也；金也、狄也、卷也，一人三名也；子產之與子姜，一人兩字也；蔦艾獵之于孫叔敖、東郭賈之于大陸子方，兩名相懸，實則一人也。其周末之彌文乎？何名稱之繁歟！《左氏傳》于一人之身而名號錯陳，一篇之中而判若甲乙，創矣而不經，華矣而弗則，由古以來未有也，左氏一家之例也，作《左傳人名辨異》。上元程廷祚。

◎《浙江採集遺書總錄‧乙集‧經部‧春秋類》：《春秋職官考畧》三卷（寫本）、《春秋地名辨異》三卷（寫本）、《左傳人名辨異》三卷（寫本），右俱國朝上元程廷祚輯。取《春秋》職官、地名、姓氏，詳為臚列而考證之。此三書與上高氏《姓名同異考》，皆取資檢校之本。

◎張之洞《書目答問》卷一《經部》：《春秋識小錄》九卷、《職官考畧》三卷、《地名辨異》三卷、《左傳人名辨異》三卷（程廷祚。緜莊遺書本。珠塵本。林伯桐《春秋左傳風俗》二十卷，未刊）。

◎耿文光《萬卷精華樓藏書記》卷八《經部五‧春秋類》「《左傳人名辯異》三卷」（國朝程廷祚撰）：《珠塵》本。上卷周、魯、晉，中卷齊、宋、鄭、衛，下卷楚、秦、陳、蔡、曹、邾、莒、吳、紀、虢。一人兩稱至六稱，士會有八稱：一士季、一隨會、一隨武子、一隨季、一季氏、一范武子、一范會。按古人一名數稱，梁氏《古今人表考》最詳。程氏自序曰：「上古有名而已，《春秋》之時則異焉。軫也、志父也，一人兩名也。金也、狄也、卷也，一人三名也。子產之與子美，一人兩字也。蔦艾獵之於孫叔敖，東郭賈之於大陸子方，兩名相懸，實則一人也。其周末之彌文乎？何名稱之繁歟？《左氏傳》於一人之身，而名號錯陳；一篇之中，而判若甲乙。創矣而不經，華矣而非則，由古以來未有也，左氏一家之例也。作《左傳人名辨異》。」（程氏三種，統名《春秋識小錄》）。

程廷祚 春秋識小錄 九卷 存

哈佛、國圖藏乾隆八年（1743）三近堂刻春秋識小錄初刻三書本

四庫本

平湖藏光緒三十二年（1906）江寧傅氏晦齋刻本（缺春秋職官考略上）

國圖、天津、浙江、北大藏 1915 年鉛印金陵叢書甲集本

國圖出版社 2009 年賈貴榮宋志英輯春秋戰國史研究文獻叢刊影印春秋識小錄初刻三書本

◎有著錄三卷者。

◎總序：蔡中郎以反舌為蝦蟆，《淮南子》以蚔為蟻螻，而《詩傳》以斯螽、莎雞、蟋蟀為一物。從來學士文人，不免謬誤。而釋名伯翳與伯益未見畫然、四岳與許由未能分辨，釋地鳴條與蒼梧未知是一是二，釋官《考工》與《周禮》工與官溷久乃論定，則考核之難也。梁四公仉肸與崔敏談論，崔至氣沮得疾。當時經史外，天文地理諸子百家靡不酬對，而有所伸即有所屈，蓋博綜難矣。《春秋左氏》一書，先儒採其英華以為辭藻，名將如關壯繆、狄武襄、岳忠武，用兵制勝，亦多得力其中。若杜征南則專嗜而註釋之，其大者裨益當世之務，小亦足洽見聞，通諸制作。先聖於郯子問官，晉於子產問實沈、臺駘，定之十年公會齊侯於祝，其實夾谷備載諸傳。然則紀官紀地紀人三者一有謬誤，或無以供酬對，亦烏可略與！上元程子學問淵懿，於書靡不貫穿，尤邃於《左氏》，所著有《春秋職官考略》《地名／人名辨異》。余前陳臬皖江，程子以其書質於余，余稔其素學，會憲廟詔舉鴻博，余即慫恿推轂。會今上御極改元，彙天下之士而試之，無何報罷，私以其將來進取未可量也。今歲仲冬，余奉命視學南都，程子適以書來，知其怠意進取，且以是書弁首為請。余惟士非心力精專不足以致博核，而國家有大制作亦必得貫通經史之士而用之。程子雖以數奇久頓，寄懷簡淡，而古今官職之源流、都邑之沿革、人物運會之賢否升降，悉藏諸胸臆，井井不紊。充其所識以措諸實用，於經世之大尚有所厚望，無徒隳其志可也。乾隆三年戊午季冬，豫章劉吳龍書。

◎春秋識小錄初刻三書序：上元程子啟生，今之博物君子也。讀古人書，其大者既講求義法，得其指歸，下至一名一物，亦必辨析舊聞，證明同異。嘗撰《春秋識小錄三書》，于列國職官採《左氏傳》與《周禮》相疏證，而地理之沿革、名氏之錯陳，各為辨異，若指掌然。非其潛心好古，細大不捐，奚以至是？！昔唐崔日用自言通《左氏春秋》，詰武平一三桓七穆，平一條舉生出始末已，酬詰日用：「齊晉楚更霸時，諸侯屬者凡幾，執政何人？」日用謝不知，曰：「吾請北面。」夫國僑閎覽、文舉彊記，固自古難之，而魏冰叔嘗言善讀書者在發古人所不言，彼三桓七穆口誦如流，原非所貴，不已汰乎？考索之弗詳、異同之莫究，方日糾紛轇轕于中，而謂能得古人言外意，是適便于天

下孤陋之胸也。是故綜採在博，拔練務精，或沿流而得源，亦因事以徵義。今吾友是書，于《職官考》可以見周官之法度焉，于《地名辨》可以溯封建郡縣之變遷焉，于《人名辨》可以觀世運質文繁簡之殊尚焉，區區識小云乎哉？吾將叩其大者并出之，是三書者相為端委矣。雍正壬子夏四月，巳山王步青書于金陵寓齋。

◎春秋識小錄初刻三書序，桐城周大璋筆峰撰：《春秋》不得《左氏傳》則二百四十二年之事莫得考據，筆削之大義何自窺尋？非特綴詞者無所祖述而已。夫好紀怪誕、溺於禍福功利，《左氏》誠所不免，然其所載自天文地理典禮懿訓以及用兵之略、定變之才，無不備具。而詞命之工，雖三代誓誥未之有過，蓋二十一史之權衡焉。學之有得，必將緯武而經文、體明而用達，為天壤建樹不朽之人，豈僅華文瞻辭號稱博物已哉。杜征南有《左氏》之癖，而功在晉室，名垂不朽，其效豈可誣乎？程子啟生懷拔俗之姿，窮經致用，所嗜尤似征南。曩于《左氏傳》蓋嘗分部就班，發其窔奧，勒為成書，名之曰《識小錄》。而所謂《職官考略》暨《地名╱人名辨異》者，即其中之三書焉。孔子之論學《詩》也，興觀羣怨、事父事君而外，以資多識、不廢草木鳥獸之名，蓋學者之讀書，如漁獵于山海然，盡其大而亦不遺其細。啟生之為此書，兼大小而識之矣。識小云乎哉？！官制損益，莫不上溯《周禮》。春秋之時，則《周禮》猶有存者。地理變易，實始于東遷以後，而人之稱謂棼錯，又為左氏一家之例。此三書者，縷析條分，小之足以便讀者之觀覽，大之可以鑒古今之升降，其有功于左氏亦鉅矣。亟宜布之以為海內說經之一助。吾知天下之與啟生同嗜者，于是書必尤有深嗜云。

◎跋：右《春秋識小錄》九卷，亦上元程綿莊先生著。江寧傅氏有刻本，今所據仍鐵梅丈舊抄也。曰《職官攷署》、曰《地名辨異》、曰《人名辨異》，凡三編，編三卷。王衰霸峙，官制遂岐，先生稽之周禮，證之三傳，而得其分合異同，如史家之有表。其地理沿革名氏雜糅，皆詳稽博攷，如指諸掌，而於強藩兼併之迹、華胄興替之緣，亦言外得之。抑猶有疑焉：職官中所舉諸國共有者，有司城、司敗，不知司城宋所獨、司敗楚所獨，不得云共有也；地名中有伊洛之戎、陸渾之戎、陰戎，皆種族之名，無實地之可指也；人名中當以人為經、以國為緯，是編則以國為經、以人為緯，似亦非名從主人之義矣。然此其末失耳，若大端則精當詳覈，足迪初學，李申耆氏所云不尸其名而資益於世者也。甲寅九月，鄉後學蔣國榜跋。

◎提要：是書凡《春秋職官考略》三卷、《春秋地名辨異》三卷、《左傳人名辨異》三卷。其考職官，首為數國共有之官，次為一國自有之官，皆分列排纂，凡與《周禮》異同者一一根據注疏為之辨證，頗為精核。末為《晉軍政始末表》，序晉軍八變之制而詳列其將佐之名，又以禦戎戎右附表於後，亦皆整密。惟置諸國而獨詳晉，則未知其例云何也。其考地名，首為地同而名異，次為地異而名同，末為《晉書地理志證今》，以杜預注《左傳》皆用晉代地名故也。其辨人名，自一人二名以逮一人八名者皆彙列而分注之，大致與《春秋名號歸一圖》互相出入而較為簡明。雖似與經義無關，然讀經讀傳者往往因官名、地名、人名之舛異於當日之跡不能融會貫通，因於聖人之褒貶不能推求詳盡。如胡安國之誤執季孫橫生異論，毛奇齡之附會尹氏牽合正經〔註13〕者，蓋有之矣。則廷祚是書固讀《春秋》家所當知也。

◎道光《徽州府志》卷十一之三《人物志‧儒林續編》：廷祚治經，其初博存百家，宣究其意，已而貫穿合併，精思詣微。著《易》《詩》《書》《三禮》《魯論》，的的然其所言非先儒所言。其言曰：「墨守宋學已非，有墨守漢學者為尤非。孟子不云『君子深造之以道，欲其自得之』乎？」又曰：「宋人毀孫復疏經多背先儒，夫不救先儒之非，何以為孫復？」其言如此，其著述可知……所著《大易擇言》三十六卷、《春秋識小錄》九卷收入《四庫全書》。

◎道光《徽州府志》卷十五《藝文志》：程廷祚《春秋識小錄》九卷。

◎張之洞《書目答問》卷一《經部》：《春秋識小錄》九卷、《職官考署》三卷、《地名辨異》三卷、《左傳人名辨異》三卷（程廷祚。緜莊遺書本。珠塵本。林伯桐《春秋左傳風俗》二十卷，未刊）。

◎民國《歙縣志‧儒林》卷七《人物志‧文苑》：自王輔嗣注易，盡掃圖緯，宋元儒尊希夷河洛圖書及變互卦氣之說，又或拘執爻位陰陽乘承比應之體，易學轉晦。廷祚乃著《易通》及《大易擇言》，晚年作《彖爻求是說》，自成一家言。少時見毛奇齡《古文尚書冤詞》袒護梅氏書，乃為《古文尚書冤冤詞》以攻之。又著《晚書訂疑》推拓其說，別成《尚書通議》。《青溪詩說》《魯論語》《春秋識小錄》《禮說》諸書，同時方望溪輩皆盛推之。所著經學外有詩文各三十卷。嘗言：「墨守宋學者已非，墨守漢學者尤非。孟子不云『深造之以道，欲其自得之』乎？」又曰：「宋人毀孫復疏經多背先儒，夫不救先儒之非，何以為孫復？」其持論大旨若此。

〔註13〕「毛奇齡之附會尹氏牽合正經」等字庫書提要無。

◎民國《歙縣志》卷十五《藝文志・書目》：《大易擇言》三十六卷、《易通》十四卷、《易說辨正》四卷、《尚書通議》十二卷、《晚書訂疑》三卷、《春秋識小錄》九卷（俱程廷祚）。

◎趙爾巽《清史稿》卷一百四十五志一百二十《藝文》一：《春秋識小錄》九卷，程廷祚撰。

程廷祚 春秋職官考略 三卷 存

安徽師範大學藏雍正十年（1732）三近堂刻本

國圖藏乾隆八年（1743）三近堂刻春秋識小錄初刻三書本

天津、湖南社科院藏光緒二十四年（1898）晦齋刻本

國圖藏光緒二十七年（1901）彙印江寧傅春官晦齋刻傅春官輯國朝金陵叢書本

揚州藏清刻藝海珠塵本

叢書集成初編本

叢書集成新編本

國圖出版社2009年賈貴榮宋志英輯春秋戰國史研究文獻叢刊影印乾隆八年（1743）三近堂刻春秋識小錄初刻三書本

◎目錄：卷上數國共有之官。卷中一國自有之官。卷下晉軍政始末表。

◎黃之雋序：官備於周，春秋紊之，秦楚晉其尤也。是故漢因秦官者，倍周官。今惟行人、御史、太僕、職方仍周名而所職異，《周禮》諸官渺不可稽矣，況列國之棼錯乎？其見《左傳》者，孔穎達輒据《周禮》通之，顧散漫不屬。至《春秋職官考略》之書出，然後瞭如也。百官之號因其事，莽、墨仿古，其世不延。北朝魏周，行之未久，卒不可復。隨代制宜，古官名號可有無久矣。然稽古者自堯以來而郯子能繇少昊以上溯庖羲、史墨能從少昊以下迄高辛，泯泯二千餘年洪荒，官制炳然垂後。左氏錄之《春秋》，至今亦二千餘年。程子啟生考其棼錯而為一書焉，今之郯、墨哉！華亭黃之雋書。

◎邵泰序：嘗讀《周禮》一書，昭職守，定名分，大之變理寅亮，小之出入起居，官制蓋極備焉。而或以為周公未行之書者，非也。夫周公當日，定章程以布方策，先其政而後其書，猶近代之有《典彙》《會典》云爾。謂之空言乎哉？杜氏、馬氏竝云成王參考殷官制為《周禮》，以作天地四時之官，謂之六卿。按六太、五官、六府、六工之屬，鄭氏皆云殷法，而不自殷始也。唐虞時天官曰稷、地官曰司徒，而羲和仲叔分掌四時，春為秩宗、夏為司馬、秋為

士、冬為共工，通稷與司徒，是為八官，唐賈公彥論之詳矣。然則《周禮》之為制，即累代所已行而損益之者也。以為未行之書，可乎？時至春秋，僭亂不可紀極，而與《周禮》合者猶一二可數。程子啟生為縷析而參證之，以著《周官》之亡而未亡。而列國之倍名分、乖職守以自貽其害者，亦莫不昭然垂鑒焉。嗚呼！是書之〔註14〕旨微矣，升降得失之故，亦覽古者之一助乎！燕山邵泰書。

◎華希閔序〔註15〕：唐虞命官，羲和而外，九官十二牧，其周官周禮之權輿乎？雲鳥紀官，《春秋傳》獨能言堯以前，考職官者莫之或先矣。吾友金陵程子啟生取春秋列國官名與《周禮》異同者，悉本註疏標而出之，使讀者開卷瞭如。其用不獨在讀《左》，而兼在周秦升降之故。異于周者莫如晉楚，楚無論矣，晉姬姓國也，變若是棘哉！三晉分而秦并六國矣。跡其分職而見微知著，亦論世之資也。書凡三卷，曰數國共有之官、曰一國自有之官、曰晉軍政表。表晉，表其所以分也，旨深矣。啟生又撰《左傳人名辨異》三卷，自一名兩稱以至八稱者，悉綜列其名之下，較蜀馮繼先氏《春秋名號歸一圖》尤夥。錫山華希閔書。

◎陳祖范序：讀《春秋左氏傳》者，若稽田然，墾刈劃蓋相尋于其上也。如魚鱗，或倣紀傳法以人敘，或倣書志法以事敘，務更亂其編年之體，而使左氏先經始事後經終義種種苦心，末由而見，甚無謂也。又有搴擷其腴詞藻語內錦囊而秘帳中者，此亦文士之極思也。然而不已銳乎？賢者識其大者，職官同異，其大者也。程子啟生為《考略》，其名與《周禮》合者，可證《周禮》非未行之書；名為《周禮》所無者，如將軍、左相、尉氏、庶長、不更之類，識後代官名所自始。古來為左氏學者多矣，無及此者。昔也遁而今也獲，可以為善讀書者法。虞山陳祖范書。

◎自序：說者以《周禮》為周公未行之書，然考《春秋傳》列國官名多與《周禮》合者，則其說亦未盡然也。但《周禮》為王朝之制，其時頒于列國者必有異同，而不能無改于東遷以後。其詳不可得聞，豈不惜哉！楚之官制異于他國矣，宋及鄭有八卿矣，晉盟主也，周禮未改，未有代德而自顯庸其霸業，其衰乎！成周所頒，既紛更于諸侯之顓制，而列國史乘復罹秦火，存什一于千百者，《左氏傳》也。史家自孟堅表百官，紹述至今，沿革彬彬焉，而獨春秋

〔註14〕周按：三近堂刻《春秋識小錄初刻三書》本重一「之」字。
〔註15〕又見華希閔《延綠閣集》卷六。

之時無有。余竊義取《漢》《史》、書採《左氏》，為《職官考略》三卷，而證其合于《周禮》者，以待好古者論定云。上元程廷祚。

◎《浙江採集遺書總錄・乙集・經部・春秋類》：《春秋職官考畧》三卷（寫本）、《春秋地名辨異》三卷（寫本）、《左傳人名辨異》三卷（寫本），右俱國朝上元程廷祚輯。取《春秋》職官、地名、姓氏，詳為臚列而考證之。此三書與上高氏《姓名同異考》，皆取資檢校之本。

◎張之洞《書目答問》卷一《經部》：《春秋識小錄》九卷、《職官考畧》三卷、《地名辨異》三卷、《左傳人名辨異》三卷（程廷祚。縣莊遺書本。珠塵本。林伯桐《春秋左傳風俗》二十卷，未刊）。

◎耿文光《萬卷精華樓藏書記》卷八《經部五・春秋類》「《春秋職官考略》三卷」（國朝程廷祚撰）：《珠塵》本。李氏《函海》有《左傳官名考》二卷，可參看。程氏自序曰：「說者以《周禮》為周公未行之書，然考《春秋傳》列國官名，多與《周禮》合者，則其說亦未盡然也。但《周禮》為王朝之制，其時頒於列國者，必有異同而不能無改。於東遷以後，其詳不可得聞，豈不惜哉！予竊義取《漢書》採左氏為《職官考略》，而證其合於《周禮》者，以待論定云。」《晉軍政始末表》按曰：「《周禮》『戎僕』、『戎右』，平時俱無此官，有事然後命之。觀韓之戰，猶曰『卜右』可見。後以用兵時多此官，無事亦設，殊失古人設官之意。」（此表為第三卷）。

程庭桂 〔註16〕 春秋希通 一卷 存

國圖、上海、南京、湖北、天津、中科院、西南大學、吉林社科院藏咸豐十一年（1861）刻本

臺灣文聽閣圖書有限公司 2012 年晚清四部叢刊・第七編影印咸豐十一年（1861）刻本

◎序：《春秋》一經，孔子自言「知我罪我」，孟子以孔子繼大舜禹湯文武周公之後，獨舉《春秋》一事，又云：「《春秋》天子之事」，又云：「孔子成《春秋》而亂臣賊子懼。」《家語》：「筆則筆，削則削，游夏不能贊一辭」，其旨深矣。顧其文極平實，求所謂承羣聖之統、示百王之法與夫亂賊之所以懼、游夏之不能贊者，茫乎不知所在，豈孟子有妄語哉？！《左氏》《公羊》《穀梁》或詳於敘事，或長於釋義，各抒所見，成一家言。非特議論褒貶判然不同，並其

〔註16〕或誤題程庭柱、夏程廷。

事實亦有時相懸霄壤。後之人方考證辨駁之不暇，而邈遠求經旨乎？！自漢迄宋，大儒輩出，何休《公羊墨守》《左氏膏肓》《穀梁廢疾》，鄭康成又從而發之鍼之起之，徒自撚戈爭勝，而聖經鮮所折衷。宋孫復尊王發微，二百四十年中有貶無褒，世譏其刻。胡安國以《春秋》為傳心要典，然自作一傳，欲與《左》《公》《穀》抗衡。有明一代，崇信其書，取以試士。今讀其文，迂謬怪誕，非但不可昭示後世，並不可頒行於一時。然其駁《左氏》齊豹書盜頗為諦當，又以澶淵之會特書宋災故為偏刺諸侯之大夫，妙悟確解，足以羽翼聖經，壓倒三傳，不容不表而出之也。宋范子甯有言曰：「傳以通經為主，經以必當為理」，夫至當無二而三傳殊說，庸得不棄其所滯擇善而從乎？既不俱當，則固容俱失，若至言幽絕，擇善靡從，庸得不並舍以求宗、據理以通經乎？雖我之所是，理未全當，安可以得當之難而自絕於希通哉！至哉言乎，是吾師也。被廢以來，無心世務，課孫之暇，專意研經，乃手錄經文，熟讀數十餘過，又取三傳讀十數遍，於其異同之處平心靜氣切究深思，有所得則筆而存之，意未安則改而削之。歷時既久，得三十二條，手抄成帙。雖於經文傳道統、彰王跡、亂賊之所以懼、游夏之不能贊者仍未得其萬一，而義必宗經辭必衷理，不敢有穿鑿附會之談，不敢存黨同伐異之見，則問心可以自信。世有大儒出乎？倘以為土壤細流之助，采其一知半解，俾附驥尾以垂不朽，則厚幸矣！大清咸豐十一年歲次辛酉仲夏，程庭桂識。

◎條目：書即位不書即位解。正月書王不書王解。王不稱天解。書弒君解。書盜解。《春秋》省文。《左傳》非左邱明作。《左傳》：《春秋》功臣。《春秋》始隱公。魯隱公論。《左傳》君氏卒。考仲子之宮。周桓王之謬。子同生。單伯送王姬。紀叔姬。成風。魯哀姜。齊桓殺哀姜。鄫紀姬。齊人執單伯。僖文二公不雨異書。宣公弒立。行父盜權。晉悼公。弭兵之會。叔孫豹二則。楚比不弒君。赦許止誅趙盾。會於澶淵宋災故。魯定公。

◎校刊姓氏：受業王器成、文輅、壻史大立、翁曾翰、英啟、裴蔭森、梁思問、郭毛巡、崔穆之、溫忠翰、楊士玉、張之洞、王桐、蔡世俊、李汝弼、賈敦仝、潘觀保、黃師虞、蕭庭滋、朱洤、姪程炳泰全校訂。

◎孫殿起《販書偶記》卷二：《春秋希通》一卷，吳縣程庭桂撰。咸豐十一年刊。

◎以宗經為主，意在折衷三傳以通經旨。於《胡傳》多所深斥，於三傳亦時有批駁。

◎程庭桂（1796～1868），字楞香。吳縣（今江蘇蘇州）人。道光六年（1826）進士。以刑部主事入值軍機章京領班，後任左副都御史、戶部右侍郎。以咸豐八年（1858）科場案革職遣戍，後赦還。著有《春秋希通》一卷。

程萬里 三傳合選 二十四卷 佚

◎汪正元、吳鶚光緒《婺源縣志》卷二十六《人物志·文苑》二：纂輯《漢書》廿三卷、《三傳合選》廿四卷、《史記選》十卷、《左國輯要》四卷，燬於兵燹，惟所著《鷇音二集》尚存。

◎程萬里，字天衢。婺源（今江西婺源）溪頭人。庠生。家貧力學，義不苟取。鄉闈八薦不售，講學海陽數十年。年八十三卒。著有《三傳合選》廿四卷、《左國輯要》四卷、《史記選》十卷、《漢書》廿三卷、《鷇音二集》。

程萬里 左國輯要 四卷 佚

◎汪正元、吳鶚光緒《婺源縣志》卷二十六《人物志·文苑》二：纂輯《漢書》廿三卷、《三傳合選》廿四卷、《史記選》十卷、《左國輯要》四卷，燬於兵燹，惟所著《鷇音二集》尚存。

程雲鵬 春秋約旨 佚

◎道光《徽州府志》卷十五《藝文志》：程雲鵬《春秋約旨》。

◎民國《歙縣志》卷十五《藝文志·書目》：《春秋約旨》、《新安女行錄》二十卷、《河務心書》一卷、《傷寒問答》二卷、《慈幼筏》一卷、《簡平儀》一卷（俱程雲鵬）。

◎程雲鵬（1585～約1670），字鳳雛，號香夢書生。安徽歙縣人，寄籍江夏（今湖北武昌）。少攻舉子業，痛母、妻、女相繼病故，乃發家藏醫書千餘卷，晝夜誦讀，遂通醫術。行醫二十餘年。著有《春秋約旨》、《新安女行錄》二十卷、《河務心書》一卷、《靈素微言》、《脈覆》、《傷寒問答》二卷、《醫貫別裁》、《醫人傳》、《慈幼筏》（一名《慈幼祕書》、《慈幼新書》）一卷、《簡平儀》一卷、《種嗣玄機》諸書。

程組 春秋經傳集解 佚

◎汪正元、吳鶚光緒《婺源縣志》卷二十四《人物志·學林》：潛心宋儒

之學，《周禮》《儀禮》辨證疑義細加丹鉛，至老不倦。著有《資治通鑑札記》《春秋經傳集解》《藝蔬堂制義》《小蓬萊山人詩稿》若干卷。

◎汪正元、吳鶚光緒《婺源縣志》卷五十五《藝文志‧典籍》：程組著（《春秋經傳集解》《通鑑札記》《小蓬萊山人詩集》）。

◎程組，字仕紓，號紉蘭。婺源（今江西婺源）城西人。由舉人補授內閣中書。勤慎供職，京察二等，因母老乞養回籍。同治九年（1870）崇祀鄉賢祠。著有《春秋經傳集解》《資治通鑑札記》《小蓬萊山人詩稿》。

儲欣 蔣景祁 春秋指掌 三十卷 首二卷 附錄二卷 存

哈佛大學、北大、清華、上海、復旦、吉林、吉林社科院、南京、湖北、山西、嘉興藏康熙二十七年（1688）天藜閣刻本

北大、上海、湖北、天津、雲南大學藏乾隆五十四年（1789）天藜閣刻本（楊大鶴參閱）

◎揔目〔註17〕：卷前一（原序五篇）、卷前二（列國始末，馬龍原輯）、卷之一（隱公上。元年至三年）、卷之二（隱公中。四年至七年）、卷之三（隱公下。八年至十有一年）、卷之四（桓公上。元年至四年）、卷之五（桓公中。五年至十年）、卷之六（桓公下。十有一年至十有八年）、卷之七（莊公上。元年至八年）、卷之八（莊公中。九年至十有九年）、卷之九（莊公下。二十年至三十有二年）、卷之十（閔公共二年）、卷之十一（僖公上。元年至十有一年）、卷之十二（僖公中。十有二年至二十有六年）、卷之十三（僖公下。二十有七年至三十有三年）、卷之十四（文公上。元年至八年）、卷之十五（文公下。九年至十有八年）、卷之十六（宣公上。元年至六年）、卷之十七（宣公中。七年至十有一年）、卷之十八（宣公下。十有二年至十有八年）、卷之十九（成公上。元年至七年）、卷之二十（成公下。八年至十有八年）、卷之二十一（襄公上。元年至十有一年）、卷之二十二（襄公中。十有二年至二十有六年）、卷之二十三（襄公下。二十有七年至三十有一年）、卷之二十四（昭公上。元年至十有二年）、卷之二十五（昭公中。十有三年至二十有一年）、卷之二十六（昭公下。二十有二年至三十有二年）、卷之二十七（定公上。元年至九年）、卷之二十八（定公下。十年至十有五年）、卷之二十九（哀公上。元年至七年）、卷之三十（哀公下。八年至十有四年春）、附一（春秋前事）、附二（春秋後事）。

〔註17〕卷首題：宜興蔣運昌開泰、儲芝五采全校。卷末題：同邑蔣日恭子肅正字。

◎序：荊谿蔣子京少，偕其執友儲子同人編輯《春秋》講解一書，名之曰《指掌》。書成，屬余為之序。觀聖人作經以闡幽明之故、抉性命之微，學者童年肄習，白首而不得其解，往往有之。若夫《春秋》所記二百四十二年之行事，非有所為委曲煩難于其間也，然按其義例，微而顯、志而晦，雖及門游夏之徒，且一詞莫贊，況其他乎？後之人生千伯世下，得從四傳以考鏡源流，復得旁參于《管》《韓》《呂覽》《史記》《吳越春秋》諸書以綜覈同異，詎不幸哉？顧詞旨浩繁，疑信褁出，一義未詳，即不免毫釐千里之謬。章句訓詁之學，自此尚矣。漢世言《春秋》者，率本之賈護、劉歆，歆傳之賈徽。自後諸儒輩出，若何休、鄭玄，互有枘鑿。嚴、顏同事珪孟，然質問疑義，未嘗不各持所見。至于魏、董、王、杜諸家，或取《公羊》《穀梁》以釋《左氏》，或取《左氏》以釋經，發凡起例，要皆自出心裁，不相傅會，以庶幾無失乎筆削之意，蓋其慎也。自經義變為制舉業，功令一遵胡氏，雖使馬鄭諸儒復生，毋容于此中置一喙矣。今上又以脫母傳題支離牽紐，特允廷臣之請，場屋命題祇用單合，使學者從事簡而指歸一。其于源流同異之間，似宜稍窺萬一。以余所見，揣摩家不特漢人註疏庋置不觀，即近世《指月》《明微》《談虎》諸帙亦不甚寓目，因循固陋，保殘守缺，其中即有烏焉帝虎，習讀失傳，繆種相仍，貽害場屋。每與我友陶子穎儒論及此事，皆未嘗不廢書三歎，思欲參互考訂，勒成一書，以公同志，而未之逮。年來備員講幄，恭遇我皇上天縱好學，闡揚六籍，以諸經皆有《日講解義》而《春秋》獨未有成書，乃命儒臣開局纂輯，以少詹高澹人先生總其成，余與同館二三人共事鉛槧，悉心討論，自謂發前人所未發。及讀蔣子《指掌》一書，其所發明固已先得我心矣。大聲疾呼，震起聾瞶，撥亂返正之功，詎出作經者下哉？今蔣子方以詩歌古文提倡海內，乃肯屈首為章句訓詁之學，自非有大不得已于此者，何用力若是其勞而用心若是其苦耶！書此以復蔣子并示陶子，其以余言為何如也！吳興同學弟蔡升元序。

◎序：憶乙酉予典江南試，以曲臺知蔣子慎齋於鄉。慎齋歷仕內外，能大暢所學，不愧經術經世之士。越四十餘年而予子光守武昌，則見慎齋之嗣君景祁持一編郵示，且丐予序，則與其友儲子同人所同輯之《春秋》講書也。予臥病家居，久謝棄人事，而《春秋》為予總角所受書，今衰老復得睹之，不禁瞿然動焉。夫子嘗曰：「吾志在《春秋》」，又曰：「載之空言，不如見諸行事之深切著明也」，則《春秋》其重矣。顧《春秋》之為經，其發明在傳，而胡氏之傳表章聖心，發揮指趣，不啻親見聖人也。自命題者多為割裂附會，以耗士子

之心思、眩主司之取舍，竟不知視聖經為何物。自故明慶曆以來，業是經者未有不痛心疾首於斯。今聖天子同文興治，毅然一洗傳題脫母之陋，統經之義例而屬之，於單彙兩單之指歸而比之曰合，神明變通，舉數百年牽合影附之習，一朝掃除，則吾經之列於學宮，不誠如星辰之麗天、江河之行地哉？顧恐士子忽為便易，不復殫心研索，將有因陋守殘畢生不睹全書者，則又世道之憂也。儲子、蔣子之書，其有見於此矣！予聞儲子續學篤行君子；若蔣子，其父以曲臺名，其子且以麟經繼，其亦異于析薪而弗克荷者耶！則予冀其子若孫承此家學，兼二者于弗替可也。康熙二十七年春王正月，大名成克鞏題，時年八十有一。

◎序：麟經之有比合也，蓋肪於宋之經義，掇經文事類相耦合者而為疑難耳；其脫母則倣唐人帖經之法，所謂藏頭匿尾有同射覆是也。其始本以經文簡直，學者易為揣摩，故多方錯綜以誤之。著述家競新炫異，穿鑿日有加，於是棄經以從傳，甚之舍傳而從意。家祕牛神，人矜羣數，使聖人炳若日星之大義化為鬼魅且三百餘年，則有明諸儒之過也。本朝刪去傳題，場屋惟以單合試士，合雖與單微有間，而猶不失兩傳之意，洵有功於聖人，千秋萬世弗可改也已。顧其間猶有議者：脫母去矣，而脫母之比合未去，如南季、女叔、宰周、華元之類是也；傳題刪矣，而傳中之意題未刪，如文告、郤敵、知禮、知樂之類是也。大聘小朝，一切書以示譏，康侯總發例於滕薛傳矣，而女叔主盟蔑，甯俞、國歸父、士匄、叔弓、韓起諸人主納幣，鄭發、士魴、郯子主——《大全》小註：杞伯主——陳逃、叔豹主澶淵，何說也？侵蔡者奇也，伐楚傳已明，而別借陽穀之奇也；江黃伐陳，宜據侵陳傳譏德衰，而牽附奇謀之驗也；伐北鄙語在乞師傳，明責齊師非義，而借主長勺也，無乃瞢瞢乎？若戰奚、會城濮、欒書侵蔡之類，一題數主，紛如聚訟，不可勝原。余嘗欲悉加是正。又自傳脫既芟以來，舊時《匡解》《說疑》《梅林》《談虎》《指月》《旨定》《因是》諸家，皆駁難不便誦習。間為定本一書，少截《左》《胡》《公》《穀》之文之無麗於題義者以為正編。又往者題目講義率列之經傳上方，與下文前後參差不相值，殊難檢尋。且初學誦經，自有次第，因以題目講義別釐為一編，而《左》《國》文章之截去者，雖無麗于經，而足資膏液，如神降于莘、龍見絳郊之類，仍錄全文，謂之傳餘，以俟敏慧之人。而終之以《春秋紀事本末》及音釋。其書委之敝篋，無力災梨，不謂蔣子京少、儲子同人已先得我心也。京少與予為通門兄弟，往尊甫視楚學政時，予函問雲亭之字，間與京少商榷《春秋》，持論多

先儒所未發，嶄然折充宗之角矣。同人淵源宿學，京少嘗以畏友稱之。一旦發憤成此炳麟大業，其剪裁也約而該，其澄汰也嚴而不漏，其所欲更訂多與予同，而予分之以蘄清朗者，京少、同人直合為一編，纍纍如星辰之行而讀者未嘗不便，是誠《尊王》之律令而《愍渡》之津梁也。今上表彰六經，命儒臣分撰《春秋講義》，字權句衡，皆裁自聖心。余以謭劣謬從事焉，然常以莫能仰贊一詞為愧。今得《指掌》，曠若發蒙矣。康熙二十七年歲在戊辰仲冬月，賜進士出身日講官起居注翰林院編脩充大清一統志纂脩官前翰林院庶吉士楚黃同學張希良拜題。

◎發凡：

有問於欣、景祁曰：是編曷為而撰也？欣、景祁應之曰：不得已也。功令罷傳題及脫母於茲二十年，曩時講章迕乖新制，士子無可購習，主司莫適據依，于是有坊賈射利之書乘間突出，弊端滋起矣。單題雜撮舊說，都無倫次；合題字訛句舛，勘校不施。如伐鄭蕭魚駕楚服鄭之游移、夾谷歸田理字禮字之鶻突，此類甚眾，勢必使場屋中承誤者見收、守常者被放，不得已撰是書，亦發憤之所為作也。

客曰：其然，第輯講章足矣，奚及經傳為？應之曰：以便肄業也，前乎此者有之矣，吾從前。曰：然則樣何異乎爾？曰：子以兩截書頭之樣古乎、時乎、雅乎、俚乎？且經傳與題恆不相值，參錯繙閱，心手俱勞，亦復何取於此。

惟經文用大書，尊經也。字攷正韻，點畫無訛。三傳經文，與今互異者，載在下方，并資參伍。

大書《胡傳》二字，尊功令也。非崩薨卒葬，傳雖閒必登。

《左傳》字亦大書，重《左》也。經不得《左》無以曉暢本末，經之文不得《左》無以潚發才華。側聞先輩靡不穿穴咀含，隻字微文愛若拱璧，今則一切苟簡而已。是編輯《左》頗詳，惟事實無取而文詞弗入神妙品者乃置之，期與俗學異趣，庶見大雅復作。

《國語》實輔內傳，尤多炳炳烺烺之文，蒐採獨備焉。《公》《穀》非與《胡傳》合不載，然其文之尤者弗棄也。三者俱不用大書，明所重之在《左》、《胡》而已。

問：馮猶龍《衡庫》何如？曰：是有可有不可，往者《大全》浩博、《愍渡》簡疏，猶龍自出心裁，節四傳，摭旁經及子史之相通者，自謂既覽此書，他書可盡束高閣，非妄語也。然而翦裁三傳頗失作者神味。至如一事而《左》

《國》合參、數行而三傳雜出、驪姬之亂組內外傳而牽及《檀弓》、夾谷之會彙《左》《穀》而揉入《史記》，若此之類，未易悉陳。古人文章氣體各別，羅紈錦綺錯而為衣，曾綈繒之不若。猶龍其未之思乎！經生一切苟簡，未必非此等為之濫觴，此不可之大者也。是編悉為釐正，或取此遺彼，或彼此悉敵，若滅夏陽類，則三傳竝存，要不敢使古人文字滅裂失真。知我咎我，聽之而已。

猶龍先生有大功于經，《指月》是也。手眼天縱，覃精有年，體傳入微，卜筆曲暢，諸如會宲伐之剖疑、果伐沈潰之講、北南戰河曲之辨，令狐漆室，曠光空前。故前此若《匡解》、若《設疑》、若《梅林》諸書，待《指月》而定其論也；後此若《旨定》、若《三發》、若《因是》諸書，沿《指月》而揚其波也。是編解傳講題一以《指月》為宗，仍標「指月」二字，不沒其實。此外惟自樹一解而不詭於理者乃參錄之，即欣、景祁所管窺蠡測，亦因以附見云。

《指月》擇題甚嚴，習經者見為不利舉業。今輯比合，網羅諸本，務極該備之觀，初不囿於《指月》。

特起之例有四焉：傳後載題，一也；單後載合，二也；單合大小試可出者標列題目，俱用大書，頗覺改觀，便于熟復，三也；否則單題講解即載傳後，合題止書合某合某，並不標列，稍示等差，四也。覽者循傳而得題，由單而得合，觀吾之等差，以知所裁擇。其於治是經也，如指諸掌矣。

無傳題嚮來或書寄某傳，或書主某傳，例無一成。今亦定為三則：其他傳有明文者，曰見某傳，如內遇四、外遇三、天王遣使七、歸賑一之類是也。雖無明文，而所主確然不易者，曰主某傳，如盟蔑傳例稱字，中丘傳雖時亦書之類是也。若所主欠確，不得已而托焉，則曰借某傳而已。見與主俱宜體本傳意作文，與昔傳題相似，借則其律己寬也。

按《指月》發凡云：「無傳題無他傳可寄者，俱刪。或相沿已久，亦注明不成題字」，立法之嚴如此。及纂《衡庫》，又云：「無傳單文，舉業家相沿以為不成題。是因傳廢經也，習而不察，莫此為甚。與其苟擬傳題以供射覆，孰若出經文以試聰明？故採《大全》諸家之說以備觀覽。」吁，何說之自相刺謬也！《大全》諸家人人異辭無論，學者不能徧熟《大全》，即，亦莫適主矣。襄、昭、定、哀之間，無傳單文至多，舉可出題，而射覆之困倍于傳題矣。猶憶考場中出昭十九年齊高發帥師伐莒，擱筆者半，其能記憶《大全》者，所主各殊。設在大場，取舍曷據？愚嘗謂《指月》功高、《衡庫》過大，不易之論

也。狂瀾難挽，是編亦擇注《大全》，而擇注不盡者，恐客經主文，闖然命題，士子束手，聊為畫一之法以濟之。凡來朝來聘應借大國來聘小國來朝，內君臣朝聘借殷相聘世相朝，侵伐圍入遷滅敗取借鄭人伐衛傳或兼侵宋遷宿等傳，城築借中丘傳，盟借凡盟皆惡，會借凡會皆訊，次借次滑，餘以類推。

比題合題之辨，《指月》發凡論之詳且確矣。馮仲先作《三發》，則混而一之，人尤以為便。是編言合不言比，從所便也，抑又按古人作比合文字無不屹然兩對者。萬曆季年變而為八比，崇禎名手變而為碎比、為散行，體制日新，要之非古法物矣。今闈題單合各兩，結搆固忌雷同，然合題不嫌新製。若彼此相形而為比，尚當以古道自持也。

傳題脫母，功令所禁也。江黃伐盟，葵丘非脫母乎？楚人救衛，合諸筆救削救題，非脫母乎？明知脫母，移而屬之寄傳題之下，所謂掩耳而盜鈴也。作述繼禪四股頭，削之宜矣。其所以宜削者，以元年子同生是本股，而春王正月札聘二股，則傳題也。然則秋七月完盟歸田題，完盟一股非傳題乎？糾聘家父聘秦人伐晉侯伐題，糾聘秦伐二股非傳題乎？舊注加「某股同」，所加之股非傳題乎？此而可存，作述繼禪又何以削也？初意欲盡此等剔去之，恐覽者狃于習見，反恠為疎，因仍弗革，稍注其下，非本志矣。惟逆后姜歸河陽賜命、君后相合，猶易之有乾坤也，不敢妄刪。然刪逆后河陽二股，安在意義不完乎？大抵功令既更，則經題自當細細講求，別勒定制，鹵莽不可，拘牽亦不可也。若夫《左》與《左》合如克段、立晉及仲孫來、札聘等題；《左》與《胡》合如甯母盟葵丘及晉伐衛會扈伐陳等題，不在此例，以功令未嘗禁左耳。

曩時傳合相嫌，有宜合而從傳者，有增股以避傳者，若盟戲蕭魚匡解載作合題，《指月》更定作傳，所謂宜合而從傳者，此類是也。河陽如京避觀魚傳則增會伐秦比、召陵城濮避救江傳則增完來盟比，所謂增股以避傳者，此類是也。今直無嫌可避矣。合宜還合，即舊傳題中兩本傳比屬有情者，亦可改為合也。增宜去增，即舊脫合題改從明股，如三人伐宋鄭蕭魚之類，未始不佳也。與其沾沾舊題致干犯功令，何如廣訂新題俾精確可從哉。是編頗有弋獲，然亦十之一二而已，未云盡也。

硃批《胡傳》，吾鄉先正書也。蔣中丞諱允儀私諸家塾，而路方伯進請公布之。其原序曰：「先書法，次本意，次傳題，點畫既明，條理畢出，於本文之外不增一語，亦有講說之功」，信矣！中丞為景祁族伯祖，今批傳一準家學

而稍稍變通，雖傳題已革，寄傳明文，仍用單豎，使讀者得以觸目而警心，猶前志也。竊聞中丞此書又得之毘陵同宗萬斆先生諱棟，源遠流長，方諸俗本，判若白黑。

破題沿襲可笑，題旨既明，豈難作破？否則一破雖熟，奚補於文？刪之。

四傳竝須音釋，與他經杜註不同。摭拾諸家，聊供檢閱。又懼溷亂目睫也，故另列下方。

客曰：「子之義例，詳矣美矣，如其書之繁且密何？」欣、景祁喟然嘆曰：異哉，吾方慮識者之議吾少且疎也，而子以為繁且密也，子過矣。聖人之作《春秋》也，文成數萬；《公》《穀》作傳則數十萬焉，《左傳》取後出，輔之以《國語》，則數百萬焉。胡氏之文，數與《左》垺。士子治吾經，固處不得不繁之勢矣。子視吾書所存，尚可節乎？此如可節，孰不可節？方今經學日蕪，經之文日益猥，其失固不在繁。學者生際文明，廣廈細旃，猶日披陳萬卷，士占一經，將以弋名干祿，區區三十卷書而繁密是憾，何不化之甚也。且海內人士，彬彬好學者麻列星羅，惟因陋之徒，沿流日下，書惡線裝，紙憎太史，板愛袖珍，是編或僅免此陋耳，以云繁密，僕病未能也。

客曰：「子為成學計，則得矣。童而習之，竊恐未安。」欣、景祁應之曰：否，否，不然。童年肄經，其難有二：全讀四傳，則多耗日時，記憶不熟；循誦俗本，則文義割裂，所讀寥寥。吾書正為童年計耳。且肄吾經者，大半皆聰明子弟也。講章題義雖不成誦，而終日過目，必有所通。異時究切，如遇故物，亦一助也。若夫成學之士，博極群書，寧有本經四傳不窺全豹而僅恃吾書者？果爾，亦不得謂之成學矣。客逡巡避席而起曰：「善夫二子之撰。」鏤版將竣，頗條次其語，為發凡二十則。

宜興儲欣同人、蔣景祁京少仝述。

◎卷末後識云：按獲麟以後大書至十六年夏四月己丑止，本魯史記之文。說者謂游夏之徒所續，然歟，否歟？聖人既沒，自此有目無綱，亦傳者嫌于擬經，是以削之耳。要其原本策書，臚列事蹟，以與前經傳相終，何可廢也。家大人與同人先生釐正是書訖，因命昌偕儲子五采次其後卷，自哀十四底悼之四年，閱歲十七，頗倣分國紀事例錄之，而間益以《外傳》。其諸國仍用魯編年，條理整詳，庶以便于觀覽。至魯隱前事，率依《衡庫》所輯，而《鄭語》敘桓公寄帑虢鄶一篇為繼。此諸國興廢張本，尤資攷鏡，故并入焉。他或旁摭雜採，非《春秋內外傳》所依據，悉不錄。運昌謹書。

◎提要：是書於三傳及《胡氏傳》外，多取馮夢龍《春秋指月》《春秋衡庫》二書。蓋科舉之學也。末附《春秋前事》一卷，皆《國語》之文；《後事》一卷，備錄《左傳》「小邾射來奔」以下諸事，亦用馮氏之例。

◎儲欣（1631～1706），字同人。江蘇宜興人。康熙二十九年（1699）舉人。自幼好學，精通經史。少孤，事伯懋瑞、叔懋時至孝，受經門下，弱冠即登「荊南八駿」之列。與友人相約非聖賢之書勿視，非其行勿由，不幸有過，必面責改然後止。順治間繼主九峰樓講學。年六十始領康熙鄉薦，一試禮部不遇，遂無意仕途，以制藝為業，閉門著述教授終老。著有《春秋指掌》三十卷、《在陸草堂文集》六卷、《詩偶存》，又選編《戰國策選》、《唐宋十家文全集錄》五十一卷、《唐宋八大家類選》、《七種古文選》。

◎蔣景祁，字京少。江蘇宜興人。著有《東舍集》。

儲欣 公羊傳選 二卷 存

國圖、上海、湖南、天津藏乾隆三十八年（1773）同文堂刻本

上海藏乾隆四十九年（1784）受祉堂刻本天津（一卷。儲芝參述）

山西藏乾隆尺木堂刻本

上海、湖北、天津、煙臺藏光緒九年（1883）靜遠堂刻本（一卷。儲芝參述）

儲欣 穀梁傳選 二卷 存

上海藏乾隆三十八年（1773）同文堂刻本

上海、天津藏乾隆四十九年（1784）受祉堂刻本

天津、煙臺藏光緒九年（1883）靜遠堂刻本

◎儲芝參述。

儲欣 公穀選 存

天津藏乾隆四十九年（1784）受祉堂刻儲氏七種本（史章期等校訂）

儲欣 左傳選 十四卷 存

吉林、大連、洛陽藏雍正三年（1725）刻本

清華藏雍正三年（1725）受祉堂刻本（十二卷）

上海藏雍正四年（1726）維經堂刻本

上海、浙江、中央民族大學藏乾隆七年（1742）刻本

乾隆十五年（1750）受祉堂刻本

國圖、青海、山西、新鄉、遼寧大學藏乾隆三十八年（1773）謙牧堂刻本

上海藏乾隆三十八年（1774）同文堂刻本

丹東、嵊州藏乾隆四十五年（1780）受祉堂刻本

乾隆四十九年（1784）受祉堂刻重訂七種古文選本

濟南藏嘉慶十年（1805）文盛堂刻本（十二卷）

天津藏嘉慶十年（1805）大德堂刻儲氏七種本（不分卷）

嘉慶十八年（1813）靜遠堂刻儲選古文七種本

天津、煙臺藏道光五年（1825）文淵堂刻本

哈爾濱藏道光二十五年（1845）蘇州綠蔭堂刻本

大連、齊齊哈爾、煙臺藏同治十三年（1874）掃葉山房刻本

吉林社科院、煙臺藏光緒二年（1876）成文堂刻本

上海、煙臺藏光緒維經堂刻本

常州藏清尺木堂刻本

濟南藏清二南堂刻本

濟南藏清桐香館刻本

南京藏清抄本（不分卷）

◎儲欣注，董南紀等輯。

◎序：《左傳》註釋，必推元凱、唐翁兩家，而失之繁冗，則徒亂人焉；其評論必推伯敬、月峰兩先生，而失之疏略，亦莫得其精微。俱不足為初學定本也。學者自束髮受書，於四子五經成誦後，便當讀《左氏春秋》。是書也，上繼《尚書》，下開遷、固以後歷代史，其中儵載二百四十年之故實，足以廣學者之識。而又緯以繡繪追琢之文辭，足以工學者之言。故學古之始基，端在乎此。然而讀本未定，雖日取《左氏》呫嗶之，識遂廣、言遂工乎哉？在陸先生少習麟經，貫通四傳，而嗜《左》尤深，丹黃並下已數十過，猶不敢云盡善也。晚課孫乃定斯本，始稍稍稱意。大約其點次也謹而嚴，其持論也約而盡，其間採諸家之訓詁也簡而明，使學者開卷豁然，洞若觀火。嗚呼！是亦足矣！雖前此杜氏林氏之註釋、鍾氏孫氏之評衡，舉可廢也，況其他乎？予垂髫即受業草堂，與先生長孫同研席，朝吟夕詠，竊於斯編有得焉。今謹

不敢自私，公之當世，俾初學之士奉為定本，庶幾知所揣摩云。峕雍正四年歲在丙午季冬〔註18〕之月，門下後學徐永謹書。

儲枝芙 左傳集錦 二卷 佚

　　◎民國《潛山縣志》卷十四《人物志》四《文苑》：著有《皖樵紀實》二卷、《皖樵詩文集》六卷、《左傳集錦》二卷、《國策集錦》一卷。

　　◎儲枝芙，字毓榮，號蓉塘。安徽潛山人。附貢生。著有《左傳集錦》二卷、《國策集錦》一卷、《皖樵紀實》二卷、《皖樵詩文集》六卷。

褚傳誥 讀左姓名小識 未見

　　◎吳茂雲、鄭偉榮編著《台州古籍存佚錄》卷四《經部五・春秋類》：《讀左姓名小識》二卷，天台褚傳誥撰。是書取列國姓名之見於《左傳》者，分年編入，蓋摘錄以備忘也，稿藏於家，今未見。

　　◎褚傳誥（1860～1940），名克焯，字重（仲）宣，號九雲，晚號石橋老人。天台（今浙江天台）人。少受業梁西園，遊學西湖崇文書院，光緒二十年（1894）廩貢生。嘗執教山西大學堂、台州府學堂、浙江高等學堂、廣東方言學堂、三台書院。光緒三十一年（1905）襄助金文田創辦天台中學堂。著有《讀左姓名小識》、正續《清臣詩紀》、《褚氏家聲集》、《石橋潛書》、《石橋文存》、《文學蜜史》，編撰《天台縣志稿》三十八卷、《新定歷史課本》。

褚逢椿 公羊測義 佚

　　◎公羊測義序〔註19〕：古之人治一經，一經中治一家，斤斤自守，終其身不敢有尺寸出入，蓋所守若是之狹也。所守狹則所志專，所志專則所得日益深、所見日益精。而其著于竹帛者，乃歷久而愈亮，後之人且研精覃思，自致其心思才力于舉世不為之日，以求默契乎作者，蓋古今人實相與有成也，如褚君仙根之治《公羊》是也。《公羊》者，微學也，唐以後無專書，若啖／趙之《集傳》、陳岳之《折衷》、葉夢得之《考》若《讞》，或故違其旨，或妄詆其短，或且據《左》《穀》兩家以相詰難，孔氏所謂「以冠雙屨，將絲綜麻」者，非歟？歷徵古籍，求一以《公羊》之義說《公羊》而不離《左》《穀》兩

〔註18〕　此序錄自受祉堂雍正三年刻本。乾隆十五年刻本「雍正四年歲在丙午季冬」作「乾隆七年歲在壬戌季春」。
〔註19〕　錄自張金吾《愛日精廬文稿》卷四。

家者，蓋不可得。我朝經學昌明，治經之士兼及《公羊》。其所纂述，若《通義》、若《禮疏》、若《問答》，其較著者也。仙根年十一讀《公羊》，好之，稍長，發憤力學積三十年，鉤沉索隱，成一家言，名之曰《公羊測義》。高誘曰：「度深曰測」，蓋以《公羊》義例精深，故曰測。其言曰：「傳有可據則據之以測經，注有可據則據之以測傳，傳注兩無可據則旁采《春秋繁露》、《白虎通》及諸經正義中所引公羊家說暨緯候諸書，據之以測經傳，非公羊家說而義與公羊合者間取一二以相佐證，外此者不敢雜也。」噫！所謂專門名家者，不當如是耶！抑金吾更有感者，今天下為《公羊》之學者蓋舉世不三四人，而此三四人者，又不獲聚處一方，商署名例，敷陳疑滯，質所見之同異，以求歸于至當，且各抒所得，合成一書，刊徐氏之野文，就邵公之繩墨，豈不甚善？而何以不旦暮遇之，則惟各存其說以待日後之論定可也。是書也，必謂勝于《通義》等書，金吾不敢知，然確守一家，不敢尺寸出入，蓋何氏墨守之遺旨也。以子應母，如膠投漆，不謂之何氏功臣不可。道光丁亥閏五月昭文張金吾書。

◎褚逢椿（1787～？），字錫庚，又字仙根，自號迂褚。長洲（今江蘇蘇州）人。諸生。生有異稟，六歲即能詩，年十一歲從師受《春秋公羊傳》，讀而好之。嘉慶五年（1800）就業於平江書院，與張紫琳、朱駿聲同學。道光二年（1822）佐吳慈鶴巢松學幕，一遊中州。道光八年（1828）旅寓金陵。生平可參張肇辰《迂褚傳》。著有《行素齋詩集》十卷、《行素齋文集》二卷、《行素齋文外集》一卷、《桐蔭叢話》二卷、《桐蔭筆談》四卷、《午月樓詞》一卷、《清籟閣集》一卷、《駢文》一卷、《詩》一卷、《試帖詩》一卷。

褚熙昌 春秋集解 佚

◎許瑤光修，吳仰賢等纂光緒四年《光緒嘉興府志》卷五十《列傳一・嘉興縣》：平時講求學術經濟，有《詩／春秋集解》《讀易偶得》《海防得失考》《西域雜說》《快綠軒詩文藁》。

◎褚熙昌，原名作模，字九衢。嘉興府嘉興縣（今浙江嘉興南湖區）人。道光元年（1821）舉人。道光二十四年（1844）挑授四川知縣，署雲陽。理鹽井，興書院，創團練，嚴緝捕。報最，補定遠，未履任卒。著有《讀易偶得》《詩集解》《春秋集解》《海防得失考》《西域雜說》《快綠軒詩文藁》。

褚寅亮 公羊釋例 三十卷 佚

◎張之洞《張文襄公全集》卷二○六《書目答問》:《公羊何氏釋例》十卷（劉逢祿，學海堂本。褚寅亮《公羊釋例》三十卷，未刊）。

◎趙爾巽《清史稿》列傳二百六十八《儒林》二：寅亮少以博雅名，心思精銳，於史書魯魚，一見便能訂其誤謬。中年覃精經術，一以注疏為歸。從事禮經幾三十年，墨守家法，專主鄭學。鄭氏《周禮／禮記》注，妄庸人群起嗤點之，獨《儀禮》為孤學，能發揮者固絕無，而謬加指摘者亦尚少。惟敖繼公《集說》，多巧竄經文，陰就己說。後儒苦經注難讀，喜其平易，無疵之者。萬斯大、沈彤於鄭注亦多所糾駁，至張爾岐、馬駧但粗為演繹，其於敖氏之似是而非，均未能正其失也。寅亮著《儀禮管見》三卷，於敖氏洞見其癥結，驅豁其雰霧。時公羊何氏學久無循習者，所謂五始、三科、九旨、七等、六輔、二類之義，不傳於世，惟武進莊存與默會其解，而寅亮能闡發之，撰《公羊釋例》三十篇，謂三傳惟公羊為漢學，孔子作《春秋》，本為後王制作，訾議公羊者，實違經旨。又因何劭公言禮有殷制，有時王之制，與周禮不同，作《周禮公羊異義》二卷，世稱為絕業。又長於算術，著《句股廣問》三卷，校正三統術衍刊本誤字甚多，其中月相求六扐之數句，六扐當作七扐；推閏餘所在加十得一句，加十當作加七：皆寅亮說也。著有《十三經筆記》十卷、《諸史筆記》八卷、《諸子筆記》二卷、《名家文集筆記》七卷藏於家。

◎錢思元《吳門補乘》續編卷十《藝文》：褚寅亮：《儀禮管見》十七卷。《儀禮答問》三卷（推闡鄭學，糾正敖君善氏《集說》之失）。《春秋公羊傳釋例》三十卷（以時月日為例，分門別類，悉本何邵公之說）。《周易一得》四卷。《四書自課錄補遺》二十卷。《周禮公羊異義》二卷。《穀經》一卷。《十三經筆記》十卷。《勾股三角術圖解》。《諸史筆記》八卷。《諸子筆記》二卷。《諸名家文集筆記》七卷。《雜記》四卷。《宗鄭山房古文》八卷。《四六賦》三卷。《古今體詩》十六卷（以上未刊）。重訂《朱子年譜》一卷（校正二李譜之誤。此書已刊。《正編》僅載經解，未紀書目）。

◎褚寅亮（1715～1790），字搢升，一字鶴侶，號宗鄭。長洲（今江蘇蘇州）人。乾隆十六年（1750）召試舉人。授內閣中書，官至刑部員外郎。乾隆四十六年（1750）以病告歸，主常州龍城書院八年。摯友錢大昕稱其於經學最深，持論最平。著有《公羊釋例》三十卷、《周禮公羊異義》三卷、《儀禮管見》

三卷、《十三經筆記》十卷、《諸史筆記》八卷、《諸子筆記》二卷、《名家文集筆記》七卷、《勾股廣問》三卷等。

褚寅亮 周禮公羊異義 三卷 佚

◎趙爾巽《清史稿》列傳二百六十八《儒林》二：寅亮少以博雅名，心思精銳，於史書魯魚，一見便能訂其誤謬。中年覃精經術，一以注疏為歸。從事禮經幾三十年，墨守家法，專主鄭學。鄭氏《周禮／禮記》注，妄庸人群起嗤點之，獨《儀禮》為孤學，能發揮者固絕無，而謬加指摘者亦尚少。惟敖繼公《集說》，多巧竄經文，陰就己說。後儒苦經注難讀，喜其平易，無疵之者。萬斯大、沈彤於鄭注亦多所糾駁，至張爾岐、馬駠但粗為演繹，其於敖氏之似是而非，均未能正其失也。寅亮著《儀禮管見》三卷，於敖氏洞見其癥結，驅豁其雰霧。時公羊何氏學久無循習者，所謂五始、三科、九旨、七等、六輔、二類之義，不傳於世，惟武進莊存與默會其解，而寅亮能闡發之，撰《公羊釋例》三十篇，謂三傳惟公羊為漢學，孔子作《春秋》，本為後王制作，訾議公羊者，實違經旨。又因何劭公言禮有殷制，有時王之制，與周禮不同，作《周禮公羊異義》二卷，世稱為絕業。又長於算術，著《句股廣問》三卷，校正三統術衍刊本誤字甚多，其中月相求六扐之數句，六扐當作七扐；推閏餘所在加十得一句，加十當作加七：皆寅亮說也。著有《十三經筆記》十卷、《諸史筆記》八卷、《諸子筆記》二卷、《名家文集筆記》七卷藏於家。

◎錢思元《吳門補乘》續編卷十《藝文》：褚寅亮：《儀禮管見》十七卷。《儀禮答問》三卷（推闡鄭學，糾正敖君善氏《集說》之失）。《春秋公羊傳釋例》三十卷（以時月日為例，分門別類，悉本何邵公之說）。《周易一得》四卷。《四書自課錄補遺》二十卷。《周禮公羊異義》二卷。《穀經》一卷。《十三經筆記》十卷。《勾股三角術圖解》。《諸史筆記》八卷。《諸子筆記》二卷。《諸名家文集筆記》七卷。《雜記》四卷。《宗鄭山房古文》八卷。《四六賦》三卷。《古今體詩》十六卷（以上未刊）。重訂《朱子年譜》一卷（校正二李譜之誤。此書已刊。《正編》僅載經解，未紀書目）。

◎錢泳《履園叢話》：（褚寅亮）著書甚豐，俱未刻。

◎王昶《湖海詩傳》：群經咸有論撰，其書尚存於家，惜未登剞劂，後學無由津逮耳。

淳于鴻恩 公羊方言疏箋 一卷 存

國圖、北大、南京、湖北、福建、北京師大、山東博物館藏光緒三十四年（1908）黃縣淳于氏金泉精舍刻君錫所著書之七本（張錫祚、丁世曦校）

中科院、山東博物館藏民國東方文化事業總委員會研究所抄本

四庫未收書輯刊影印東方文化事業總委員會研究所抄本

山東大學出版社 2011 年山東文獻集成第三輯影印山東省博物館藏光緒三十四年（1908）黃縣淳于氏金泉精舍刻君錫所著書之七本

◎公羊方言疏序：昔揚子雲采集先代絕言、異國殊語為《方言》十五卷，以齊曰東齊，又曰中齊，如垤中齊語也，頓愍猶中齊言眠眩也。中齊者，言齊語之通乎中夏也。觀《豳風》曰「鸛鳴于垤」、《書》曰「若蔡不瞑眩」，知不惟齊為然，則中齊語猶之中夏語。孟子所謂欲其子之齊語也，殆以此與？《春秋公羊傳》出於齊人，故多齊語。子雲未見先代猷軒之使所奏言，未盡收采。至何邵公《解詁》始發之，亦如鄭君之注《三禮》時引齊人言。蓋當時注解家自有此例，惜徐疏詳於條例略於詁訓，未盡闡明耳。吾鄉滖于明經穉鶴，博學強識，精力有過人者，去歲冬，出所著《公羊方言疏箋》見示，屬為校訂而序焉。予受而讀之，雖寥寥二十繙，而貫通經籍，折衷眾說，時下己意以發前人之所未發。中如腥頸漱浣廢置之屬，見於經傳者，類皆中夏之通語，而一一疏之，證其為齊人語。此固唐人疏不破注之例，亦即子雲所謂中齊語矣。詳徐疏之所略，補《方言》之所遺。而登來為得、及者累也、僂者疾也，凡先代絕語之僅存於今者，亦皆歷歷可徵已。校既畢，因推子雲中齊之說而為之序，以還質之同志。光緒二十八年春三月，同里張庭詩拜序。

◎公羊方言疏箋後敘：王伯厚《困學紀聞》曰：「公羊子齊人，其傳《春秋》多齊言。如登來、化我、樵之、漱浣、筍將、踴為、詐戰、往黨、往殆、于諸、累、悢、如、眆、棓、腌之類是也。」然有魯人語焉，有宋魯之間語焉，有關東冀北語焉，雜見於僖公、成公諸傳，而與齊語並著於簡冊之中，可知公羊子雖齊人，而其傳亦不盡齊言矣。鴻恩昔讀《公羊》，見《方言》詳於《解詁》者，筆記而疏通之，都為一卷，題曰《公羊方言疏證》。客歲孟冬，就正於同里張二南先生。先生為之校定序之，易以今名，取鄭君箋詩毛義若隱畧則更表明之義也。因仿阮文達公《校勘記》錄同時諸公校議之例，而兼采先生說焉。他如桓公五年傳「若楚王之妻媦」，《說文》女部以媦為楚言；莊公三十五年傳「蓋以操之為已蹙矣」，《考工記注》以戚為齊言（《公羊》作蹙，鄭注引作

戚）；僖公十六年傳「曷為先言霣而後言石？霣石記聞，聞其磌然」，《說文》雨部以霣為齊言之屬，非惟為王氏所未舉，抑且為《解詁》所未詳也。擬暇日再為搜輯，別勒一編云。光緒二十八年夏四月，淄于鴻恩識。

◎孫殿起《販書偶記》卷二：《公羊方言箋疏》一卷，黃縣淳于鴻恩撰。光緒間濟南刊。

◎淳于鴻恩，字君錫，號稺鶴。山東黃縣人。師從丁鳳池。與陳介祺、丁樹禎為學問交。光緒二十八年（1902）舉人。曾任山東通志館分纂、京師名譽經理員、京師大學堂經科教員、山東省首屆議會議員。精金石文字之學。著有《公羊方言箋疏》一卷、《釋人疏證》一卷、《漢碑引經異文考》八卷、《稺鶴題識金石拓本》、《金石拓片》、《漢碑通經姓氏表》等。

崔理國 春秋心典 六卷 佚

◎光緒《湖南通志》卷二百四十六《藝文志》二：《春秋心典》，寧鄉崔理國撰（《縣志》）。

◎崔理國，字燮叔。湖南寧鄉人。著有《春秋心典》六卷、《讀史紀略》六十卷、《歷代叢書選盛》八十卷。

崔騏 春秋世系 四卷

◎民國《宿松縣志》卷三十二上《藝文志》一：《春秋世系攷》，田浚著。杜預《春秋釋例》內有《世族譜》，清儒陳厚耀因撰《春秋世族譜》一書以廣之。顧棟高復作《春秋大事表》附《世系》一門。而近人太平崔騏亦撰《春秋世系》四卷。諸書皆互有詳略，出入殊同。浚為攷訂杜、顧諸儒之書而作。是編與騏書蓋可相輔而行，《通志》乃但著錄騏書，是亦陳書者之偶漏也。

◎崔騏，安徽太平（今黃山市黃山區）人。著有《春秋世系》四卷。

崔適 春秋復始 三十八卷 存

國圖、北大、上海、復旦、中央民族大學藏 1918 年北京大學出版部鉛印本
清經解三編本
續修四庫全書影印 1918 年北京大學出版部鉛印本
齊魯書社 2011 年清經解三編影印 1918 年北京大學出版部鉛印本
◎各卷卷末附訂誤。
◎是書專闡《公羊》之學。

　　◎目錄：卷一序證：《公羊傳》應當正名為《春秋傳》、穀梁氏亦古文學、左丘明不傳《春秋》、以《春秋》為《春秋》。卷二至卷八始末類：卷二五霸篇；卷三讓國篇；卷四賢賢篇；卷五諸侯篇上；卷六諸侯篇下；卷七夫人篇；卷八內女篇。卷九至卷三十六比例類：卷九法文王、黜杞、故宋、新周、王魯、來朝、來、來會、來聘、公如、大夫如；卷十會、殊會、離會、離至、如會後會、遇、弗遇；卷十一盟、殊盟、來盟、莅盟、尋盟、弗及盟、胥命；卷十二侵、伐；卷十三偏戰日、詐戰月、敗變文；卷十四客主、復讎；卷十五伯討、非伯討、獲、用之；卷十六救、次、還、潰、叛、戍、城、遷、圍；卷十七入、取、歸；卷十八滅國五十二更正顏師古注漢書劉向傳之誤；卷十九天王崩葬、來求、公夫人薨葬、來賵、來錫命、來會葬、來奔喪、來歸脤；卷二十大國諸侯卒日葬月、不葬；卷二十一小國諸侯於所傳聞世不卒褒之則卒，小國諸侯於所聞世始卒者卒月葬時非始卒者卒日葬時與所見世同極於哀公卒日葬月，吳楚之君不書葬；卷二十二君弒賊不討不書葬、未成君卒不地不書葬、君弒賊不討書葬、君弒賊討書葬、繼弒君不言即位、弒君言即位、弒書卒、加弒、弒未踰年君稱君之子、弒未踰年君稱君、弒脅立之君稱公子、殺宜為君者稱子；卷二十三稱人以弒、稱國以弒、稱盜以弒、稱閽以弒、弒其君及其大夫、弒君三十六、更正顏師古注漢書劉向傳之誤；卷二十四所傳聞世大夫卒有罪無罪皆不日、所聞世大夫卒無罪者日有罪者不日、所見世大夫卒有罪無罪者皆日、外大夫卒、稱國殺大夫、殺大夫不名、殺世子母弟、殺公子、大夫相殺、盜殺不言其大夫、殺非其大夫；卷二十五天王出、諸侯出奔、大夫出奔、放其大夫；卷二十六歸、復歸、復入、入納立皆篡辭、不言出入、入難辭、當國；卷二十七譎、諸侯叛王、晉伐天子、譏世卿、大夫無遂事、大夫為政、譏父老子代從政；卷二十八大之大其、疾始託始、一事再見前目後凡、一事再見卒名；卷二十九王稱天王天子、王去天、天子三公稱公、天子上大夫稱五十字、天子中大夫稱二十字、天子下大夫繫官氏名且子、天子大夫變文、天子大夫稱名、王子弟、諸侯同母弟、天子上士以名氏通、天子中士以官錄、天子下士略稱人、諸夏微稱人、貶稱人、眾稱人、稱國夷狄之；卷三十諸侯生名、諸侯奪爵稱名、諸侯奪爵稱字、諸侯失爵稱字、諸侯黜爵稱氏、諸侯大夫稱字、諸侯大夫不氏、譏二名、小國無大夫、夷狄稱州、夷狄稱國、夷狄稱氏、夷狄稱人、稱字、夷狄稱子；卷三十一婚禮、兄弟為後；卷三十二喪禮、祭禮上；卷三十三祭禮下、廟室、宮寢；卷三十四賦稅、戎政、月日變例；卷三十五災異上；卷三十六災異下。卷三十

七箴何：雜引讖緯；卷三十八外篇：鑿空、誤析一事為二事、互體。

　　◎摘錄卷三十七《箴何》卷首：案何君注《春秋》，出自胡毋生《條例》，本於七十子之遺說。范書又稱其覃思不闚門十有七年，此經注之最深造有得者也。其所失者雜引讖緯乎？緯書乃古文之支流，圖讖其尤妖妄者，創自劉歆以媚莽。賈逵之徒，即假之以諂漢。自光武以赤伏符即尊位，因重讖緯。至明帝永平中，賈逵上言：「《左氏》與圖讖合，五經家皆言顓頊代皇帝而堯不得為火德，《左氏》以為少昊代黃帝，即圖讖所謂帝宣也。如令堯不得為火，則漢不得為赤（案夏尚黑、殷尚白、周尚赤，自緣三正，不關五德。說詳《史記》。探原序證終始五德章。不然，謂堯火舜土夏金殷水周木，則夏不得尚黑、殷不得尚白、周不得尚赤。且周既尚赤，漢復為赤帝子，則凡謂漢代周者，不又為火代火乎，亦豈五德代興之義耶），其所發明，補益甚多。」書奏，帝嘉之，令逵自選《公羊》嚴、顏諸生高才者二十人，教以《左氏》。然則《左氏》以合圖讖見重於世主，且令《公羊》學家高才生改習《左氏》矣。何君乃亦引讖緯注《公羊》以抵制之，此亦不得已之苦心，然於經旨則誣矣。刺取之以為《箴何篇》（所引緯書，凡言禮制而不背於今文經者，不在此例。如僖三十一年注云：「禮：祭天，牲角繭栗；社稷、宗廟角握；六宗、五嶽、四瀆，角尺；其餘山川視卿大夫」、又二年注云：「禘所以異於祫者，功臣皆祭也」，此類是也）。

　　◎摘錄卷三十八《外篇》卷首：案《左氏》之言，於《春秋》無所繫屬，而與先秦古書相刺謬，或自相矛盾者，條舉之為《外篇》。

　　◎孫殿起《販書偶記》卷二：《春秋復始》三十八卷，吳興崔適撰。民國七年北京大學鉛字排印本。

　　◎上海古籍出版社 2015 年《續修四庫全書總目提要・春秋類》「《春秋復始》三十八卷」：崔氏之學，承《新學偽經考》而來，蓋專辨劉歆之偽竄事。民國三年（1914），至北京大學任教，教授「春秋公羊學」，《春秋復始》則其講義也。是書嚴守《公羊》壁壘，而排詆《左氏》與《穀梁》。內容分為五部：卷一《序證》，謂《公羊傳》雖似簡略，實去取頗有斟酌，乃真傳《春秋》者，故當正其名曰《春秋傳》；左丘明乃三家分晉後人，博採異聞，不擇信否而雜錄之，真口說流行者也，其後劉歆「以為事實既不相同，義理更可立異，而復雜取傳記，附以臆說，偽造《左》、《穀》二傳，藉以破壞《春秋》，為莽飾非，為己文過之詭計」；又以《穀梁》為古文，亦出於劉歆之偽，而為《左氏》驅除。卷二至卷八為始末類，乃集一人行狀者，故有《五霸》、《讓國》、《賢賢》、

《諸侯》、《夫人》、《內女》諸篇。卷九至卷三十六為比例類，乃敘全經之體例，蓋舉經傳之文，各歸其類，以證明之。卷三十七為《箴何》，謂何休注《春秋》出於胡毋生《條例》，本七十子遺說，然引讖緯以抵制《左氏》，雖出於不得已之苦心，而於經旨則誣，故刺取之以為《箴何》篇。卷三十八為《外篇》，乃論《左傳》之失有三：曰鑿空，曰誤析一事為二事，曰互體。清代今文學之辨偽，始於劉逢祿攻劉歆之竄亂《左氏》，而龔自珍、魏源繼其後，至廖平、康有為則集諸家大成，而竟斥劉歆遍偽群書，至其最後完成者，實為崔適。故梁啟超稱其「皆引申（康）有為之說，益加精密，今文派之後勁也」，黎錦熙則稱其為公羊學派最後之殿軍。此本據上海辭書出版社圖書館藏民國七年北京大學鉛印本影印。（曾亦）

◎崔適（1852～1924），字懷瑾，一字觶甫，別號觶廬。浙江吳興（今湖州吳興區）人。初受學於俞樾，後專治今文經學。曾任教於北京大學。著有《春秋復始》三十八卷、《論語足徵記》二卷、《五經釋要》十八卷、《四禘通釋》三卷、《史記探源》八卷。

崔述 春秋類編 四卷 佚

◎劉師培《崔述傳》：其所著書，有《考古提要》二卷、《上古考信錄》二卷、《唐虞考信錄》四卷、《夏／商考信錄》各二卷、《豐鎬考信錄》八卷《別錄》三卷、《洙泗考信錄》四卷《餘錄》三卷、《孟子事實錄》二卷、《考古續說》二卷附錄二卷，是為《崔氏考信錄》。其與《考信錄》相輔者，別有《王政三大典考》三卷、《讀風偶識》四卷、《尚書辨偽》二卷、《論語餘說》一卷、《讀經餘論》二卷、《五服異同匯考》三卷、《易卦圖說》一卷、《與翼錄》十二卷，惟《春秋類編》四卷未成。

◎崔述（1740～1816），字武承，號東壁。直隸大名府人。幼承父元森治朱子之學，年十四即泛覽群書，里人驚為奇才。乾隆二十七年（1763）舉於鄉，嘉慶時授福建羅源縣知縣，旋調署上杭縣，繼復反任羅源。嘉慶六年（1801）老病乞休。既歸，往來河北，以著述自娛。著有《崔氏考信錄》（括《考古提要》二卷、《上古考信錄》二卷、《唐虞考信錄》四卷、《夏商考信錄》各二卷、《豐鎬考信錄》八卷《別錄》三卷、《洙泗考信錄》四卷《餘錄》三卷、《孟子事實錄》二卷、《考古續說》二卷附錄二卷）、《王政三大典考》三卷、《讀風偶識》四卷、《尚書辨偽》二卷、《論語餘說》一卷、《讀經餘論》二卷、《五服異同匯考》三卷、《易卦圖說》一卷、《與翼錄》十二卷、《春秋類編》四卷。

D

戴籍基 左國訂訛 佚

◎道光《徽州府志》卷十一之四《人物志·文苑》：所著多散佚，其存而待梓者有《龍經雜攷》《左國訂訛》若干卷（道光《續婺源縣志》）。

◎汪正元、吳鶚光緒《婺源縣志》卷二十五《人物志·文苑》：每一稿出，爭奉為指南。多散佚，其存而待梓者，有《蓜經雜攷》《左國訂訛》若干卷。

◎汪正元、吳鶚光緒《婺源縣志》卷五十五《藝文志·典籍》：戴集著（《蓜經雜考》《左國訂訛》）。

◎戴籍基，字魯瞻，號繼堂。婺源（今江西婺源）人。受業王晉亭之門，通經史，尤精於《毛詩》《左氏》。乾隆四十八年（1783）登賢書，館於永川俞氏，與校江永《禮書綱目》。著有《蓜經雜考》《左國訂訛》《龍經雜考》。

戴齡 麟經解略 四卷 佚

◎民國《懷寧縣志》卷十九《文苑》：憤俗學治經但取舉業，因輯儒先傳說，附辨論焉。有《周易辨占集解》六卷、《麟經解略》四卷。

◎戴齡，字鶴年。安徽懷寧人。諸生。勤苦嗜學，泛覽諸子百家。一室丹鉛，終老不輟。著有《周易辨占集解》六卷、《麟經解略》四卷。

戴倫煥 讀左必紀初編 三卷 存

同治十二年（1873）戴氏木活字印巾箱本

戴倫煥 讀左必紀次編 三卷 存

湖北藏同治十二年（1873）戴氏木活字印巾箱本
湖北藏同治十二年（1873）戴氏木活字印巾箱本（二卷）

戴清 春秋三傳釋地 不分卷 存

咸豐元年（1851）儀徵劉文淇刻戴靜齋先生遺書本
國圖藏清抄本（阮亨跋）
◎卷首題：《春秋三傳釋地》，儀徵戴清（本名敬避）。
◎劉文淇《青溪舊屋文集》卷八《戴靜齋先生傳》：先生姓戴氏，原名避玄宗朝廟諱改名清，字靜齋。其先世為安徽人，祖父始遷揚州。先生天資穎異，自出就外傅，性耽典籍，凡有關實學者，勤加採錄，異同疑似，尤所究心。著《四書典故考辨》十二卷，自序云：「漢人談經最詳典故，宋大儒視典故為粗跡空疏者未必不有所藉口。我朝文教覃敷名儒輩出，即四子書，考據者不下數十家。流覽之下，勤加採錄。垂二十載，得千有餘條。列《孔孟年譜》及其《弟子考》于卷首，尊古聖也；餘分十二卷。顏之曰《四書典故考辨》。為朱子諍臣，不為朱子諛臣。實事求是，前人固已言之矣。」其解《論語》「拜下」云：「臣之見君當拜下者，覲禮九、聘禮四、燕禮十二、射禮四、公食大夫禮六，凡此五禮，皆所謂禮也。邢疏引燕禮酬賓及覲禮賜車服二事證之，未備。」其解《孟子》「不挾兄弟而友」云：「江氏永云古人以婚姻為兄弟，『挾兄弟而友』與『挾故而問』相似。余謂《爾雅・釋親》云婦之黨為婚兄弟、壻之黨為姻兄弟，僖二十五《公羊傳》注云：宋魯之間名結婚姻為兄弟。此江說所本，當從之。」所論皆確不可易，而最精者尤在地理。如孔子之去魯至衛去宋至陳、孟子之自鄒至梁去齊至滕，以及太師之適齊、亞飯三飯四飯之適楚適蔡適秦、大王之踰梁居岐、晉人之由虞伐虢，莫不核其遠近計其險夷，凡正路岐路之殊、陸行水行之別，皆一一書其古地，證以今名，犁然若聚米畫沙，俾閱者瞭如指掌，真有功經義之作也。又著《羣經釋地》十卷，自序云：「歷來注經者於地理一門不無疏脫，昌黎云：『土地之書，未嘗一得其門戶。』且謂古之人未有不通此而為大賢君子，方欲退而往學，予敢矜言此哉？況乎儒者足跡不能徧天下，徒抱遺編相爭竸，一有訛錯，村夫豎子皆得指而議之，此注地理尤難也。然拳拳之心莫能自已，爰取向所錄存者，細心辨析，是者仍之，誤者正之，缺者補之，間出己意參訂，均釋以今日地名，成《書經》《詩經》《周禮》《禮記》

各一卷、《春秋三傳》三卷、《爾雅》《論語》《孟子》各一卷，他經附見，顏曰《羣經釋地》，從《爾雅》舊名，亦就閻百詩先生《四書釋地》推廣之耳。」其解《豳風》「東山」云：「《史記・吳起列傳》殷紂之國，左太行，右孟門，河北諸山以太行為大，秦漢以來謂山東山西者皆指太行山。周師自西而東，故曰東山。」其解《明堂位》「鬼侯」云：「孔疏《周本紀》作九侯，九與鬼聲相近。徐廣《史記注》云：『鄴縣有鬼侯城』，案鄴縣故城在今臨漳縣西四十里，《集說》以為鬼方，非也。」其解襄三十年傳「成愆奔平畤」云：「杜注：周邑。按《說文》：『畤，天地五帝所基址祭地。』此邑必近周郊，祭天處當在洛陽縣境。」其解哀九年傳「吳城邗，溝通江淮」云：「杜注：『於邗江築城穿溝』，按閻若璩云：『夫差穿溝，疑為今儀徵舊江口，正漢江都境，城亦在大江濱。」其解《釋山》「獨者蜀」云：「案揚州城北有蜀岡，蓋取其一山獨矗也。」全書之考稽精審，類此者甚多。此外尚有《雙樹草堂古今體詩》八卷、《古文》二卷、《駢體文》二卷、《經史管見》四卷、《史記／說苑／新序正誤》各一卷、《韻辨》三卷、《左氏兵法集證》二卷，惜多散佚不傳。先生弱冠補儀徵縣附學生，屢試高等，食廩餼。以嘉慶癸酉歲貢生，在籍候選訓導。道光丁亥年卒，年六十六。子文超、文起、文越。余應童試時，先生為認保，余以師禮事之，先生顧折節下交，凡所著書，屬余校定。偶有諍議，先生必改而從之。余每慫恿付梓，顧以家貧力不能刻。今墓木已拱，文超等寶藏其書，余故詳述先生著書大指，俾後之人有所考見焉。

◎戴清（1762～1827），原名寧，避道光諱改名清，字靜齋。其先世為安徽休寧人，祖父始遷揚州儀徵。嘉慶歲貢生，候選訓導。性耽典籍，異同疑似尤所究心。精考辨。著有《春秋三傳釋地》不分卷、《左氏兵法集證》二卷、《四書典故考辨》十二卷、《羣經釋地》十卷、《經史管見》四卷、《韻辨》三卷、《史記正誤》一卷、《說苑正誤》一卷、《新序正誤》一卷、《雙樹草堂古今體詩》八卷、《雙樹草堂古文》二卷、《雙樹草堂駢體文》二卷。

戴清 左氏兵法集證 二卷 佚

◎劉文淇《青溪舊屋文集》卷八《戴靜齋先生傳》：此外尚有《雙樹草堂古今體詩》八卷、《古文》二卷、《駢體文》二卷、《經史管見》四卷、《史記／說苑／新序正誤》各一卷、《韻辨》三卷、《左氏兵法集證》二卷，惜多散佚不傳。

◎同治《續纂揚州府志》卷十三《人物志》五：著有《羣經釋地》十卷、《雙樹草堂古今體詩》八卷、《古文》二卷、《駢體文》二卷、《經史管見》四卷、《史記／說苑／新序正誤》各一卷、《韻辨》二卷、《左氏兵法集證》二卷。

◎同治《續纂揚州府志》卷二十二《藝文志》上：《左氏兵法集證》二卷（戴清撰）。

戴士穎 公羊通誼 未見

◎尋霖、龔篤清編《湘人著述表》著錄。

◎戴士穎（1887～1934），字韻珂。湖南益陽人。籌辦大麓中學及含光女子中學。後任湖南大學教授。著有《公羊通誼》、《諸子講義》、《莊子天下篇注釋》、《莊子齊物論注釋》。

戴世泰 隸左句鑴 一卷 存

湖北藏清世義堂刻本

◎戴世泰（1733～1811），字彙征，號萍村。先世吳興，後遷湖南常德。戴文熾長子。監生。著有《隸左句鑴》一卷。

戴文光 春秋左傳標釋 三十卷 存

國圖、金陵圖書館藏天啟五年（1625）戴文光必有齋自刻本

線裝書局 2020 年何俊主編左傳評注文獻輯刊影印天啟五年（1625）戴文光必有齋自刻本

◎序：傳《春秋》者五家，而莫良於左氏，所稱素臣者也。然自子長氏屬《國語》於丘明，而學士家或謂左氏出於子夏之門人，凡董狐、倚相、東里諸君子之所記述咸萃焉，故其辭萉、其事核、其誼正，其曰《左氏》，以左史記事而名也。說乃近於矧，然自漢以前未列於《詩》《書》，故獲免於秦火。至張蒼始習讀焉，而賈太傅為之訓詁，趙人貫公、京兆尹張敞、蕭傅望之、黎陽賈護皆善言之。乃左氏既以記事為書，故記其事不晰其義，遂終西京世不能與《公》《穀》垺。劉歆典校正定，欲建於國學，而諸儒莫有應者。建武中，尚書令韓歆請立而未行，魏郡李封拜博士而旋罷。迨永明中，詔能為《左氏》者，擢高第為講郎，賈逵、服虔竝為訓解。至魏晉始盛，杜預為《集解》，專行服義，而《左氏》乃大昌。然則書之顯晦亦自有時矣哉！明興，以《春秋》取士，宗胡以為斷，據左以為案。《左氏》遂與六經並列，然亦僅資為帖

括。其上者摹說其文詞耳，而覃思其精意者蓋寡。經生戴文光囧得、張我城德仲相與研窮有年，苦心殫慮，評閱攷定，參百家之長，標獨得之識，字櫛句比，洞目醒心，而又繫其姓氏，使人一展卷而犁然燦然。蓋與穎容之《條例》、沈宏之《五辨》、賈逵之《朱墨列》、服氏《釋痾》、王述《辨證》、麋信《理漢義》竝稱《春秋》羽翼矣。夫自經學不明，而操觚者無根，濟世者無術，即窮經而不知《春秋》，細無以辨寢能、庭隼、車骨、亥身之奇，鉅無以定北闕之惑、辨常陰之驗、建采樵曳柴之勳，《左氏》之學，其可一日弗講乎哉？左氏為尼父素臣，而兩君為左氏功臣，抑豈直功於左氏乎？！鼓吹聖經，修明大業，編摩策命爰書，以佐素王之誅賞，亦藝苑中一鉅典大觀矣。藥園逸史文震孟謹簒。

◎原起：《春秋》之有《左傳》，如羲文之周孔、二典之三謨，親承意旨，俯仰都俞，相也。二十二史之于《左傳》，如十三經之《周易》、諸子之李陽，手攬玄黃，分擗象緯，王也。然自定、哀絕筆，歷年二千，而史王司馬、經相康侯，于《左傳》直弁髦之。弁髦有三加之尊，彈指棄去，不得與尺幅寸縷同旦暮之用。說者曰：「其書近誣。終漢之盛，不列學官。子駿表章于居攝之交，元凱集解于篡奪之日。六朝以還，體尚組織，八家嗣起，勢衍平夷，明知其尊而莫能用也。」然與？非也！其弗克王于史也，編年之法破壞而為紀傳、世家也；其弗克相于經也，存案之神，穿鑿而為深文峻例也。編年壞故王司馬，穿鑿勝乃相康侯，要亦運會使然。人之才力日微聰明日削，長篇局為短幅，多識怯于褊心。自漢且然，況其後來者乎？尊經肇自漢武，盛于趙宋，滙于本朝。漢去古未遠，聰明才力，英挺特甚。業有推戴《公》《穀》、排抑《左氏》者。綿緜弱宋，固宜擁文定為經史之中權也。本朝制義，原祖英雄入彀之意，漸使孟賁摯手、騏驥維足。苟臆度之私，巧于字句，便覺新奇可喜。故四傳駢行，而趨侯步的、夢寐所注者，全在文定。幸得一第，亦筌蹄唾去。間有力追秦漢，為北地、為歷下、為弇州，非不津津內外兩傳，而神之所至，稍躡影龍門，便心枯腎竭，不能復登一武。雖氣運使然，而窮恨子長之作俑，破編年為紀傳、世家也。編年破，人不習為編年；紀傳成，人競學為紀傳。驅易盡之才，鶩徑狹之路，畸重之勢，遂不可返。歷年二千，而僅僅以篤論之君實、庸庸之李燾，箕裘我素臣。向也無子，豈其獲祀？蓋人之才力，筆短易于見長，筆長易于露短。人之聰明，讀少，美惡以易竟而了然；讀多，甘苦以蔓延而莫辨。《史記》之近于編年為世家，世家之長篇為

晉趙，多不盈萬字，而集中之精鑿奇險妙絕千古者，不在焉。此雖專門子長，不能為掩短也。且子長之妙絕千古、鼻祖史家，固自昭回日月、流峙山川，而不必以薄蝕藪疾為之諱也。故知一傳盡一人之事，其智謀勇決不過三四十年。數年綜一事之棨，其成敗瑕瑜不過一二十則。經緯易分，關鍵易緊，繪畫易密，跌頓易超，演為世家，技五而窮，何況羅二百四十二年為一首尾、綜七十二朝以誌隆汙。此非于憲章文武、夢寐周公之精神，息析相承，豈能搆其規模？而非心淹六籍、目窮丘索，亦何以供其揮灑乎！夫孔子作經，始于魯隱，卒于獲麟，說者以為《詩》亡迹續，瑞感文成，然與？而未盡也。十二君者，紀一周也；二百四十年者，列六氣也；餘二正者，再奇閏也。自隱迄莊，王綱雖息，侯度未夷。蘖芽于鄭莊，事柄未歸列國，其人尚禮，其象為春。自莊末至宣初，五伯迭興，征伐會同，兵車玉帛之盛，遠擬塗山，近媲洛汭，其人尚大，其象為夏。自宣迄昭，三家柄魯，八卿司晉，四族擅齊，戴桓七穆之胤，用宋鄭蒍鬭尹楚，賄賂公行，私藏日富，收斂肅殺，不復寬弘，其人近利，其象為秋。自昭初至哀季，世族剝落，陪貳蕃廡，君臣父子兄弟僚友之間，機械精熟，轉相欺絀，以至于盡，其人尚險，其象為冬。即有不然，亦如麥秋之寒、小春之暄，不終朝日。左氏深領此意，繪泉有聲，圖花得馥，三體五情，如百卉爭妍以獻春，千林黃落以呈秋。他為片言隻字，亦如盆花砌卉，一葩一葉，而二老布氣、六子代終之義，未嘗不灼灼也。故以奇閏節六氣，六氣宣四時，四時周一歲，而元會運世，燎如指掌。知來者逆，或不能；數往者順，莫吾猶人矣。大約左氏之妙，不出五種。而五德終始，各得其一。以帝旺一時，而作則千古，其尖峯譎浪，轂轉雲流，硎為短長，餘為《呂覽》《韓傳》之屬。其長江巨河，吞山囓島，決為子長，餘為賈誼、枚乘、東方之屬。其修竹茂林、深汀曲渚，鬯為班掾，餘為范曄、荀悅之屬。其野曠原平、山明水秀，衍為陳壽，餘為裴松、孫楚之屬。其柳眠花嚲、女豔男妖，飾為《晉紀》，餘為《世說》《虞初》之屬。後有作者，如韓之逸宕、柳之簡潔、歐之和雅、曾之醇質、王之雄峻、三蘇之押闔縱橫，鮮敷韶令，不過優孟、叔敖，轉相疑似，略示變通，任爾拔地沖霄之志，弗能越也。自冀莢謝靈、葭灰候氣，千萬歲之規藏于一歲，秖可絲絲而測圭，豈得冥冥而布算耶？假使子長不破編年為紀傳，而收七國楚漢之書以續《春秋》，將班、荀之徒皆禰子長而祖左氏，盡驅古今良史，悉力于編年，敘事當補腋成裘，議論亦釀花為蜜，即風會日移，而體裁不失，何至以一《通鑑》、一《長編》敵彼二十

家之浩衍乎？今使文心所趨，日以誌傳碑狀相高，而名不配德、位不顯學者，同于丁儀之不堪作傳。無限忠賢節孝，反于稗官程史收之。至奏疏盈篇，截之無刃、鎔之無冶，遂有無史之歎。能禁予不飲恨于子長而痛編年之破壞也？編年不熟，而承乘無案，牽證無斷，不得不爭巧於字句。寬則微瑕點璧，濫則虎服飾狐，經史遂成合病。予童治《易》而意在《春秋》，初有丹鉛，亡之水東。繼在古娶，締為定本。標因于人者十之三，釋因于人者十之七。名物則文獻可徵，而肯綮或神明獨契也。然恐師心成癖，每冀一專經者政之。踰十年而始遇德仲兄為我參訂，標存余十之七，釋存余十之三。審格則虛見可辦，稽疑非攷異不確也。嗟乎！當漢之盛，經止《公》《穀》作仇，史無子長分壘，且若滅若沒。今何如哉？自漢迄元，皆子長之曾玄也。越三年而一進賢，皆康侯之百執事也。乃吾兩人倡曰：子長，支庶也，禘所自出，宜尊也；康侯，鄉遂也，讞所自定，宜卜也。多見其不自量也。雖然，俟之歷年，烏知無再兩人者，以予為知言哉！皇明天啟乙丑初夏，後學戴文光囧得父謹序。

◎凡例：

О標，表式也，建樹以便識記也，凡十則：

一、分品凡四，始于汪司馬，然有節文，無全本，且翻刻移置，久非本來面目矣。今按初本而稍為參酌，廣為引伸，凡百字以外者，皆定以品。

一、經文高傳文一字，諸本皆然。今刻反之，非尊傳而卑經也。經，題也；傳，文也。例之制義可見。

一、諸本傳文分屬一年者，皆連綿接續，別以一о，殊不便讀翫。今皆每事另起一行。

一、舊本無經有傳者，皆標附字於首。今仍如舊。

一、分經析屬，始于元凱。多有事在本年之春而張本一二語在上年之冬者，今移置本年春正月之前。若長文成篇，仍存如舊。

一、長篇之中，敘事多至數十節，而起伏關照，勢如率然；議論多至數十轉，而呼應聯絡，會于一氣。然起伏之妙愈為分截愈見其精，呼應之快愈為界畫愈見其妙。故大段用全乚、小段用以乚節之。

一、每篇佳處，有不餘一字之空，似接後傳者，用空乚以節之。

一、每篇之中，敘事議論，雲蒸霞變，而必有一主意以為把握，標以雙◎；其關節緊要，為篇中眼目者，標以空◓；其議論精奇事蹟正大者，標以單○；其行文流利句調雋美者，標以單◣；至字法奇衭，名物古異者，標以實●。

一、史列廿二，文貴八家。至本朝崆峒、滄溟諸老，又務為頡班頏馬、淩韓礫蘇矣。今標其近似者曰某祖此篇、某法此句。或擬非其倫，亦任吾管窺而已。

一、傳文之妙，讚不容口。間有直書原文，不類左公者，稍置雌黃，大約得之孫司馬為多。

O 釋，訓詁也，詮解以便淹通也，凡七則：

一、元凱滙長諸子，唐翁曲至文飾。後學乞靈，莫敢廢也。但句櫛字比，讀者未便。今為簡練，列之書顏。間有寸幅不容，盡之篇尾，使全文璧合，不復瓜分，亦快事也。

一、本朝名家多矣！檇李黃本，繁約近人。其能翻案前修，廣搜證誤者，陸給事粲、傅廣文遜為最著。今多採入。它有得自見聞，補所未備，天下之善，歸之統同，何分爾我，不列姓名。

一、帝王世系、列國廢興，秪存切要，不務誇多。

一、姓氏人名食邑，有敘一事而二三易者，有前後互見迥然不同者。國初馮繼元翃為《名號歸一圖》，轉相增飾，終有訛漏。德仲考繹精研，隨口信答，百不失一，況數易稿，諒無遺憾。

一、世卿持國，至聖發祥。非圖不明，仍存《左翼》所定。

一、東坡《指掌圖》，各本有之。但自宋迄明地志不合，仍舊不安。稽時未核，姑用闕疑，以俟博雅。

一、音義始于德明，翻切未諧《篇》《韻》。今悉攷正，不用直音。

已上發凡，或自臆私，或參飽飣，用竭涓埃，少益高深，秖深慚悚。必有齋識。

◎世表凡例：

一、帝王封國世系，本舊刻諸國興廢說刪繁補遺，畧備始末，另刻卷首。其宿、莒、向、極諸國興廢世系無攷者不錄。

一、國次先後照大全二十國年表，國自為紀。餘諸小國見經傳者，總附于後，每國必以○別之。

一、國君名謚無攷者不備錄（如隱公十一年滕侯、薛侯之類）。

一、君大夫名字氏謚官邑互見者，俱雙行分註于下，每空一字以便觀覽。

一、經傳旁引君大夫，○以別之，附於諸國之末。若世次傳文自明者不錄（如堯、舜、皋、夔、文、武、周、召、八元、八愷、后羿之類）。

一、經傳旁引小國，低一字附于二十國之後。

一、外夷見經傳者，低二字附于旁引小國之後。

一、表照十二分斷，以便查攷。獲麟以後附傳，亦另自為錄。

一、姓氏有相同者，細標于上。

一、世次有圖，照烏程王子省本編入。

古吳張我城德仲父識。

◎春秋左傳卷目：凡例、原序、世系、世次圖、姓氏表。一卷隱公全（元年至十一年）。二卷桓公全（元年至十八年）。三卷莊公全（元年至三十二年）。四卷閔公全（元年至七年）。五卷僖公一（元年至十一年）。六卷僖公二（十二年至二十五年）。七卷僖公三（二十六年至三十三年）。八卷文公一（元年至十一年）。九卷文公二（十二年至十六年）。十卷宣公一（元年至十一年）。十一卷宣公二（十二年至十八年）。十二卷成公一（元年至十年）。十三卷成公二（十一年至十八年）。十四卷襄公一（元年至九年）。十五卷襄公二（十年至十四年）。十六卷襄公三（十五年至二十一年）。十七卷襄公四（二十二年至二十五年）。十八卷襄公五（二十六年至二十八年）。十九卷襄公六（二十九年至三十一年）。二十卷昭公一（元年至三年）。二十一卷昭公二（四年至七年）。二十二卷昭公三（八年至十三年）。二十三卷昭公四（十四年至二十年）。二十四卷昭公五（二十一年至二十五年）。二十五卷昭公六（二十六年至三十二年）。二十六卷定公一（元年至七年）。二十七卷定公二（八年至十五年）。二十八卷哀公一（元年至八年）。二十九卷哀公二（九年至十三年）。三十卷哀公三（十四年至二十七年）。

◎摘錄「春秋左傳姓氏」末：《左傳》名號不一，或名、或字、或伯仲、或謚氏、或封爵，問答互見，稱謂錯出，讀者苦其疑似。吾友馮仲先兄，創為《世表》，彙集異名于一人之下，使開卷瞭然。間有未備，不揣愚蒙，採輯補訂，以便稽覽。季春朔日，古吳後學張我城謹識。

戴元侃 麟經辨疑 佚

◎道光《徽州府志》卷十一之三《人物志‧儒林續編》：著《大易奧義》《麟經辨疑》二書。

◎道光《徽州府志》卷十五《藝文志》：《麟經辨疑》。

◎汪正元、吳鶚光緒《婺源縣志》卷二十四《人物志‧學林》：尤邃於《易》《春秋》，所著有《大易奧義》《麟經辨疑》二書，貧不克梓。

◎汪正元、吳鶚光緒《婺源縣志》卷五十五《藝文志・典籍》：戴元侃著（《大易奧義》《麟經辨疑》）。

◎戴元侃，字二如。婺源（今江西婺源）人。陽穀令應揚孫。幼孤，經書皆母余氏口授。年十四為諸生，從舅氏紹祉讀書大鄣山，盡得其傳。入清後致諸生，隱於狲峯精舍，專意經學。著有《大易奧義》二卷、《麟經辨疑》。

戴震 春秋改元即位考 一卷

◎道光《徽州府志》卷十五《藝文志》：戴震《春秋即位改元考》一卷。

◎梁啟超《戴東原著述纂校書目考》論戴震《經考附錄》七卷附校記一卷：此書所記，諸經皆遍，每條皆錄前人之說，末加按語，亦有並無按語者。蓋隨時杞記以作資料，實長編之體也。其中有已采入集中者，如卷三「《堯典》中星」、「璿璣玉衡」兩條，一部分已采入《春秋即位改元考》，一部分已采入《原象》，一部分已采入《答江慎修先生論小學書》。

◎段玉裁《東原年譜》載戴震之言：作《改元即位考》三篇，倘能如此文字做得數十篇，《春秋》全經之大義舉矣。

◎戴震（1724～1777），字東原，又字慎修，號杲溪。安徽休寧（今黃山屯溪區）隆阜人。乾隆二十七年（1762）舉人，三十八年（1773）任《四庫全書》纂修官，四十年（1775）特命殿試賜同進士出身。嘗主講浙江金華書院。著有《詩經補注》、《尚書今文古文考》、《春秋改元即位考》、《孟子字義疏證》、《聲類表》、《聲韻考》、《方言疏證》、《六書論》、《爾雅文字考》、《籌算》二卷、《勾股割圓記》、《考工記圖注》、《原善》諸書，與纂《直隸河渠書》、《汾州府志》、《汾陽縣志》。

戴震 春秋考 一卷 存

安徽藏經考附錄七卷附校記一卷本

◎列《經考附錄》卷五。

戴祖啟 春秋五測 三卷 存

吉林社科院藏嘉慶元年（1795）資敬堂刻本

◎盧文弨序〔註1〕：揆日之度，察星辰之行，以正時而成歲，必稽其元焉，

〔註1〕又見於盧文弨《抱經堂文集》卷二，題《春秋五測序》（丙申）。

必立之法焉。而猶有參錯而難合者，則其立法疏也。故善觀天者不能廢法，而要當使法一稟於自然。此豈幸其一二偶驗而遂謂吾法之盡善，至其不驗則將強天以求合，是其為不可也不甚明哉。說《春秋》者之有例也，猶夫觀天者之有法也。屬辭比事之為教也遠矣，顧左氏所稱猶為史官之常例，雖其閒亦有聖人所不易者，然不可即以為聖人之所筆削者盡如此。厥後諸儒之說莫不知有例，而用之不精，或偏而不全，或常而不變，其蔽往往陷於繚繞破碎，而使經之義轉晦。故夫法不密則懸象遲速之度不能必其無差也，例不精則垂文示教之旨不能必其無失也。今戴君敬咸之說《春秋》也，其所以測者五焉。蓋謂《春秋》之文有常、有變、有互、有便、有闕，斯五者比類求之而各有得，例具於文，故即文可以見例，且約指古今之說《春秋》者有四失：一曰不赴不書，赴則從赴書；二曰諱則沒而不書；三曰得禮不書，凡書皆譏；四曰史策舊文仲尼新意。此四者，其言皆近是，昔之人所據以為說《春秋》之例然者，君謂其不盡然。立五測以祛四蔽，不必定出己見，而亦不必固守成說，期於適當而止。君之所以為例者，不綦善乎？夫觀天者至近世而儀器更精、分數更明，故其密合亦遠勝於前代，蓋鑒前人之失而順天以求合，不偏守一法以測天。君也因文以見例，不偏執一例以測聖人，其道實有相類者。余是以擬議而為之說如此。君名祖啟，上元人，乾隆二十七年鄉貢士，今為關中書院山長。

　　◎孫殿起《販書偶記》卷二：《春秋五測》三卷，上元戴祖啟撰。嘉慶元年資敬堂刊。

　　◎張桂麗輯校李慈銘著《越縵堂讀書記全編》同治十年九月「《經說》」：閱戴氏經說，上元戴祖啟敬咸著，共三種：曰《尚書協異》二卷、曰《尚書涉傳》四卷、曰《春秋五測》三卷，前有朱石君相國序，言尚有老子新解一種。其曰「協異」者，專考二十八篇之異文。曰「涉傳」者，為二十八篇之傳，取史記涉尚書以教之意。曰「五測」者，謂先儒之說春秋，紛而益遠，故以五者測之：一常文以定體，二變文以別嫌，三互文以通異，四便文以修辭，五闕文以慎疑。前有袁子才序。朱序稱其書為其子衍善所錄，曾屬沈嵩門進士景熊、王畹馨孝廉紹蘭校之，二君皆湛深於經籍者，頗有異同。然以老書生穿穴眾說，成一家言，不必競是非於前賢，而自有不可沒者……《春秋》亦依經為說，不強通所不知，雖譏左氏從赴公、穀設例之非，而尚知折衷三傳，意存簡嚴，較之焦袁熹之《春秋闕如編》、方苞之《春秋通論》，固為勝耳。

◎戴祖啟（1725～1783），字敬咸，別字東田，號未堂。安徽休寧人，一作上元（今南京）人。與戴震同舉於鄉，乾隆四十三年（1778）進士。官國子監學正。召修《四庫全書》，堅辭不就。篤志經籍，以宋學為宗。後陝西巡撫畢沅延聘主講關中書院，奏請格外獎用。著有《春秋五測》三卷、《尚書涉傳》四卷、《尚書協異》二卷、《史記協異》、《道德經解》、《師華山房文集》，又批點夏之蓉《半舫齋古文》八卷。

党鯤 春秋講義 佚

◎乾隆《再續華州志》卷十二《雜志・藝文》：《困學錄》《日省編》《周易／春秋講義》（莊浪司訓党鯤著）。

◎党鯤，陝西華州人。曾任莊浪司訓。著有《周易講義》《春秋講義》《困學錄》《日省編》。

鄧秉恆 春秋直解 佚

◎宣統《聊城縣志・藝文志》卷十之一《經籍》：鄧秉恆：《春秋直解》，張榕端序；《名臣奏議錄》；《大清律箋釋》；《鄧氏族譜》黎士宏序。

◎孫葆田《山東通志》卷百二十七《藝文志》第十：《府志》載是書云：「有張榕端序。」《山左詩續鈔》引鄧汝功云：「詩文集十二卷、《左氏注》皆燬於火。」所稱《左氏注》，疑即此書。

◎孫葆田《山東通志》卷百七十四本傳作《春秋解》。

◎鄧秉恆，字元固，號瀧江。山東東昌衛人。順治六年（1649）進士。歷官湖廣參議道。著有《春秋直解》。

鄧承祖 左傳匯纂 佚

◎光緒《湖南通志》卷二百四十六《藝文志》二：《左傳彙纂》，攸縣鄧承祖撰（《縣志》）。

◎鄧承祖，字蘭蔚。湖南攸縣人。以布衣教授衡湘間，著述甚富。著有《周易講義》、《左傳匯纂》、《詩文集》。

鄧繼椿 春秋衷聖稿 佚

◎甘鵬雲等《湖北文徵》卷十三：著有《春秋衷聖稿》。

◎春秋衷聖稿自序〔註2〕：夫撥亂世反之正莫近於《春秋》，君父能知其義則為聖君慈父，臣子能知其義則為忠臣孝子，朝廷自敦塞宴之化，閭左永無風塵之驚也。自利錄之途開，天下之士日趨於簡易，而聖人之《春秋》且有束置高閣者矣。余自粵西奉諱歸，隱居教授。首以《春秋》纂集，前後所著共三十八篇，分論辨說考為雜篇，經文為正篇，一折衷於《春秋》，而三傳不與焉。非故與先儒異也，但三傳之義多違戾聖人，與其重師法以合傳，寧衷聖人以合經。故名所著曰《春秋衷聖稿》。惟終獲麟、來輸平二篇略本宋儒，餘悉為一得之愚。凡先儒誤解之處與其所聚訟者，皆闡發靡遺。至紀子伯（程子伯）、（ ）郭公（胡氏。凶篆文之誤為公）、宋子哀（或謂高哀字），則不敢妄為附會。鄭氏箋《詩》，每多感傷，間亦效之。後學覽此，自能推見至隱，不惑他說，而經明行修，寢成風俗，豈非生平之至願哉？嗟呼！三代之亂以權臣，秦漢以暴民，猶賴士居民首，有以鎮定安集之。迨至今日而有叛，此世道之極變也。竟以隻手空拳，不旬月摧堅折重，等諸腐朽，致邦分崩離析，靡有寧宇，其禍之烈乃一至是。後為聖王作，網羅天下士，當首重《春秋》，庶家誦戶習，君臣父子之義久自漸摩浸淫深入於人心，天下可以長安而久治，是所望於方來（《春秋衷聖稿》）。

◎摘錄《公會晉侯及吳子于黃池正篇》〔註3〕：會盟之禮，王人雖微，必繫於諸侯之上，尊周室也。黃池之會，吳主其事，爭伯中原，其踵桓、文之遺策，假天子以威諸侯也，事理所必然。乃單平公在會而經不序，豈吳欲尊周不使單子與會耶？不知首止之會，王世子且與其事，何有於王臣？然則單子之不序，必有特義存焉。蓋晉伯中替，楚氛猶惡，巫臣通吳以弊楚，教之乘車，教之射御，楚罷奔命者八十餘年。迨伍員以父兄之仇挾弓走吳，殫抒智謀，遠迹至郢，遂溝邢（北屬沂，西屬濟。會山東諸侯於黃池），且與晉而代興。夫周室之興廢，視晉為轉移。晉既長吳於會，則晉國之不競，周室之隱憂也。吳雖諸姬，僻陋在夷，榛莽未闢，即僭王號以自娛。自既入楚臣越、仆齊脅晉，志氣驕盈，儼然有囊括四海悉主悉臣之慨，固非若晉主中夏時為周室輔可比。使越不乘其後，則潤水西、瀍水東，吳早赭其宮而社其屋矣。則知書王人者，因其實有尊周之心而言之；不書王人者，因其空有尊周之名而削之也。且晉失其伯，山東諸侯既無所憑依，則四裔將有造為乘除之勢，而周室尚可問乎？故黃池一會，

〔註2〕錄自甘鵬雲等《湖北文徵》卷十三。
〔註3〕錄自甘鵬雲等《湖北文徵》卷十三。

春秋盟會之局終焉。孔子曰：「其事則齊桓晉文」，蓋惜之甚、痛之深也（《春秋衷聖稿》）。

◎鄧繼椿，字茀孫，號繫匏。湖北沔陽人。光緒二十九年（1903）舉人。著有《春秋衷聖稿》。

鄧顯鶴 春秋目論 二卷 存

國圖、上海、湖北、湖南、揚州藏道光十九年（1839）刻本

復旦藏咸豐十年（1860）補刻本

◎或著錄作鄧顯鶴撰。

◎鄒漢勳跋〔註4〕：今之讀經者尚考據則薄議論，崇議論則非考據，兩者相成也而以相毀。平心而言，不考據無以喻古人之文章，不議論無以達古人之神怡。考據者初學之基，議論者大成之候。其始終淺深居可知也。如其絕口不議論，遇傳記所載人倫之變，事關君父，難可猝處者，亦漠然而不問，其可哉？夫學也者，學之於古而欲行之於身者也。世儒徒屑屑於篇章字句，而大義屢乖，假使其身不幸而當難處之會，其隨時俯仰而自陷於不忠不孝乎？抑亦思善處之方乎？苟思善處之方，則平時之議論宜豫矣。曾子曰：「其少不諷誦，其壯不議論，亦可謂無業之人矣」，吾寧舍世儒從曾子也。

◎鄧顯鶴《周易管窺序》：中年後棄去科舉之學，一意窮經，先後成《尚書質疑》《說詩囈語》《禮記耳食》《春秋目論》諸書。

◎鄧顯鶴《南村草堂文鈔》卷十五《仲兄雲渠先生墓誌銘》：兄治經最勤，讀全史歲必一過。諸經皆手寫，有論撰。晚成《毛詩囈語》、《春秋目論》二書，義例精實，其以《卷阿》為祭公戒穆王作，尤確有依據，為自來說《詩》各家所未及。他著作尤多。讀書有精意，病陋儒空談心性，致言漢學者得蹈瑕窺衅以相掊擊，舉其細而遺其大，搜其枝而去其本，人心學術所關匪細。故於易不言先天，於《書》不攻古文，於《春秋》不取穿鑿附會之論，於《詩》則尊《小序》而不背朱《傳》。於近人陳啟源《毛詩稽古編》尤極為攻駁。所著有《四書鈔》十六卷、《五經胥》二十四卷、《讀詩囈語》十卷、《春秋目論》四卷、《聽雨山房文集》六卷、《讀易管窺》、《尚書質疑》、《三禮質疑》、《史漢目論》未成，無卷數。兄早負經世志，既困頓場屋不得展，乃一意窮經。所成就彰彰若是，亦可謂無愧儒碩矣。

〔註4〕錄自《湖南文徵》卷九十一。

◎道光《寶慶府志》卷第百一《藝文略》二：諸經皆有論纂，此其晚歲手寫未定之本，其弟顯鶴序。

◎同治《新化縣志》卷第二十四《人物志》七：讀書最勤，諸經皆手錄鈔，諸史歲必讀一過，隨手論斷，單黃炳然。五經皆有論纂，於《毛詩》《春秋》用功尤深。晚歲成《說詩囈語》《春秋目論》二書，其《讀易管窺》《尚書質疑》未成書，《四書鈔》十六卷、《五經胥》二十四卷則早歲授徒時所手寫，以示不敢著書、託名鈔胥之意。

◎光緒《湖南通志》卷二百四十六《藝文志》二：《春秋目論》四卷，新化鄧顯鶴撰（漢勳跋：今之讀經者尚考據則薄議論，崇議論則非考據，兩者相成也而以相毀。平心而言，不考據無以喻古人之文章，不議論無以達古人之神恉。考據者初學之基，議論者大成之候。其始終淺深居可知也。曾子曰：「其少不諷誦，其壯不議論，亦可謂無業之人矣」，吾寧舍世儒從曾子也）。

◎鄒漢勳《學藝齋文存》七《貤贈修職郎優行縣學生鄧先生傳》：先生居寧鄉，日與湘皋召邑中名俊之士，相與往來談義，暇則著書。故邑之士多崇尚之。先生著有《春秋目論》二卷、《說詩囈語》十卷、《文集》八卷，又有《史漢目論》，未成書。子瑤拔貢生；琅國子生，中道光甲辰科湖南鄉試舉人，皆有清才。

◎趙爾巽《清史稿》卷一百四十五志一百二十《藝文》一：《春秋目論》二卷，鄧顯鶴撰。

◎鄧顯鶴（1774～1840），字子振，號雲渠（衢）。先世為江西泰和人，明中葉徙湖廣新化，遂為新化人。曾祖元臣、祖勝逵、考長智。與弟顯鶴先後隸縣學，時呼二鄧。諸生。以經義教授私塾。著有《讀易管窺》、《尚書質疑》、《四書鈔》十六卷、《春秋目論》二卷、《說詩囈語》十卷、《五經胥》二十四卷、《四村申明亭鄉約條例》一卷、《松園聽雨圖題詠》一卷、《史漢目論》二卷、《梅故》二卷、《文集》八卷。

鄧元焐 春秋四家宗旨 佚

◎康熙《桐城縣志》卷五《儒林》：著有《春秋四家宗旨》，士林推麟經指南。

◎鄧元焐，字含甫。安徽桐城人。靈山令士美次子。邑諸生。崇禎三年（1630）副榜。為人磊落不門。著有《春秋四家宗旨》。卒年八十六。

丁寶楨 春秋穀梁傳校刊記 一卷 存

同治山東書局刻十三經讀本附校刊記本

北大、復旦、上海、南京、湖北藏光緒八年（1882）錦江書局影刻山東尚志堂本

◎丁寶楨（1820～1886），原名瓊選，字稚璜，號佩之，諡文誠。貴州大定府平遠州牛場鄉（今畢節市織金縣牛場鎮）人，祖籍江西臨川（今撫州）。咸豐三年（1853）進士，初任翰林院庶吉士。丁母憂歸。咸豐六年（1856）授編修。咸豐十年（1860）年任岳州知府。同治元年（1862）任長沙知府。同治二年（1863）升山東按察使，三年（1864）升山東布政使。同治四年（1865）恩降四品頂戴留任。光緒元年（1875）建山東機器局，光緒二年（1876）授頭品頂戴、太子少保，兼兵部尚書、都察院右都御史銜，代署理四川總督，創辦四川機器局。同治八年（1869）創辦尚志書院（俗稱尚志堂）。著有《春秋穀梁傳校刊記》一卷、《春秋公羊傳校刊記》一卷。

丁寶楨 春秋公羊傳校刊記 一卷 存

南通大學藏同治十一年（1872）山東書局刻十三經讀本附校刊記本

北大、上海、南京光緒八年（1882）錦江書局影刻山東尚志堂本

丁德泰 春秋題解 佚

◎甘鵬雲等《湖北文徵》卷九：著有《五經注釋》《春秋題解》《韻府匯纂》。

◎丁德泰，字桐雨。湖北大冶人。嘉慶二十四年（1819）舉人、道光九年（1829）進士。官山西寧縣縣令、隰州知州。著有《春秋題解》《韻府匯纂》《五經注釋》。

丁愷曾 春秋釋地 一冊 佚

◎孫葆田《山東通志》卷百二十七《藝文志》第十：是書有採訪本。

◎丁愷曾，字萼亭。山東日照人。雍正元年（1723）拔貢。所居望奎樓，架羅數千卷，冥心探討。著有《春秋釋地》。

丁來復 春秋彙覽 佚

◎王其淦、吳康壽光緒《武進陽湖縣志》卷二十八《藝文》：丁來復《春秋彙覽》（佚）。

◎丁來復，著有《春秋彙覽》。

丁履恒 春秋公羊釋例 佚

◎丁履恒《思賢閣文集》孫丁紹基跋：先大父……於諸經中尤深於《春秋公羊》學，創著《釋例》，未及卒業，會劉申受先生亦治《公羊》，遂以稿本相屬……又著有《左氏禮》、《毛詩名物志》等書，小學中復精音韻，著《說文諧聲》若干卷，嘗就正於高郵王懷祖先生，意恉多同，今均在篋，以家貧無力刊板。

◎丁履恒《思賢閣文集・與仲平書》：近學《公羊春秋》，擬條其義例為之表，尚未卒業，苦此間闃寂，無可與語，無可質其疑。

◎丁履恒（1770～1832），字若士，一字道久，晚號東心。武進（今江蘇常州）人。履端從弟。嘉慶六年（1801）拔貢，十三年（1808）淀津召試二等，選贛榆縣教諭，擢肥城知縣，有惠政，重農田、水利、錢法、鹽政等經世之術。師從盧文弨，與錢大昕、王念孫等為師友，常與陸繼輅往復論辨。詩文負重名，尤深經學，不持漢宋門戶。著有《毛詩名物志》、《左氏通義》、《春秋公羊釋例》、《說文諧聲》十卷、《形聲類篇》二卷餘論一卷、《形聲部分篇》一卷通合篇一卷餘論一卷、《類篇校勘》一卷、《水經注游水疏證》一卷、《寫韻齋集》、《愛日堂自治官書稿》、《元詩名物志》、《望雲聽雨山房劄記》、《思賢閣集》、《宛芳閣雜著》。

丁履恒 左氏禮 佚

◎丁履恒《思賢閣文集》孫丁紹基跋：先大父……於諸經中尤深於《春秋公羊》學，創著《釋例》，未及卒業，會劉申受先生亦治《公羊》，遂以稿本相屬……又著有《左氏禮》、《毛詩名物志》等書，小學中復精音韻，著《說文諧聲》若干卷，嘗就正於高郵王懷祖先生，意恉多同，今均在篋，以家貧無力刊板。

丁履恒 左氏通義 佚

丁善慶 左氏兵論 佚

◎尋霖、龔篤清編《湘人著述表》著錄。

◎丁善慶（1790～1869），字伊輔，號養齋。湖南清泉人。道光四年（1824）

進士。主講嶽麓書院二十餘年。著有《左氏兵論》、《字畫辨正》、《養齋集》四卷、《嶽麓書院續志》四卷首一卷末一卷。

丁士涵 穀梁逸禮 一卷 存

復旦藏吳縣王氏學禮齋傳鈔稿本

◎王欣夫《蛾術軒篋存善本書錄・辛壬稿》卷一：

《穀梁逸禮》一卷（一冊），清元和丁士涵學。鈔稿本。

士涵字泳之。元和人。同治庚午舉人。為陳碩甫高弟，研精經、小學，著述多未刊散亡。祇戴子高《管子校正》采其說。

此書為輯錄《春秋穀梁傳》中涉于禮者凡一百五十二條。案，穀梁赤，據《風俗通》云子夏門人。楊士勛《穀梁序疏》云：「穀梁傳孫卿。」子夏去孫卿年代較遠，其間容更有一二傳，作傳或在此時。孫卿學長於禮，必有得自師說者，祇以《穀梁》絕學，治之者鮮。其專言禮者，有番禺侯君謨之《穀梁禮徵》，復禮師許為詳核。然君謨早世，所著書多未成。其書四十二條，見此者僅十六條，而未及者乃多至一百三十六條。於全書實祇十一有奇，未可與朱大韶《春秋左氏傳禮徵》、凌曙《公羊禮疏》相頡頏。泳之此輯，蓋欲繼其師《公羊逸禮攷證》而作，今《公羊逸禮攷證》僅存殘稿，陳培之欲補未成，而此書攷徵又不知泳之終為之否。然存此條目，亦足備《古經解鉤沈》之一云。

◎丁士涵（1828～1860），字泳之。元和（今江蘇蘇州）人。同治九年（1870）舉人。官工部員外郎。受業陳奐。著有《穀梁逸禮》一卷、《管子案》、《管子注》。

丁壽昌 春秋解 不分卷 存

上海藏丁氏遺稿六種本（稿本）

◎孫雲錦光緒《淮安府志》卷二十九《人物》：幼敏慧耆學，父執潘德輿奇其才，賦長歌贈之。既長，益肆力於經學，手抄經傳異義數十卷。精許氏《說文》，祛段書之武斷，擷桂說之淹通，時服其精核。

◎丁壽昌（1818～1865），字頤伯，號菊泉。江南淮安府山陽縣（今江蘇淮安）人。丁晏長子。道光二十七年（1847）進士。官戶部主事，兼筦榷稅，鉤稽綜覈，吏莫能欺。同治二年（1863）擢福建道監察御史，三年（1864）授嚴州知府。精文字音韻。著有《讀易會通》八卷、《春秋解》不分卷、《春秋左傳解》不分卷、《說文諧聲略例》、《臺垣疏稿》一卷、《睦州存稿》八卷。

丁壽昌 春秋左傳解 不分卷 存

上海藏丁氏遺稿六種本（稿本）

丁壽徵 春秋異地同名考 一卷 存

國圖藏光緒十三年（1887）南清河王氏鉛印小方壺齋叢書本

國圖出版社 2009 年賈貴榮宋志英輯春秋戰國史研究文獻叢刊影印光緒十三年（1887）南清河王氏鉛印小方壺齋叢書本

◎跋：輿地為專門名家之學，必窮原竟委、核古準今，方不致模糊影響。此卷詳核精當，雖不能與百詩之《四書釋地》、申耆之《地理韻編》相頡頏，然較之程氏《春秋地名辨異》、沈氏《春秋左傳土地名》，蓋有過之而無不及矣。光緒丁亥秋八月，後學王錫祺識。

◎王錫祺《夏小正傳校勘記跋》：遺箸如《說文楬櫱》《十六國興亡表》等極夥，都未付梓。

◎段朝端《丁氏遺箸殘稿跋》：吾邑丁子靜先生覃精小學，實事求是，為祁壽陽、曾湘鄉所激賞。生平箸作甚夥，見惟《十六國興亡表》稿本尚存，餘皆不知霝落何所矣。

◎孫雲錦光緒《淮安府志》卷三十八《藝文》：丁壽徵《夏小正傳校正》、《春秋異地同名考》（一卷）、《說文楬櫱》，又《十六國興亡表》、《張右史年表》、《于役集》。

◎孫雲錦光緒《淮安府志》卷二十九《人物》：生平邃於經史，精小學，廉靜自守，未嘗以貧故干人。

◎上海古籍出版社 2015 年《續修四庫全書總目提要・春秋類》「《春秋異地同名考》一卷」：是書於相同地名之下標明異地出處，附以杜注，間有林注，並援引《釋例・土地名》、《漢書・地理志》及近人顧棟高、顧炎武、程廷祚、高士奇諸說加以考證，兼正杜誤。如「五盂」考云：一，僖公二十一年「宋公、楚子、陳侯、蔡侯、鄭伯、許男、曹伯會于盂」。林注，盂，宋地，襄邑西北有盂亭，《大事表》云，今河南睢州，哀二十六年「宋大尹盟六子于唐盂」即此；一，定公八年「劉子伐盂」，杜無注，亭林云，周之盂也，《大事表》云，今河南懷慶府河內縣西北；又十四年「蒯聵獻盂于齊」，亭林云，衛之盂也，今大名府開州東南有斂盂聚，僖二十八年「齊晉盟于斂盂」即此；又晉有二盂，一昭公二十八年「盂丙為盂大夫」，杜注，晉地，今太原盂縣，《大事表》云，

今山西太原府陽曲縣東北八十里有大盂城；一哀四年「齊國夏伐晉取盂」，亭林云，此盂當在邢洛之間，《大事表》從亭林說。考核甚為精當。是書末有王錫祺跋，稱是書雖不能與閻若璩《四書釋地》、李兆洛《地理韻編》相頡頏，然較之程廷祚《春秋地名辨異》、沈淑《春秋左傳土地名》，蓋有過之而無不及云云。此本據上海圖書館藏清光緒十三年南清河王氏鉛印《小方壺齋叢書》本影印。（潘華穎）

◎丁壽徵（～1864），字子靜。江南淮安府山陽縣（今江蘇淮安）人。丁晏子。諸生。曾國藩時為禮部侍郎，特加拔異，官教習。俸滿，以知縣候選，值親喪，家計日困，曾氏飛書招之，不果往。同治三年仲冬，應鄉試，暴疾卒。著有《夏小正傳校勘記》一卷、《春秋異地同名考》一卷、《說文楬櫫》、《十六國興亡表》、《張右史年表》、《于役集》、《丁氏遺箸殘稿》一卷。

丁顯 春秋諸家引經異字同聲考 一卷 存

南京藏光緒刻本

丁晏 春秋胡傳考正 四卷 存

國圖藏稿本

◎劉文淇《青溪舊屋文集》卷十一《懷丁儉卿（晏）》：觀濤最喜枚乘筆，聽笛爭傳趙蝦詩。後起惟君兼二妙，洛陽紙貴已多時。

◎劉文淇《青溪舊屋文集》卷十一《懷人六絕句效少陵存歿口號》（并序）：

余素少交游，自姻戚以外，生平相知至厚者不過十數人。就中子韻交最久，季懷、子敬、子駿、孟開次之，楚楨、儉卿、蘊生、仲虞、賓叔、彥之又次之，最後乃得石州。今存歿各半，即其存者亦散處四方，惟賓叔館於揚郡尚得偶相過從。適楚楨自直隸元氏郵書索取近作，爰仿少陵《存歿口號》賦六絕句寄之。以懷人為題，故朝夕相見者如茗香、季子、熙載、西御、句生諸君皆未之及云。道光庚戌十一月朔日識。

搜羅寶應圖經富（楚楨輯《寶應圖經》），續補延昌地志詳（平定張石州著《魏延昌地形志》）。元氏甘棠誰薦達，石州宿草劇淒涼。

丁鴻豪健才猷懋（山陽丁儉卿究心桑梓利病，見所著《石亭記事》），姚信凋零樸學深（旌德姚仲虞深於《周易》，著有《一經廬叢書》）。多口未妨稱國士，苦心何處覓知音。

柳氏文章師子厚（丹徒柳賓叔），梅君詩筆勝都官（江都梅蘊生有《嶷庵集》）。一經行世迂迴待（賓叔精於《穀梁春秋》，著書七種待刊），片石貽孤鄭重看（蘊生家藏唐貞元田府君石）。

五色明珠輝璧社（高郵孫彥之與莘老同族，編《四書說苑》），九苞威鳳耀河東（甘泉薛子韻系出河東，著《說文答問疏證》《文選古字通》等書）。珠光久照人將老，鳳彩先消遇最窮。

廣文有道官偏冷（歙縣閔子敬官全椒學博，有古君子風），公子多才命不猶（歙縣洪子駿為桐生師嗣子）。蓿蓿蘭干情自適，芙蓉搖落稿誰收（子駿工詞，有《殘荷詞》尤佳，今遺集不存）。

大包君與小包君，講藝談經迴不羣（涇縣包季懷撰《毛詩禮微》，其族子孟開治《公羊》《論語》之學）。鍾阜孤墳悲夜月（季懷葬江寧），金臺旅館悵寒雲（孟開客京師，館於呂鴻臚宅）。

◎孫雲錦光緒《淮安府志》卷二十九《人物》：生平讀書為學篤守有恆之訓，治一書已方治他書，躬自校訂，丹墨不去手。嘗謂學者讀書當從漢儒以正故訓，故訓定而後義理顯；從宋儒以析義理，義理明而後故訓確。故所著論，於漢學特精，於宋儒亦無所違焉。嘗謂講學者多疏於治事，故於鄉里利病夙經考究，凡振郵災荒、築城濬渠諸役，每為當事者牽輓，多有成效云。

◎徐乃昌《積學齋藏書記・經部》「《春秋胡傳考正》四卷續一卷」：國朝丁晏儉卿撰。紅格藁本。未刻，在《頤志齋叢書》之外。

◎丁晏（1794～1876），字儉卿，號柘堂，晚號頤志老人、石亭居士。江南淮安府山陽縣（今江蘇淮安）人。道光元年（1821）舉人，官至內閣中書。先後主講於阜寧觀海、鹽城表海、淮安淮關／文津／麗正諸書院。咸豐十年（1860）因平捻賞戴花翎。同治三年（1864）賞二品封典，誥授通奉大夫。與許瀚、魯一同、魏源、江開、黃爵滋等交善。著有《易經象類》一卷、《易林釋文》二卷、《周易解故》一卷、《周易述傳》二卷續錄一卷、《周易訟卦淺說》一卷、《禹貢集釋》三卷、《尚書餘論》一卷、《書蔡傳附釋》一卷、《禹貢錐指正誤》一卷、《禹貢蔡傳正誤》一卷、《毛鄭詩釋》四卷、《毛鄭詩釋續錄》一卷、《毛詩草木鳥獸蟲魚疏校正》二卷、《鄭氏詩譜考正》一卷、《詩集傳附釋》一卷、《詩考補注》二卷、《詩考補遺》一卷、《周禮異字釋》不分卷、《三禮釋注》八卷（《周禮釋注》二卷、《儀禮釋注》二卷、《禮記釋注》四卷）、《投壺考原》一卷、《佚禮扶微》二卷附錄一卷、《樂記補疏》一卷、《左傳杜解集正》

八卷、《春秋胡傳考正》四卷、《春秋胡傳考正續錄》二卷、《春秋胡傳申正》不分卷、《論語孔注證偽》四卷、《論孟集注附考》二卷、《孝經集注》一卷、《孝經述注》一卷、《說文脞語》一卷、《說文舉隅》一卷、《北宋汴學篆隸二體石經記》一卷、《元鑄祭器南宋古塼記》一卷、《讀經說》一卷、《頤志齋碑帖敘錄》一卷、《馬班陳范四史餘論》五卷、《子史粹言》二卷、《山陽詩徵》二十六卷、《鄭司農陳思王陶靖節陸宣公年譜》四卷、《石亭紀事續編》二卷、《淮亭脞錄》二卷、《淮南萬畢術》一卷、《學殻》二卷、《文殻》二卷、《楚辭天問箋》一卷、《淮安北門城樓金天德年大鐘款識》一卷、《史記毛本正誤》一卷、《吳山夫先生年譜》、《頤志齋詩文鈔》、《頤志齋四譜》四卷、《頤志齋文鈔》、《頤志齋感舊詩》、《頤志齋文集》、《頤志齋集》十六卷。又編有《頤志齋叢書》二十二種。又刊刻駱騰鳳《藝游錄》，輯《子史粹言》二卷、《鄭康成年譜》。

丁晏 春秋胡傳考正續錄 二卷 存

國圖藏稿本

丁晏 春秋胡傳申正 四卷 存

上海藏稿本（不分卷）

◎孫雲錦光緒《淮安府志》卷三十八《藝文》：丁晏《周易述傳》（二卷）、《周易解故》（一卷）、《訟卦淺說》（一卷）、《尚書餘論》（二卷）、《禹貢集釋》（三卷）、《禹貢錐指正誤》（一卷）、《蔡傳附釋》（一卷）、《毛鄭詩釋》（四卷）、《詩考補注／補遺》（三卷）、《鄭君詩譜考正》（一卷）、《毛詩陸疏校正》（二卷）、《詩集傳附釋》（一卷）、《儀禮釋注》（二卷）、《周禮釋注》（二卷）、《禮記釋注》（四卷）、《佚禮扶微》（二卷）、《左傳杜解集正》（八卷）、《春秋胡傳申正》（四卷）、《孝經述注》（一卷）、《孝經徵文》（一卷）、《論語孔注證偽》（四卷）、《說文舉隅》（一卷）、《鄭司農陳思王陶靖節陸宣公年譜》（四卷）、《石亭紀事》（二卷）、《淮亭脞錄》（二卷）、《北宋汴學二體石經記》（一卷）、《金天德大鐘款識》（一卷）、《元鑄祭器南宋古塼記》（一卷）、《頤志齋碑帖敘錄》（一卷）、《馬班陳范四史餘論》（五卷）、《學殻》（二卷）、《易林釋文》（四卷）、《投壺考原》（一卷）、《子史粹言》（二卷）、《淮南萬畢術》（一卷）、《楚辭天問箋》（一卷）、《曹集銓評》、《頤志齋集》（十六卷）、《山陽詩徵》（二十四卷）、《文殻》（二卷）。

丁晏 左傳杜解集正 八卷 存

國圖藏稿本

北大藏 1914 年張氏刻適園叢書本

國圖藏民國抄本

續修四庫全書影印 1914 年張氏刻適園叢書本

文物出版社 1992 年據浙圖藏版木板刷印本

齊魯書社 2011 年清經解三編影印 1914 年烏程張氏刻適園叢書本

◎一名《左傳杜解補正》。

◎自序：自漢宋之學分，黨同伐異，經學與理學岐而二之，非通儒之學也。漢鄭君經傳洽孰，六藝之宗，匪獨其學重也。粹然純儒，品行卓絕千古，雖宋之理學名臣無以過之。鄭君從張恭祖受《左傳》，劉義慶《世說》稱鄭君注《春秋傳》未成，遇服子慎，盡以己所注與之，遂成《解詁》。服氏之學甚為當時所重，至晉杜預撰《集解》，備述賈、劉、許、潁之說，獨遺服氏不言。孔沖遠謂服劣，與諸儒棄而不論，此曲說阿杜也。今服注之僅存者，與杜注頗有相同，杜攘為己說。蠹生於木而還食其木，遺棄不言，如郭象注《莊》之竊向，鄙夫之所為也。東晉初，服、杜俱置博士。其後河北學尚服，江南學尚杜氏。唐孔氏依杜解作《正義》，服注遂微，而杜氏始孤行於世矣。梁崔靈恩、後魏衛冀隆皆申服難杜，隋劉炫規杜過百五十條，今其書皆佚不傳。元趙汸撰《左傳補注》，略辨杜氏之非，未暢其說。我朝經學昌明，顧氏炎武、萬氏充宗、惠氏士奇、惠氏棟、沈氏彤、江氏永、洪氏亮吉、顧氏棟高於杜解多所糾正，然猶未能抉其隱微窮其情偽。焦氏循《補疏》始斥杜氏為司馬懿之私人，故其注《左》貶死節之忠臣、張亂賊之凶燄，悖禮傷義，忍於短喪，飾非怙惡，邪說肆行，實為世道人心之害。其論可謂不朽矣。近儒沈氏欽韓《補注》備言杜氏私衷為司馬昭飾說，發奸摘伏，駁斥無遺。其全書未及梓行，余從友人處假得原稿，亟甄錄之，尤足箴杜癖之膏肓也。夫經學者聖學之宗，心術傾邪，而謂能發明經義者，必不然矣。自唐孔氏作疏阿附杜說，千有餘年莫之是正，大義晦盲如入闇室。愚為《杜解集正》，匪好為非毀前儒，蓋欲扶翼正學、昌明世教，必如是而後《左氏》之傳可讀、《春秋》之經可明也。嗚呼！經學之不明遂為政教彝倫之害，而儒術因之日歧，其患匪淺。愚正杜氏之失，所冀後之學者，正世道以正人心，慎毋歧經學理學而二之以流偽學也。咸豐六年歲在丙辰十有一月長至日，山陽丁晏自敘。

◎跋：《左傳杜解集正》八卷，丁晏儉卿撰。儉卿江蘇山陽人，道光辛巳舉人。經學湛深，記問淵博，學者稱柘唐先生。著有《頤志齋叢書》。五經中《春秋左氏傳》以杜注為最先，亦最完善。而比附權門，遺誤後世。先生先斷左氏之書，信其為六國時人，為田齊三晉等飾詞也。左氏為田齊三晉等飾與杜氏為司馬氏飾，前後一轍，而孔子作《春秋》之義乖矣。後漢服氏之學甚為當時所重。至杜氏《集解》備述賈、劉、許、穎之說，獨遺服氏不言。孔沖遠謂服劣於諸儒，棄而不論，此曲脫阿杜也。今服注之僅存者與杜注頗有相同，杜攘為己說，遺棄不言，如郭象注《莊》之竊向，鄙夫之所為也。東晉初服、杜俱置博士，其後河北學尚服氏、江南學尚杜氏。唐孔氏重南學，依杜解作《正義》，服注遂微，而杜氏始孤行於世。我朝經學昌明，顧氏炎武、萬氏充宗、惠氏士奇、惠氏棟、沈氏彤、江氏永、洪氏亮吉、顧氏棟高於杜解多所糾正，然猶未能抉其隱微窮其情偽。焦氏循《補疏》始斥杜氏為司馬懿之私人，故其注《左》貶死節之忠臣、張亂賊之凶燄，悖禮傷義，邪說肆行，實為世道人心之害。近儒沈氏欽韓《補注》備言杜氏私衷為司馬昭飾說，發姦摘伏，駁斥無遺。先生集諸家之說，正杜氏之非，卓然為左氏功臣，而經學於以不墜。總論一篇尤足以傳服義、斥杜解。流傳祇有藁本，據《年譜》，著是書時六十三歲。今訂正前後次序而刊行之，歲在閼逢攝提格，烏程張鈞衡跋。

◎摘錄卷一《總論》：焦循《春秋左傳補疏序》曰：余幼年讀《春秋》好《左氏傳》，久而疑焉。及閱杜預《集解》暨所為《釋例》，疑滋甚矣。孔子因邪說暴行而懼，因懼而作《春秋》，《春秋》成而亂臣賊子懼。《春秋》者，所以誅亂賊也。而《左氏》則云「稱君，君無道；稱臣，臣之罪」，杜預者且揚其辭而暢衍之，與孟子之說大悖，《春秋》之義遂不明。已而閱《三國魏志・杜畿傳》注，乃知預為司馬懿女壻。《晉書》預本傳云：「祖畿魏尚書僕射，父恕幽州刺史。其父與宣帝不相能，遂以幽死。故預久不得調，文帝嗣立，預尚帝妹高陸公主。起家拜尚書郎，四年轉參相府軍事。」預以父得罪於懿，廢棄不用，蓋熱中久矣。昭有篡弒之心，搜羅才士，遂以妹妻預，而使參府事。預出意外，於是忘父怨而竭忠於司馬氏。既目見成濟之事，將有以為昭飾，且有以為懿師飾，即用以為己飾，此《左氏春秋集解》所以作也。夫懿師昭亂臣賊子也，廣充、成濟，鄭莊之祝聃、祭足而趙盾之趙穿也，王凌、母丘儉、李豐、王經則仇牧、孔父嘉之倫也。昭弒高貴鄉公而歸罪於成濟，已儼然託於大義，而思免於反不討賊之譏。師逐君、昭弒君均假太后之詔以稱君罪，則師曠所謂

「其君實甚」、史墨所謂「君臣無常位」者，本有以啟之。預假其說而暢衍之，所以報司馬之恩而解懿師昭之惡，夫又何疑？顧射王中肩即抽戈犯蹕也，而預以為鄭志在苟免，王討之非，顯謂高貴討昭之非而昭黌之為志在苟免。孔父嘉之義形於色、仇牧之不畏彊黌，而預皆鍛鍊深文，以為無善可褒，此李豐之忠而可斥為奸、王經之節而可指為貳，居然相例矣。師昭而後若裕、若道成、若衍、若霸先、若歡／洋、若泰、若堅／廣，他如石虎、冉閔、符堅，相習成風，而左氏《傳》、杜氏《集解》適為之便，故其說大行於晉宋齊梁陳之世。唐高祖之於隋，亦蹈魏晉餘習，故用預說作《正義》，而賈、服諸家由是而廢。吾於《左氏》之說，信其為六國時人為田齊三晉等飾也。左氏為田齊三晉等飾，與杜預為司馬氏飾前後一轍，而孔子作《春秋》之義乖矣。四明萬氏充宗作《學春秋隨筆》斥左氏之頗，吳中惠氏半農作《春秋說》正杜氏之失，無錫顧氏棟高作《春秋大事表》特糾杜注之誤，而預撰《集解》之隱衷則未有摘其奸而發其伏者。賈、服舊注惜不能全見，而近世儒者補左氏注，亦徒詳核乎訓故名物而已。余深怪夫預之忘父怨而事仇、悖聖經而欺世，摘其說之大紕繆者，稍疏出之，質諸深於《春秋》者，俾天下後世共知預為司馬氏之私人、杜恕之不肖子，而我孔子作《春秋》之蟊賊也。晏案焦氏糾杜氏之謬，抉其行事，窮其隱微，如鑄鼎而象姦回、然犀以燭幽怪，發前人未啟之秘，真有功世教之言也。

◎摘錄卷一《總論》：

沈欽韓《春秋左氏傳補注序》曰：左氏之學，《儒林傳》《經典序錄》言之詳矣。二千餘年，黃童白叟知呻吟而抄括之，然其學若明若滅、若存若佚，若亡國之社其神不靈，若枯樹之柹雖春不榮，塊然於天壤，終無人窺其撰述之旨，得一二微言妙義曉然為輔翼乎！周公、孔子而千世一範者，則俗學顯排之，邪說陰敗之，鄙夫小生中毒厭，不啻傳尸鬼病。嗚呼，可憐也已！為《左氏》厄者有四焉：始也一經一傳閟而不宣，學士端居匡坐，懷不能已，竊自耳剽口傳以遣時日，遂有公羊、穀梁、騶、夾氏之異，為一王之法制，為學官之祭酒，始願豈及此哉？然漢之賤儒喜其書短而易習、義淺而易推，則羣居點竄，傅致雜術，以蠱世主，以脅後生。胡母、尹生之徒，生享美祿，沒有榮名，羣不逞者戟腕咶舌而起，假《左氏》得行其好醜，譬諸二八妙姝與夫盲母狗也，彼復何所容其喙？青青子衿，不將操瓢而行乞哉！誠不能不出死力以排之，至范升、何休而猖蹶極矣。其厄一也。然其書雖不立於學官，通材大師猶遞相傳習，其訓故雖未由發聖師之蘊奧，但守章句數名物待理智者自得之，固無傷乎左氏

之書也。有杜預者，起紈綺之家，習篡殺之俗，無王肅之才學而慕其鑿空，乃絕智決防以肆其猖蹶之說，是其於左氏如蟹之敗漆、蠅之汙白，其義理沒於鳴沙礁石中，而杜預之妖餤為雞為狗，且蓬蓬於垣次矣。其厄二也。江左輕浮，學尚王、杜；中原敦龐，師仍鄭、服。三百年中，崔靈恩、魏冀隆諸人，猶能關其口而奪之氣。孔穎達者，賣國之諛子也，樗然無所得於漢學，蜎蜎之智，奉偽孔氏與杜預而甘且旨焉，排擊鄭、服不遺餘力，於是服氏之學始顯終亡，而杜預之義赫然杲日之中天。其厄三也。自後博士倚席不講，人心益僞惡，纔辨章頭便欲掎人之短揚己之長。啖助、趙匡、陸質、劉敞之流，哆然弄筆，弱弓蒿箭，競以左氏為質的。經世大典，夷於附枝贅胧，甚者以為蠱心喪志，學者搖手不敢窺，反不如杜預、顏籀之涕唾，時時吭咽。南宋習尚亦何可言，幸而不亡，蓋宏辭從橐應官之文句其膏馥耳。元明來此制一廢，而士大夫真目不識丁矣。其大厄四也。禮者，奠天下之磐石也，禮廢則天子無以治萬邦、諸侯無以治四境、卿大夫無以治一家，時則下陵上、裔亂華，亡國破家，殺身如償券。孔子傷之，欲返諸禮而無其位，故因《春秋》以見意，以為脩整於既往，其召福祥也。如彼勃亂，於當今則嬰毒禍也如此。左氏親受指歸，故於禮之源流得失反復致詳焉。周公、孔子治道之窮通萃於一書，若其勸懲之旨則婉而多風矣。時以為君子則君子之，時以為善則善之，冀此心默喻於千載，謹守遜言之戒以全《春秋》付託之重，然其以禮愛護君父，不已深切著明哉？奈何杜預以罔利之徒，懵不知禮文者，蹶然為之解，儼然行於世，害人心、滅天理，為左氏之巨蠹。後生曾不之察，騰杜預之義而播左氏之疵，左氏受焉，亦見其矗。中薄植一魏晉之妄人，莫覺莫悟，何有於古學哉。區區之衷，久懷憤懣，遂補注十二卷，發明婉約之旨，臚陳典章之要，象緯堪輿之細碎亦附見焉。注疏之謬，逐條糾駁，各見於卷。則左氏之沈冤悉白、杜預之醜狀悉彰。其么麼蠢類、橫巉左氏殆不足辨，不悉著。若夫百家傳聞眾言淆亂，與公羊、穀梁、司馬遷事辭之悖謬，別為考異，不列茲編。噫嘻！昔者賈逵之訟左不盡括左氏之長、劉炫之規杜又不足仆杜預之短，是以芳烈不揚休，赤臭未末殺。小子何人，敢與茲事？將前哲之所啟牖乎？今險忮刻薄之人，有竊鑽何休之餘竅，以詿誤梧子，何不仁之甚也！蓋聖世之賊民而已矣。

又與周保緒書曰：竊歎左氏親承夫子之緒論，目睹百二十國之寶書，其於措辭別微婉隱約，或諱而不言，使人深思，連類而自得之，蓋慎重之至也。公、穀二家晚出戰國，向壁虛造，乃敢呵斥罵詈以誣聖經，其優劣本懸絕。啖、趙

以來至劉敞、胡安國輩，皆著書孤行，乃復鹵莽滅裂，承公、穀之餘燄，倡狂鼓說，橫斥《左氏》，至以其實錄為不足信，可哀也矣。然為《左氏》之疢痏而得罪於聖經者，無如杜預也。賈、服之注今已不傳，其精者偏為杜預攘取，孔疏惟摘其細碎以為嗤笑。然他經如《周禮》《儀禮》疏中所引服氏，猶可想見向來經師之講習，《左氏》之面目未至顛倒變易。杜預乃盡翻家法，移《左氏》之義以就其邪僻曲戾之說，創《長歷》以為牽附移掇之計，造《釋例》以成其網羅文致之私，疏家及後之為《左氏》者，動輒惑於其例，於是《左氏》之學亡而杜預儼然專門名家矣。故經學之亡亡於唐初撰《五經正義》，棄河朔之樸學，尚江左之虛浮，殊可浩歎。後之龘才以擊鄭學排《左氏》為能事，其習氣則陳祥道、鄭樵等喪心狂易之人開之也。欽韓作是注也，糾駮杜預之謬，發明《左氏》之奧，埽晦盲否塞而還為青天白日。世有桓譚，必以為可傳也。

又答董琴南書曰：慨然念《左傳》之書一厄於公羊橫行之日，再厄於杜預孤行之後，其微旨奧義，蒙於糞土蓄穢之中而莫能澡雪。劉敞之徒，猖狂妄論，由於杜預之疢痏而為左氏之詬病，孔穎達等素無學術，因人成事，《五經正義》稍有倫理者皆南北諸儒之舊觀。其固陋之習最信偽《孔傳》、杜預，於鄭氏敢斥曰「不通」、「不近人情」，於服氏曰「尚不能離經辨句，何須著述大典」，尊崇杜預，謂《禮經》為不足信，狂惑叫號。而鄭之他經、服之《左傳》由此廢亡，名曰表章經學，實乃剗喪斯文，可勝恨哉！不揣淺陋，為《補注》十二卷，凡杜預之叛經誣傳、糾摘紕繆，皆劉炫、衛冀隆所未及。其典章名物訓故皆補其敗闕，蓋用心十餘年而今始有成書。晏案左氏紀實，其議論時有乖違，皆述當世之說，或稱君子之言，或紀時人之語，於左氏無與也。且左氏紀二百四十二年之事，向無《左傳》則事實不明，并《春秋》之經亦無由推見至隱矣。即啖、趙輩廢棄三傳，詳玩經文，亦豈能全廢事實而憑肛鑿空哉？！然則《左傳》紀實，國事賴以尚存，禮典藉以不墜，有功於聖經大矣。而後人以其議論之頗，遂妄生疢痏，痛斥左氏之書，夫豈知言者哉！沈氏謂左氏詳於禮之源流得失，明乎周公、孔子之治道，勸懲之旨婉而多風，冀此心默喻於千載，以全《春秋》付託之重，此真善讀《左史》者，可為好學深思心知其意也。惜乎劉、賈、許、穎、服五家之注皆佚，漢經師之學蕩然。杜氏學疏識陋，《集解》之成在太康平吳之後，心志既侈，論說多乖，《左氏》之學日晦，由杜氏失之也。

◎摘錄卷一《總論》：丁晏案《左傳杜氏集解序》獨遺服氏之名，實多勘取服氏攘為己注。說曰：杜預撰《經傳集解序》，備舉劉子駿、賈景伯父子、

許惠卿、潁子嚴,皆漢之先儒名家也,獨遺服氏之名而不言,孔氏謂服劣於諸家,棄而不論,此阿杜之曲說也。服氏之學當時盛行,東晉已置博士,不容遺棄其名。竊嘗反覆考之,而確知杜氏之竊取服說攘為已注,故有意沒其名氏,其居心之詭秘,深可鄙也。今服注之僅有存者,其說多與杜同。行同竊賊,已露真贓,謹據《正義》所引服注,試一一臚舉之……凡此杜解悉與服同。夫使服氏三十卷全書具存,則其攘竊之跡必更有顯露之者。惜乎解說久亡,無由盡摘其伏而發其奸也。然即今可考而知者,杜氏勦服說比比皆是,而孔疏猶阿杜云「劣而不論」,既云劣矣,何以《集解》又襲其說?注襲其說而序沒其名,此攘竊之小人,郭象、何法盛之徒,儒者之所深羞也。

◎徐乃昌《積學齋藏書記‧經部》「《左傳杜解集正》八卷」:國朝丁晏儉卿撰。傳鈔本。首有自序。儀徵劉謙甫（富曾）校。手稿藏于劉氏,此即由手稿錄出。按:儉卿,山陽人,舉人。著書甚富,有《頤志齋叢書》。

◎孫雲錦光緒《淮安府志》卷三十八《藝文》:丁晏《周易述傳》（二卷）、《周易解故》（一卷）、《訟卦淺說》（一卷）、《尚書餘論》（二卷）、《禹貢集釋》（三卷）、《禹貢錐指正誤》（一卷）、《蔡傳附釋》（一卷）、《毛鄭詩釋》（四卷）、《詩考補注／補遺》（三卷）、《鄭君詩譜考正》（一卷）、《毛詩陸疏校正》（二卷）、《詩集傳附釋》（一卷）、《儀禮釋注》（二卷）、《周禮釋注》（二卷）、《禮記釋注》（四卷）、《佚禮扶微》（二卷）、《左傳杜解集正》（八卷）、《春秋胡傳申正》（四卷）、《孝經述注》（一卷）、《孝經徵文》（一卷）、《論語孔注證偽》（四卷）、《說文舉隅》（一卷）、《鄭司農陳思王陶靖節陸宣公年譜》（四卷）、《石亭紀事》（二卷）、《淮亭脞錄》（二卷）、《北宋汴學二體石經記》（一卷）、《金天德大鐘款識》（一卷）、《元鑄祭器南宋古塼記》（一卷）、《頤志齋碑帖敘錄》（一卷）、《馬班陳范四史餘論》（五卷）、《學斠》（二卷）、《易林釋文》（四卷）、《投壺考原》（一卷）、《子史粹言》（二卷）、《淮南萬畢術》（一卷）、《楚辭天問箋》（一卷）、《曹集銓評》、《頤志齋集》（十六卷）、《山陽詩徵》（二十四卷）、《文斠》（二卷）。

◎上海古籍出版社 2015 年《續修四庫全書總目提要‧春秋類》「《左傳杜解集正》八卷」:

是書前有丁氏自序,謂自漢宋之學分,黨同伐異,經學與理學歧而二之,非通儒之學也。《春秋》之學,服虔盡得鄭學,然自晉杜預為注,攘服氏注為已說,棄而不言,唐孔穎達曲服阿杜以作《正義》,服注遂微。梁崔靈恩、後魏衛冀隆、隋劉炫等皆辨杜氏之非。近人顧炎武、萬斯大、惠士奇、惠棟、沈

形、江永、洪亮吉、顧棟高等均有補疏,「然猶未能抉其隱微,窮其情偽」。焦循始斥杜氏為司馬懿之私人,沈欽韓備言杜氏私衷為司馬昭釋說。丁氏作是書,「蓋欲扶翼正學,昌明世教」,使世人「毋歧經學、理學而二之」。是書前有丁氏自序,謂自漢宋之學分,黨同伐異,經學與理學歧而二之,非通儒之學也。是書原僅有稿本,據年譜為丁氏六十三歲之作,經烏程張均衡訂正前後次序刊行。此本據民國間張氏刻《適園叢書》本影印。(潘華穎)

◎是書多引沈欽韓、沈彤、惠定宇、江永、顧炎武、洪亮吉、程公說、趙子常、焦循、《左傳正義》之說。

丁宜福 春秋婦女列傳 佚

◎1928年嚴偉、劉芷芬《南匯縣續志》卷十二《藝文志・經部補遺》:《春秋婦女列傳》(清丁宜福著。宜福見易類)。

◎丁宜福(1817～1875),字慈(時)水。南匯(今上海浦東新區)浦南紫岡人。同治十一年(1872)歲貢。工八股、詩賦。與青浦于廷颺、奉賢李花卿並稱「雲間三子」。著有《易抱》二卷、《春秋婦女列傳》、《經說》、《浦南吟鈔》、《浦南白屋詩稿》、《申江棹歌》、《新樂府》,輯有《恭桑錄》《遺芳集》。

丁芸 公羊何注引漢律考 佚

◎謝章鋌《賭棋山莊所著書》文集又續卷一《丁耕鄰墓誌銘》:其家高祖曾祖及羣從曾伯叔祖率有著述,散失銷磨,不成卷帙。耕鄰窮搜密訪,或全篇,或零句,有見必錄。予謂之曰:「子之所為,一家文獻之所繫也。安得有心人盡如子者乎?」是時耕鄰方假聚珍板摹印其曾祖《晉史雜詠》以行,其餘所排纂未終而竟舍之去。嗚乎,先靈其能無恫耶!搜其篋,惟《爾雅郭注溯源》《古文論語鄭注輯本》《左傳五十凡義證》《公羊何注引漢律考》《晉史雜詠注》《歷代閩川閨秀詩話》《國朝閩川閨秀詩話》《續編柏葊詩話》《柏葊人物傳》成書,尚有《閩文選》《閩中石刻考》《國朝閩畫記》《丁氏家集》《有可觀齋經說》《有可觀齋詩文》未脫稿,雖叢殘,多有關掌故云。

◎陳衍《石遺室詩話》卷二十四:耕鄰與其同懷兄莪池孝廉,筆耕奉母,以力學孝友聞。莪池體弱,中年遽病卒。耕鄰傷兄甚,遂相繼歿。

◎丁芸(1859～1894),字耕鄰,一字晴薌。侯官(今福建福州)人。光緒十六年(1890)舉人,選用儒學訓導。受業於表叔謝章鋌。著有《左傳五十

凡義證》《公羊何注引漢律考》《爾雅郭注溯源》《古文論語鄭注輯本》《晉史雜詠注》《歷代閩川閨秀詩話》《國朝閩川閨秀詩話》《續編柏筍詩話》《柏筍人物傳》《閩文選》《閩中石刻考》《國朝閩畫記》《丁氏家集》《有可觀齋經說》《有可觀齋詩文》。

丁芸 左傳五十凡義證 佚

◎謝章鋌《賭棋山莊所著書》文集又續卷一《丁耕鄰墓誌銘》：其家高祖曾祖及羣從曾伯叔祖率有著述，散失銷磨，不成卷帙。耕鄰窮搜密訪，或全篇，或零句，有見必錄。予謂之曰：「子之所為，一家文獻之所繫也。安得有心人盡如子者乎？」是時耕鄰方假聚珍板摹印其曾祖《晉史雜詠》以行，其餘所排纂未終而竟舍之去。嗚乎，先靈其能無恫耶！搜其篋，惟《爾雅郭注溯源》《古文論語鄭注輯本》《左傳五十凡義證》《公羊何注引漢律考》《晉史雜詠注》《歷代閩川閨秀詩話》《國朝閩川閨秀詩話》《續編柏筍詩話》《柏筍人物傳》成書，尚有《閩文選》《閩中石刻考》《國朝閩畫記》《丁氏家集》《有可觀齋經說》《有可觀齋詩文》未脫稿，雖叢殘，多有關掌故云。

董楚材 左氏淫箴 佚

◎劉毓崧《通義堂文集》卷六《歲貢生董君家傳》（代先君子作）：生平邃於經學，著有《周易彙參》《詩經會要》，而最有功於世教者尤在《左氏淫箴》。其宗指見於《序例》，大略謂左氏親受業於孔子，因《春秋》而作傳，又作《國語》，取當時列國之書博覽而詳載之，故事皆紀實可信。其於列國事變起自淫亂者，纖悉必記，使後世君卿大夫士知身範之貴端、邪緣之宜塞，非好言瑣屑之事比於小說家也。然則韓昌黎「左氏浮誇」之說豈定評哉！是編以《左》《國》為主，附載詩篇序傳之說、《列女傳》所載孽嬖之類，以備觀覽。按其時代，隨事標題，而各以其國統焉。備載本末，詳悉無遺，牽連得書，因端竟委，推所終極，見流禍之無窮。乃知古人杜漸防微，其垂法至深遠也。嗚呼君之持論可謂深得左氏之大義者矣……君所著《詩》《易》兩書余未獲見，而其輯《春秋左氏》之事以資法戒，實於人心世道有關，使亭林及見是書，當必深為嘉許也夫！

◎董楚材（1789～1854），原名之錕，字冶田，號晉卿。江蘇高郵人。道光二十二年（1842）歲貢生。鄉闈五薦不售，處之恬然。著有《周易彙參》《詩經會要》《左氏淫箴》。

董純 春秋繁露箋註 佚

◎孫葆田《山東通志》卷百七十二本傳著錄。

◎董純，字素村。山東鄒縣人。乾隆四十八年（1783）舉人。歷官四川布政使。著有《三禮獨見》《春秋繁露箋註》。

董大韶 春秋考異 佚

◎王其淦、吳康壽光緒《武進陽湖縣志》卷二十八《藝文》：國朝董大韶《春秋考異》（佚）。

◎董大韶，江蘇江陰人。順治四年（1647）進士。著有《春秋考異》。

董大鯤 春秋列國考敘 一卷 佚

◎道光《徽州府志》卷十五《藝文志》：董大鯤《春秋列國考敘》一卷。

◎汪正元、吳鶚光緒《婺源縣志》卷二十八《人物志・孝友》：所編纂有《經傳音畫辨譌》、《春秋四傳合編》、《春秋列國考敘》《姓氏郡望考》等書。

◎汪正元、吳鶚光緒《婺源縣志》卷五十五《藝文志・典籍》：董大鯤著（《經傳音畫辨譌》《春秋列國考敘》《姓氏郡望考》）。

◎董大鯤（1693～1770），字北溟。婺源（今江西婺源）人。朝議大夫正台三子。少明敏，負器識。同縣汪紱、江永等皆折節與交。晚例授朝議大夫。著有《春秋列國考敘》一卷、《春秋四傳合編》三十卷、《姓氏郡望考》、《喪服圖敘》一卷、《十三經音畫辨譌》二卷、《二十一史編年》十卷。

董大鯤 春秋四傳合編 三十卷 佚

◎惲敬《大雲山房文稿》二集卷三《朝議大夫董君華表銘》：所著有《十三經音畫辨譌》二卷、《春秋四傳合編》三十卷、《喪服圖敘》一卷、《二十一史編年》十卷。

◎汪正元、吳鶚光緒《婺源縣志》卷二十八《人物志・孝友》：所編纂有《經傳音畫辨譌》、《春秋四傳合編》、《春秋列國考敘》《姓氏郡望考》等書。

董桂科 春秋管見 佚

◎汪正元、吳鶚光緒《婺源縣志》卷二十六《人物志・文苑》二：尤潛心著述，有《治經筆記》《春秋管窺》《周禮存參》《琴軒劄記》《爾雅節要》《石

經考》《說文考》《星象全圖說》《中星十二月新圖說》《歷代中星考》《中星更錄》《測時便考》《勾股要法》諸書。

◎汪正元、吳鶚光緒《婺源縣志》卷五十五《藝文志‧典籍》：董桂科著（《周禮存參》《春秋管見》《石經考》《說文考》《中星考》《測時便考》《星象圖說》《中星更錄》《歷代中星十二月圖說》《治經筆記》）。

◎董桂科，字蔚雲，號恆軒。婺源（今江西婺源）城東人。秉性沉靜，下闈攻苦。嘉慶二十三年（1818）舉人，道光十三年（1833）進士。以知縣就教，補松江府教授。著有《周禮存參》《春秋管見》《說文考》《爾雅節要》《石經考》《治經筆記》《中星考》《測時便考》《勾股要法》《星象圖說》《中星更錄》《歷代中星十二月圖說》《琴軒劄記》等。

董漢策 春秋傳匯 十二卷 首一卷 存

北大、浙江藏順治刻本

◎乾隆《烏程縣志》卷之十四《經籍》：董漢策《周易大成》一百卷、《春秋傳匯》十二卷、《四書全解》四十卷、《歷朝古文選》十七卷、《褋父雜著》一卷、《蓮漪集》一卷、《笠翁內篇》一卷二集一卷、《從好編》一卷、《擎勝集》六卷、《芝筠詩》一卷、《窺園雜泳》一卷、《渭雲堂詩》一卷、《四載詩存》一卷、《自在吟》一卷、《蓮閣詩草》一卷、《鷗盟集》一卷、《時適編》一卷、《吟諾》一卷、《九宜集》二卷、《蘭珍詞》一卷、《羨門軼句》一卷。

◎董漢策，字惟（帷）儒，號芝筠。烏程（今浙江湖州）南潯人。康熙十一年（1672）特薦賢良方正，奉旨以科道員缺試用，後被誣下獄，已而放歸，益肆力羣書。咸豐三年（1853）以孝子題旌。著有《易原》、《周易大成》一百卷、《春秋傳匯》十二卷首一卷、《四書全解》四十卷、《六書原》、《諸家篆韻纂要》五卷、《歷朝孝紀傳贊》三十卷、《資治通鑒評》附《宋元通鑒評》二冊、《榴龕年譜》、《聖門直指頌》二卷、《功過錄》、《易外聖書》、《蘇庵家乘》三卷、《補計然子》一卷、《道德經注》、《攝身元秘》、《祭煉書》一卷、《褋文雜著》一卷、《蘆窗信筆》一卷、《從好編》一卷、《攬勝文集》六卷、《帚園集》、《蘇庵外錄》、《乍浣居詩草》、《詠疊集》、《芝筠詩集》一卷、《詠史詩》、《巢軒詩稿》、《榴龕詩稿》一卷、《且吟》、《窺園雜泳》一卷、《和陳白沙詩》、《渭雲堂詩》一卷、《四載詩存》一卷、《蓮閣詩草》一卷、《自在吟》一卷、《夏五遊》一卷、《煙艇吟》一卷、《寓庵詩》、《怡顏集》、《醉漚吟》、《行舸漫錄》、

《養素軒詩》一卷附《天目放歌》、《羨門軼句》一卷、《吟諾》一卷、《蒓水遊》一卷附《夢遊春詩》、《百詠詩》、《雲岩嘯詠》、《章江集》、《攬勝詩集》、《九宜集》二卷附《孤山感詠》、《鷗盟集》一卷、《漱玉編》、《時適編》一卷、《蘭珍詞》一卷、《董詞》一卷、《董詞二集》、《雪香譜》一卷、《讀古定本》十七卷、《蓮漪集》一卷、《笠翁內篇》一卷、《笠翁內篇二集》一卷、《朝元閣詩刻》、《采真詩選》。

董金鑑 春秋繁露集注 二卷 存

光緒刻董氏叢書本

董守諭 春秋簡秀集 三十四卷 又六卷 存

國圖藏清抄本

國家圖書館出版社 2021 年陳開勇編浙學未刊稿叢編・第一輯影印稿本

◎春秋列國名臣彙集總序：古帝王之興，代有史氏，左記言，右記事，事為《春秋》，言為《尚書》，則《春秋》與《書》皆一史例也。第《書》所記者，如《舜典》《陶謨》《箕疇》《禹貢》，多開畫天壤之規，可以作則於後世；《春秋》所記者，如晉狄楚伯、梁亡衛復，多防閑夷夏之意，惟以垂法於來人。周自列國不陳《詩》，《春秋》本史而命制，大意以心法傳治法。周正二百餘年，若周公之輔相成王、伊尹之攝行太甲，非猶大小內外之史，從《周禮・春官》之屬也。《詩》有宣姜《新臺》之什，《春秋》書惠公以出奔；《詩》有文姜《南山》之賦，《春秋》書桓公薨；遂穆姬《載馳》之感動，《春秋》書狄人入寇；車氏《黃鳥》之刺興，《春秋》不書繆公葬卒。不獨存其義，直明因其事矣。如大夫奏《肆夏》，雖趙文子之賢而不寬；諸侯設庭燎，即齊桓公之伯而不恕；管仲不敢當尊禮於上卿，寧俞不欲以帝相間命祀，朝會饗望之大，未嘗不以正禮責君臣也。凡分至啟閉，必書雲物；雨暘星宿，必按災祥；梅李草菽，必衡衰寔；山川陵瀆，必記動靜。雖神降於莘墟、龍鬪於鄭門、鸒飛於宋都、蛇出於魯臺，極幻罔怪誕之事，而皆不忘錄者，亦惕陰陽之變，以示吉凶之趨。仰觀天道，俯察人行，而易理不著焉。是《春秋》之作雖本魯史而始義，殆括六經之奧，而挈三綱之元，立天地，抉宇宙，殫大聖人一生之志力性能以垂教，誠如班氏所謂非空言說經也。然《春秋》之後，三傳並持，惟丘明得於親授，不若公、穀傳述之浮。朱晦翁亦稱左氏曾見國史，考事頗精，或先經以起義，或後經以終義，或依經以辨理，或錯經以合異，雖經自經而傳自傳，其論當時

國家之事、古今之天道人事備矣。若本《左氏》一書以求聖人全經之旨，庶為得其津梁而淵源可尋也。故讀《春秋》而不讀《左氏》，猶欲登泰山而不循其麓、欲觀大海而不遡其流，徒向煙霧灝渺之中望洋問徑也。余素有志於《左氏》，遯避俗東山，閱《杜林合註》善本，晨夕翫之，不容釋手。覺合內外傳二十一篇之外，別有精思靈氣，迴合變化，非才士之近謨，洵賢人之大業也。世儒謂司馬遷有云：「左丘失明，厥有《國語》」，大抵皆感憤之作，不專發明孔子也。故雖多發於經，而經傳亦不盡相比傚。吾謂丘明作於數百年之前，元凱合於數百年之後，何以舉經之年附傳之年？比類踵事，愈顯義通理貫，如出一人一手，絕無舛忤不合。有經無傳者本經大旨，有傳無經者衍經餘意，知左氏誠得聖人之秘授，寔期表翼聖議於千秋，非自矜一代之才，為班馬作師也。每觀列國名臣之間，或忠孝節義，有契於吾心者，雖不及先儒之創議演經、衷所許可，亦不容無語取證焉。古之諸侯猶今政府諸公，余少賤無權，未敢狂詼獲戾，惟取烈士名卿、賢人淑女，雖有小疵無妨大節者，彙錄其事，一人合一傳，一傳首一論，不能為墨守之箋，亦聊寄管窺之緒。即分析傳史，冒罪先民，意在明揚素臣之烈，任聽諸呶呶者而已。或謂有善必有惡，既善矜，而寧容不惡列？但余不才，安能昧己之非，以妄籍人之過？且天下君父無不愛不慈者，臣不忠而君何能愛其臣，子不孝而父何能慈其子？商紂之暴，不戮純臣於羑里；姚叟之頑，不殺聖子於歷山。君父之不愛不慈者，直臣子不忠不孝之罪，豈君父之過哉？！概列臣子而君父之事亦可略而觀焉。至於敘論之際，不無任情凌節，無非推本忠孝之忱，莊言危語，要令讀是集者，知余猶有不忘天下之感。特世厭君平，非君平厭世也。則余得藉左氏之書，以解嘲於江東父老矣。董守論慎思氏譔。

◎春秋簡秀集目錄：

列國名臣目錄共計三十人：鴻烈二人：齊下卿管夷吾論、鄭正卿公孫國僑論。樂善一人：鄭正卿公孫罕虎論（傳論俱附國僑後）。忠德一人：晉正卿趙武論。奮績一人：周劉文公屬大夫萇弘論。忠毅一人：楚司馬沈尹戍論。靖恭一人：晉正卿趙盾論。愚忠一人：衛大夫寧俞論。隱忠一人：魯列卿叔孫豹論。孤忠一人：魯大夫子家羈論。彊忠一人：魯叔孫氏家臣杜洩論。篤孝一人：魯三命列卿叔孫婼論。異孝一人：吳行人大夫伍員論。公惠一人：楚令尹蒍艾獵論。義議一人：吳公子季札論。幾讓一人：曹公子欣時論。撫寧一人：晉司馬魏絳論。端明二人：晉正卿范會論、晉正卿韓厥論。義烈一人：楚大夫申包胥

論。奮績又一人：秦正卿百里孟明視論。繼哲一人：晉正卿范爽論。方嚴一人：魯屬大夫公冶論。鴻烈又一人：晉大夫羊舌肸論。愷疏一人：秦大夫晏嬰論。碩望二人：隋大夫季梁論、晉大夫女叔齊論。貞直一人：晉大夫伯宗論。繼忠一人：楚葉公沈諸梁論。剛直一人：楚芋尹申無宇論。捷能一人：鄭大夫燭之武論。義勇一人：楚力士熊宜僚論（傳論俱附沈諸梁論後）。

列國閨秀目錄共計七人：光祚一人：晉正卿趙盾慈母趙姬論（傳論俱附趙盾後）。義助一人：晉文公夫人姜氏論。義訓一人：晉大夫羊舌肸母叔姬論（傳論俱附羊舌肸後）。先識一人：楚武王夫人鄧曼論、晉大夫伯宗妻論（傳論俱附伯宗後）。禮貞一人：齊大夫杞梁杞論。知節一人：楚文王夫人媯氏論。

列國孔門高弟目錄共計八人：和議一人：衛端木子貢論。潛德一人：魯南宮敬叔論。信義一人：魯季路論。多藝一人：魯冉有論。忠勇一人：魯有若論。貞變一人：魯樊遲論（傳論俱附冉有後）。知幾一人：魯季羔論（傳論俱附季路後）。正難一人：宋司馬牛論。

◎全祖望撰《董戶部守論傳》：先生精於易，所著有《讀易一鈔／二鈔》《卦變考略》《易韻補遺》《春秋簡秀集》《公車錄》。

◎張壽鏞《易餘序》：至先生所著《春秋簡秀集》，余得其抄本，藏之久矣。其傳深得體要，其論則非先生筆也。意者門弟子集合而成者乎？文辭悭陋，無當大雅，猶未敢遽付剞劂也。因竝及之。

◎董守論（1596～1664），字次公，學者稱長嘯先生。浙江鄞縣人。諸生世登子。少受業黃道周之門。天啟四年（1624）舉人，七上公車不第。魯王時官戶部貴州司主事，與翁鴻業、姜思睿稱「浙東三俊」。入清杜門著書以終。著有《卦變考畧》二卷、《讀易一抄／二抄》、《易廣》四卷、《易經筒中利試題旨秘訣》四卷、《易餘》四卷、《春秋簡秀集》、《董戶部集》、《擎蘭集》等。

董天策 春秋文稿 佚

◎甘鵬雲等《湖北文徵》卷七：著有《春秋文稿》《柳溪雜稿》。

◎董天策，字克勤，學者稱柳溪先生。湖北麻城人。康熙三十一年（1692）歲貢。居家講學。著有《春秋文稿》《柳溪雜稿》。民國《麻城縣志‧文學》有傳。

董天工 春秋繁露箋注 十七卷 附錄一卷 存

復旦、中科院藏乾隆二十六年（1749）觀光樓刻本

四庫未收書輯刊第八輯影印乾隆二十六年（1749）觀光樓刻本

華東師範大學出版社 2017 年中國傳統：經典與解釋叢書黃江軍整理本

◎春秋繁露目錄：卷一：楚莊王（第一）、玉杯（第二）。卷二：竹林（第三）。卷三：玉英（第四）、精華（第五）。卷四：王道（第六）。卷五：滅國上（第七）、滅國下（第八）、隨本消息（第九）、盟會要（第十）、正貫（第十一）、十指（第十二）、重政（第十三）。卷六：服制象（第十四）、二端（第十五）、符瑞（第十六）、俞序（第十七）、離合根（第十八）、立元神（第十九）、保位權（第二十）。卷七：考功名（第二十一）、通國身（第二十二）、三代改制（第二十三）、官制象天（第二十四）、堯舜湯武（第二十五）、服制（第二十六）。卷八：度制（第二十七）、爵國（第二十八）、仁義法（第二十九）、必仁且知（第三十）。卷九：身之養（第三十一）、對膠西王（第三十二）、觀德（第三十三）、奉本（第三十四）。卷十：深察名號（第三十五）、實性（第三十六）、諸侯（第三十七）、五行（第三十八）、闕文（第三十九）、闕文（第四十）。卷十一：為人者天地（第四十一）、五行之義（第四十二）、陽尊陰卑（第四十三）、王道通三（第四十四）、天容（第四十五）、天辨在人（第四十六）、陰陽位（第四十七）。卷十二：陰陽始終（第四十八）、陰陽義（第四十九）、陰陽出入（第五十）、天道無二（第五十一）、煖燠孰多（第五十二）、基義（第五十三）、闕文（第五十四）、闕文（第五十五）。卷十三：人副天數（第五十六）、同類相動（第五十七）、五行相勝（第五十八）、五行相生（第五十九）、五行順逆（第六十）、治本五行（第六十一）。卷十四：治亂五行（第六十二）、五行變救（第六十三）、五行五事（第六十四）、郊語（第六十五）。卷十五：郊義（第六十六）、郊祭（第六十七）、四祭（第六十八）、郊祀（第六十九）、順命（第七十）、郊祀對（第七十一）。卷十六：執贄（第七十二）、山川頌（第七十三）、求雨（第七十四）、止雨（第七十五）、祭義（第七十六）、循天之道（第七十七）。卷十七：天地之行（第七十八）、威德所生（第七十九）、如天之為（第八十）、天地陰陽（第八十一）、天道施（第八十二）。附錄：雨雹對、廟殿火災對、論種麥奏、論限民名田疏、士不遇賦。傳序題跋：董仲舒傳、春秋繁露序、崇文總目、中興館閣書目、晁公武郡齋讀書志、六一先生書春秋繁露後、新安程大昌泰之祕書省書繁露後、跋春秋繁露。

◎春秋繁露箋注序：班史《董江都傳》謂江都之學能說《春秋》事得失，有《玉杯》《繁露》《清明》《竹林》之屬數十篇十萬餘言。按其言，似《繁露》乃數十篇中之一。今所傳者摠名《繁露》，而《玉杯》《清明》《竹林》之屬括

於其中。又其言精深峭刻，與《天人三策》所對辭氣不同。於是有疑為後儒所造，託名江都者。然綜核大義，無非尊誼崇禮、尚德緩刑，合天地中和之氣以儆戒人主，仍然《天人三策》之旨也。至辭氣不類，亦不得以是為疑。如《左傳》《國語》皆左邱明所成也，而《國語》辭氣與《傳》各別，亦疑為出兩人手乎？唯編《玉杯》等篇於《繁露》中，此義未明。然歐陽文忠所藏八十二篇既已合而為一，無有異辭，則亦闕其疑可矣。獨是自宋嘉定以迄前明，評點者有真西山、劉辰翁、楊升庵、唐荊川、孫月峰、湯若士諸家，而箋注其義者未聞。於是篇帙粗完而大旨未析。崇安典齋董君，江都後裔也。本《公羊》家學，旁及《左》《穀》，穿穴注疏垂三十年。念《繁露》一書流傳未廣，質奧難明，佐郡餘閑，創為《箋注》，採經攎傳，搜剔爬梳，一句一字必求典切，有解疑釋結之勞，無疏畧牴牾之失。中有無從徵信者，姑從闕如。載離寒暑，聿觀厥成。庚辰冬月，携稿見示。披而讀之，覺董子推明孔氏，抑黜百家，原天地生成之心，究帝王授受之道，則上下十二公二百四十二年行事，十七卷八十二篇旨歸蒙翳悉除，洞若觀火。不獨瞭然於江都著書之義，即孔子繫王於天，本天道以治人者，亦可窺尋而印合矣。乃復虛懷下詢，命予作序。夫《中興舒〔註5〕閣書目》秖《繁露》十卷，紹興進十七卷本始自董氏，今之《箋注》復出自典齋。後先盛業，萃於一門。董相則慈孫復存《繁露》，則功臣兩遇，非惟勸學，兼重崇先。予雖耄老，樂為一言應典齋之請，並為讀是書者告。不敢與原書序跋、兩宋名流爭考證之工拙也。乾隆庚辰冬月，賜進士出身光祿大夫經筵講官禮部尚書在籍食俸長洲沈德潛撰。

◎凡例：

一、《繁露》之名何以稱？《中興舒〔註6〕閣書目》云：「《繁露》之名，先儒未有釋者。」按《逸周書・王會解》「天子南面而立繞無繁露」註：「繁露，冕之所垂也，有連貫之象。」《春秋》屬辭比事，仲舒立名或取諸此。

一、《繁露》之先，《春秋》有三傳：《左氏》敘事甚詳而不推詳經文；《公》《穀》細繹經文而畧於敘事。廣川公《繁露》錯舉《春秋》時事，特具隻眼，闡出孔子作《春秋》之微意，大意尚德而緩刑、尊禮而重信。其論事則有經禮、變禮、正經、制權，其論人多為之原其志。如《玉杯》篇中議魯文公以喪娶、釋趙盾之復見，俱以志也。

〔註5〕「舒」疑當作館。
〔註6〕「舒」疑當作館。

一、《春秋三傳》各有互異，公《繁露》宗《公羊》。如隱元年鄭伯克段于鄢，《左氏》謂太叔出奔共；《公羊》謂殺之也；《穀梁》亦然；公《繁露・王道》篇中謂殺世子母弟直稱君者，明失親親也。閔元年齊仲孫來，《左傳》齊仲孫湫來省難，湫齊大夫也；《公羊》齊仲孫者公子慶父也，繫之齊，外之也；《穀梁》亦然；公《玉英》篇中云：「易慶父之名謂之仲孫」。莊二十四年曹羈出奔陳，《左氏》無傳，杜註謂曹世子也；《穀梁》無傳；《公羊》謂曹大夫；公《王道》篇中云曹大夫。他多類此。

一、公《繁露》宗《公羊》，樓攻媿謂漢承秦敝，《左氏傳》猶未行世，《繁露》言《春秋》多用《公羊》之說，其說恐不盡然。如公《王道》篇中天王出居于鄭殺母弟，則與《左傳》恰合。又殺世子母弟直稱君者，其說本《穀梁》。蓋公篤信《公羊》，時與胡母子都共業於公羊五世孫壽，故《繁露》中多宗《公羊》云。

一、公《繁露》雖宗《公羊》，多發《公羊》之所未發者。如首篇楚莊殺徵舒，《春秋》書楚人，所以書楚人之故，《公羊》曰：「不予諸侯之專討」，其義已矣。公又以楚莊之行賢徵舒之罪重，若不貶，孰知其非正，則書人之意益顯矣。楚靈殺慶封，《春秋》書楚子，所以書子之故，《公羊》無明傳，公以慶封之罪未有所見也，稱楚子，以伯討之，則《春秋》書子之意，非公其孰明之。他皆類此，舉一以該百也。

一、《繁露》八十二篇，自第一篇至第十七篇，詳論《春秋》得失興亡以昭法戒；自第十八篇至末，則言官制度制服制治道爵國仁義知性郊天四祭求雨止雨陰陽五行，雖不盡舉《春秋》時事以證明之，然無不本《春秋》大義以發其理，所以載於《春秋繁露》中也。

一、《繁露》錯舉《春秋》時事而抒以己見，其中博極閎深，多不刊之語。如言治則曰奉天法古，言戰則曰枉道而勝不如由其道而敗：「丑父殺身以生君，謂之邪道；祭仲許宋以存君，謂之知權。《春秋》之大指有六科十指，《春秋》之至意有二端。王號有五科，君號亦有五科。天道積眾精以為光，聖人集眾善以為功。君者民之心也，民者君之體也。人臣居陽而用陰，人君居陰而用陽，陰道尚行而露情，陽道無端而貴神。桓、文不尊周不能伯，聖人不則天不能王。言性善則歸於教，言仁義則曰仁者愛人不愛我，義者正我不正人，仁人者正其誼不謀其利，明其道不計其功。」言陰陽則曰：「天有兩和以成二中，歲立其中，用之無窮。人副天數，同類相動。」言五行順四時之氣，有相勝相生順逆

治亂。言郊則曰：「天者百神之君，王者之所以最尊也。」求雨則閉諸陽縱諸陰，止雨則廢陰起陽。真得吾夫子之心法，深於《春秋》者也。

一、《繁露》不獨天道人事義明理徹，而文氣之雄，恣肆汪洋，文法之精，結構嚴密，尤堪為文章模範。王充《論衡》云：「仲舒奇說道術，文之烏獲焉」，知言哉。

一、《繁露》前賢惟有批評其文章之妙，未有細為箋注者。觀者不知其由，殊覺惘惘。其所言之《春秋》，一篇之中，或數條或數十條，逐一追求，殊費搜尋。更有疑似之間，頗難確指。又有不本經中明文而出於傳中之語。余經三折肱而始註於句下，並有不本經傳句語，其中有難明者，亦為注解。積月累年而成一冊，質諸同好，非敢謬為倡舉也。

一、《繁露》由來無善本，中多訛字闕文，原本以訛傳訛闕仍原闕，未經改正補闕。余亦不敢以謬見補闕，惟《五行相勝》篇乃五段文章，原本闕「水勝火」句，接連「土者君之官」為四段，茲按前後說五行俱為五段，為補「水勝火」一句作五段，方是五行相勝。其訛字如《五行之義》篇木火土金水等字有顯然錯者，並各篇中有一二訛字，悉為改正。其原訛字仍贅本字之下，以俟識者鑒正。有古通用之字，則以通用註之。

一、《繁露》連篇累幅，一篇之中，或詞句疊見，或滔滔不已，若不細繹篇章察其詞意，不訝其重複，即驚其散漫。謬為畫段注出，庶知古人文章之妙，層巒疊嶂，仍復峰迴路轉，遊玩不盡。

一、孔子作《春秋》，命德討罪，其大要皆天子之事也。何以作於魯史？蓋是時王室凌夷，周不振矣，周公成文武之德，相成王，有大功於王室，封於魯，得諦於周公之廟，以文王為始出之帝而周公配之。孔子嘗曰：「如有用我者，吾其為東周乎？」是孔子明欲興周於魯也。《春秋》作於魯隱公元年，書曰「春王正月」，是以夏時冠周月也。《公羊傳》：「王者孰謂？謂文王也。」故廣川公謂孔子作新王之事，其說本魯宣公十六年成周宣榭災，《公羊傳》：「新周也」。至於三代改制，謂魯尚黑既用夏之時，則當用夏之制，無非闡發孔子作《春秋》之微意，興魯即以興周也。不然，何聖跡圖漢相鍾離意修孔廟啟丹書有曰：「後世修吾書董仲舒」，則孔子當日已知廣川公能發明作《春秋》之大義也。

一、《繁露》自為一子，中有奧句晦字，或係訛闕，余寡聞淺見，不能詳悉，不敢慢為強解。註以未詳，倘有高明賜教，幸甚。

一、《繁露》為董子《春秋》，肇於班孟堅。厥後《崇文總目》、《中興舒閣書目》、晁公《讀書志》、歐文忠公《繁露後序》言之屢矣。突有程大昌猖狂矯異，謂非董子之書。樓攻媿力駁其非，茲備錄於篇末，庶讀者知大昌之錯。其前賢評語，採其佳者著於各篇之上。吉光片羽，足為千載知音。

一、《繁露》十七卷八十二篇，內闕文四篇，又有闕字數十。孫月峯評本云婺女潘氏本、太倉王氏本均如此。今仍之。

一、《繁露》八十二篇之外，尚有《雨雹對》《廟殿火災對》《論麥奏論》《限民名田疏》《士不遇賦》，附十七卷後，庶幾留存不朽。

一、公宗《公羊》，所引傳說有《公羊傳》中未有者，見之《左》《穀》，亦可引用，以在公前也。至何休註、杜預註、《胡傳》則在公後，理不可引，註中間或引之，緣《左》《公》《穀》有未明處，引以明其意，非謂其本此也。再有出鄙見註解者，俱用一按字以別之。

一、廣川公籍隸河澗景州，支分江右臨川，派衍樂安，大宗之祠，奉祀昭昭。余祖由樂安居閩之崇安，仰瞻譜像，企慕宗風，謬為箋注，恨未成冊。而《繁露》一書，自前朝孫月峯評本、王道焜刊本之後，未有重刊者。恐日久湮滅，因於辛未夏將王本重刊流播。茲箋註成冊，就正巨公，再付梨棗，以公同好。崇安後裔天工謹識。

◎孫殿起《販書偶記》卷二：《春秋繁露箋注》十七卷附錄一卷，崇安董天工撰。乾隆辛巳精刊。

◎董天工（1703～1771），字材六，號典齋。福建崇安（今武夷山市）人。雍正元年（1723）拔貢。授福建寧德訓導，乾隆十一年（1746）任臺灣府彰化教諭。山東擢觀城知縣，以艱歸。補香河知縣，擢安徽池洲知府。乾隆十九年（1754）擊得安徽池州府同知。著有《春秋繁露箋注》十七卷附錄一卷、《臺灣見聞錄》四卷、《武夷山志》、《澄心小草》不分卷。

董養性 春秋訂疑 十四卷 佚

◎孫葆田《山東通志》卷百二十七《藝文志》第十：是書見《縣志》，注云：鐫版。餘卷未竟。

◎嘉慶《太平縣志》卷七《懿行》：胡可教，字穀似。早失父，二弟泉及期皆幼……子師旦……樂陵董邁公作《四書五經訂疑》，聘泉與師旦參訂，《春秋》則專屬之，於聖道多所發明。

◎董養性（1614～1672），字邁公，號毓初。山東樂陵董家村人。人稱「江北第一才子董禿子」。崇禎五年（1632）補邑博士，順治五年（1648）拔貢。潛心理學，四書五經均有釋解，考訂詳明。康熙六年（1667）授承德郎，官寧國府通判，知南陵、太平兩縣，以廉潔著。後任教職。著有《易學啟蒙訂疑》四卷、《春秋訂疑》十四卷。

竇濬 左傳句解 佚

◎孫葆田《山東通志》卷百二十七《藝文志》第十：是書見《府志》。

◎竇濬，字子哲。山東博平人。乾隆十四年（1749）歲貢。官招遠訓導。著有《尚書句解》《左傳句解》。

竇錫類 春秋世系譜 一冊 佚

◎光緒《增修諸城縣續志》五《藝文考》：竇錫類《腹餘草》《詩文集》《琴譜》《蘿軒隨筆》《讀左便覽》《春秋世系譜》譜各一冊。

◎《增修諸城縣志》本傳：著作甚富，無力付梓。獨《春秋世系譜》一冊，及門釀金付剞劂，得行於世。

◎竇錫類，字思穎。山東諸城人。諸生。著有《春秋世系譜》《讀左便覽》。

竇錫類 讀左便覽 一冊 佚

◎《增修諸城縣續志‧藝文》著錄。

◎《增修諸城縣志》本傳：著作甚富，無力付梓。獨《春秋世系譜》一冊，及門釀金付剞劂，得行於世。

杜貴墀 春秋淺測 未見

◎劉聲木《桐城文學撰述考》卷一「杜貴墀撰述」：《巴陵縣志》、《國史儒林傳》、《典禮質疑》六卷、《漢律輯證》六卷、《鄭氏經學考》十五卷附錄三卷、《左傳賈服杜三註平議》、《春秋淺測》、《公穀傳註使若例》、《說文隨筆》、《爾雅山海經郭註彙證》、《音韻隨舉》、《書簡錯脫考》、《讀經彙記》、《通鑑採書例》、《後漢書註例》、《舊唐書傳例糾正合纂》、《五代史記註削繁》、《漢雜事輯》、《湘中記輯》、《汝南人物記輯》、《興國州志》、《輿地紀勝駁正唐人舊說輯考》、《四庫全書提要補正》、《讀史彙記》、《經史決事》、《讀書法纂》、《悲憤錄》、

《稱謂錄》、《恆言補錄》、《讀諸子彙記》、《戈麻韻正》□卷、《稱謂錄補》□卷、《經世纂言》□卷、《說文隨舉》□卷。

◎杜貴墀，字吉階，號仲丹。湖南巴陵人。光緒元年（1875）舉人。主岳陽勺庭書院，長校經堂。著有《春秋淺測》、《鄭注歧異輯考》、《鄭正經注平義》、《郭注合纂》、《讀經隨筆》、《說文隨舉》、《歌麻韻正》、《古韻隨舉》、《讀書法匯》一卷、《典禮質疑》六卷、《漢律輯證》六卷、《湖南巴陵人物志》十五卷、《桐華閣文集》十二卷、《桐華閣詩鈔》一卷、《桐華閣詞鈔》二卷附一卷、《桐華閣叢記》、《讀史管見》、《讀史匯記》、《五代史記注削繁》、《輿地紀勝駁》、《唐人舊說輯考》、《讀諸子隨筆》、《讀文隨筆》、《稱謂錄》、《恒言錄》、《補經史決事》、《經世纂言》、《悲憤錄》、《漢雜事輯》、《湘中記輯》、《汝南人物志輯》、《集句佳麗錄》、《詩詞所見錄》、《雜纂》，與纂《巴陵縣志》六十三卷首一卷附《洞庭君山嶽陽樓詩文集》十八卷。

杜貴墀　公穀傳註使若例　未見

◎劉聲木《桐城文學撰述考》卷一「杜貴墀撰述」：《巴陵縣志》、《國史儒林傳》、《典禮質疑》六卷、《漢律輯證》六卷、《鄭氏經學考》十五卷附錄三卷、《左傳賈服杜三註平議》、《春秋淺測》、《公穀傳註使若例》、《說文隨筆》、《爾雅山海經郭註彙證》、《音韻隨舉》、《書簡錯脫考》、《讀經彙記》、《通鑑採書例》、《後漢書註例》、《舊唐書傳例糾正合纂》、《五代史記註削繁》、《漢雜事輯》、《湘中記輯》、《汝南人物記輯》、《興國州志》、《輿地紀勝駁正唐人舊說輯考》、《四庫全書提要補正》、《讀史彙記》、《經史決事》、《讀書法纂》、《悲憤錄》、《稱謂錄》、《恆言補錄》、《讀諸子彙記》、《戈麻韻正》□卷、《稱謂錄補》□卷、《經世纂言》□卷、《說文隨舉》□卷。

杜貴墀　左傳賈服杜三註平議　未見

◎劉聲木《桐城文學撰述考》卷一「杜貴墀撰述」：《巴陵縣志》、《國史儒林傳》、《典禮質疑》六卷、《漢律輯證》六卷、《鄭氏經學考》十五卷附錄三卷、《左傳賈服杜三註平議》、《春秋淺測》、《公穀傳註使若例》、《說文隨筆》、《爾雅山海經郭註彙證》、《音韻隨舉》、《書簡錯脫考》、《讀經彙記》、《通鑑採書例》、《後漢書註例》、《舊唐書傳例糾正合纂》、《五代史記註削繁》、《漢雜事輯》、《湘中記輯》、《汝南人物記輯》、《興國州志》、《輿地紀勝駁正唐人舊說輯考》、《四庫全書提要補正》、《讀史彙記》、《經史決事》、《讀書法纂》、《悲憤

錄》、《稱謂錄》、《恆言補錄》、《讀諸子彙記》、《戈麻韻正》□卷、《稱謂錄補》
□卷、《經世纂言》□卷、《說文隨舉》□卷。

杜濬 順治四年丁亥科春秋房會試硃卷 一卷 存

國圖藏順治刻朱印本（與山東乙酉科鄉試硃卷一卷同印）

◎杜濬（1622～1685），字子濂，號湄村。山東濱州人。順治四年（1647）
進士，任直隸真定推官，屢決大獄。官至河南參政、開歸陳許道，兼理驛傳鹽
法。家世工書。著有《順治四年丁亥科春秋房會試硃卷》一卷、《湄村全集》、
《湄村吟》、《湄湖詩餘草》一卷。

杜文亮 左傳貫珠 佚

◎同治《建昌府志・人物志》卷八：著有《周易象繹》已刊行，又有《左
傳貫珠》若干卷。

◎杜文亮，字斐忱，號月峰。江西南豐人。歲貢生。贈奉政大夫。著有《左
傳貫珠》、《周易象繹》十卷首一卷。

段洙 春秋大義 一卷 存

國圖藏宣統元年（1909）山西大學堂鉛印本

◎段洙，直隸灤州人。議敘知縣。嘗任教學部，講授經學、自在畫科。著
有《春秋大義》一卷。

杜宗預 左氏春秋傳例餘 十七卷 存

湖北藏宣統元年（1909）鉛印本

◎杜宗預，湖北松滋人。杜之麟長子。康熙二十五年（1686）拔貢。與弟
宗甫善書能文，時稱「二杜」。著有《左氏春秋傳例餘》十七卷、《瀛寰譯音異
名記》十二卷。

段熙仲 春秋公羊學講疏 存

南京師範大學出版社 2002 年排印隨園文庫魯同群等點校本

◎徐復序：余畏友段熙仲先生，學界耆碩，人倫師表，其識見高卓，無與
匹敵。先生年長於復，有兄事之誼，切切偲偲，歡如也。解放後，與復同施教
南京師範學院中文系，每相論學，有水乳交融之樂焉。一日，段老為復說古詩

《孔雀東南飛》「諾諾復爾爾」句義，謂「爾爾」與「諾諾」同為應聲，「諾諾」為古語，而「爾爾」為晉人語。《晉書‧張方傳》載河間王順使人召郅輔來質對畢桓所說張方的反謀，畢桓迎輔說：「張方欲反，人謂卿知之，王若問卿，但言『爾爾』，不然，必不免禍。」是「爾爾」為晉人用語，確然無疑。復謂晉人別有「吶」字，見《廣韻》上聲三十五馬：「吶，應聲也。人者切。」即「吶」之增旁字，後亦變體作「喏」，俗云唱喏是也。「爾」之形體與音讀皆隨時代而變，故晉人語當讀「喏」。段老擊節稱善，以為二義可互補也。又余撰《敦煌變文詞語研究》一文，歷舉唐代俗語數十事，請與是正。嗣先生在學術討論會上發言，稱復由古漢語的證發轉向俗語詞的研究，為一大跨越，表示歡迎。凡此皆先生有意督勵之，令人感奮無已！十年浩劫中，段老和復曾共患難，不可勝述。猶記文革後期，段老追懷往事，贈詩曰：「風義衡陽後一人，句溪歲月亦酸辛。沫濡遂令枯魚活，痂嗜深慚敝帚珍。雅故君通今古誼，微言我望孔（巽軒）劉（申受）塵。相期不負平生願，攻錯尊聞樂道真。」語語真摯，感人至深，雖事隔卅載，讀之猶彌增悲戚也。上一世紀末，段老弟子之思慕者，整理其師說《春秋公羊學講疏》，以廣其傳，甚盛事也。《講疏》凡分導言、事、辭、例、義、餘論六編，對《公羊傳》的寫作凡例、微言大義、流傳經過，以及研治歷史，皆有詳晰的介紹論述。雖書中主要以西漢董仲舒、東漢何邵公及清儒莊存與、孔廣森、劉逢祿、淩廷堪等人所論為依歸，然亦時下己說，辨證然否，語多精當，允推獨步。又段老對《公羊傳》之大一統、通三統、張三世、異內外等微言大義，多所發明，發表於 1963 年《中華文史論叢》第四輯的《公羊春秋三世說探源》等論文足資證明。在《公羊傳》幾成絕學的今天，整理出版段老這部遺著，實為嘉惠學林的一件大事。又段老歷年所撰詩文多篇，皆其精心之作，亦望及早加以搜集出版，有厚望焉。二〇〇二年冬月十二日於南京師範大學文學院，時年九十又一。

　　◎自序：荀卿子有言：「《禮》之敬文也，《樂》之中和也，《詩》《書》之博也，《春秋》之微也，在天地之間者畢矣。」自孔子以是教於洙泗，而七十子之徒傳之，及其既喪，大義微言，日以乖絕。然而漢儒之學，猶為近古者，以其師承授受之源流，尚校然可睹故也。典午南遷，北方胡馬，先漢師說，於是多亡。今之存者，今文則《公羊羊春秋》，古文則《毛詩》而已。《書》偽於梅賾，《禮》亂於王肅，《穀梁》淆於范甯，《左氏春秋》壞於杜預，家法蕩然，不復守專門之學。其下者乃至謂經文為闕謬，或虛造以侮聖言，經學

之不絕若線然。至於今而經文之尋繹、經義之發明，舍董理漢儒僅存之學，殆將無以復其本真。而群經之可以條例說者，獨有《禮經》（焦里堂治《易》亦用此例，然非漢師說）與《公羊春秋》而已。顧三家《詩》亡，毛傳孤行，其失也固陋，未若《左》、《穀》俱存之猶可以為他山之石也。鄭君《禮》注，今古糅雜，亦不如何邵公之注《公羊》，不采《周官》一字之為學之純也。此則《公羊春秋》之學所以為治兩漢經學之管鍵也歟！《公羊》之學，自漢初著於竹帛，胡母生著其條例，溫城董君顯其大義，而任城何君繼之於文弊之餘，昌明絕學，最有條貫。不幸中衰於魏晉六朝，幾不復立於學官。凌夷至於清之中葉，莊、孔、劉、凌、包、宋、龔、戴諸儒出而紹述，俱能名家，而陳卓人集其成，及康更生、廖季平續有造作，家法乃粲然明白，廩廩欲復董、何之舊矣。

◎凡例：

一、《經解》曰：「屬辭比事，《春秋》之教也」，《傳》曰：「臣子一例也」，《孟子》曰：「其義則丘竊取之矣」，據此，治《春秋》當於其辭、其事、其義、其例求之。《傳》曰：「其辭則丘有罪爾。」故此講疏以事、義、辭、例各為一篇，事先於辭，例先於義。

二、其事則經文所書者是也。莊方耕《正辭》，比事以正其辭，其比事之序可從也。孔巽軒曰：「操其要歸，不越乎同辭、異辭二途而已」，故辭篇之序從之。例莫詳於劉申受，但未別傳、注耳。故例篇從劉而別傳、注以析源流；義莫明於董君，而包孟開所得不少，故多錄其言。

三、《傳》曰：「以《春秋》為《春秋》」，此《公羊》家法也。故茲篇一用《公羊》，不敢如莊／孔之用《左》、劉／陳之參《穀》。乃所願則以《公羊》為《公羊》，先求之《傳》，次求之董、何，次求之清儒之專治《公羊》者。其他則時有善言，偶錄之以資佐證而已。

四、經傳，注疏所據也，讀其書不可以不知其世。《提要》竟以徐彥為晚唐人，未細繹其書故也。《公羊》最先行世，《穀梁》次之，《左氏》晚出，始有「親見」、「傳聞」之謗。此則陰用《公羊》三世之目，而為傳辭異同，解紛者所謂加釀嘲詞是已。故《導言》考其作述之源與師承授受，以辨其誣。

五、《公羊》譏非禮。野井之遇，孔子曰：「其禮與其辭可觀」，故何君《解詁》，說禮往往旁及，非辭費也。故輯《公羊》說禮，以見王制。舊籍徵引，或大義相通，可見《公羊》非一家孤學，尤非盡出於何君一人之說。故輯《公

羊》古義，以明據證。又偶有臆見，非漢師及清儒所說，綴之《義》篇則懼亂家法，故以附《餘論》之後，幸覽者教之。

◎目錄：

總序。序。自序。凡例。

第一編：導言：

第一章經傳注疏作述考略：第一節《春秋》經。第二節公羊《傳》。第三節何氏《解詁》，附錄《春秋公羊傳解詁》所據本考。第四節徐彥《疏》。

第二章《公羊春秋》授受源流：第一節先秦時。第二節兩漢《公羊》經師。第三節三國以後迄清。

第三章兩漢三《傳》之爭立學官。

第四章《公羊》研究要籍舉隅：第一類經傳注疏義證；第二類《公羊》家學；第三類相通及引用《公羊》義舊籍；第四類旁通、輯佚、異義、攻錯、存參。

第二編：比事：

第一章天時，附錄災異。

第二章天王。

第三章魯。

第四章二伯（齊桓、晉文、晉合諸侯）。

第五章諸夏（上）——齊、晉：第一節其序則齊桓晉文，第二節齊，第三節晉。

第六章諸夏（中）——宋、衛、蔡、鄭、許、曹、莒、邾婁、滕、薛、杞、小邾婁、郯、北燕、鮮虞：第一節宋，第二節衛，第三節陳，第四節蔡，第五節鄭、許，第六節曹，第七節莒、邾婁，第八節滕、薛、杞、小邾婁、郯、北燕、鮮虞。

第七章諸夏（下）——極、鄆、紀、盛、譚、陽、萊、遂、項、郭、虞、宿、邢、沈、江、黃、蕭、弦、六、頓、胡、巢、溫、穀、鄧、郜、梁。

第八章夷狄——荊、舒、隨、隗、巴、庸、偪陽、秦、吳、越、徐、淮夷、戎、狄、介：第一節荊、舒、隨、隗、屬、巴、庸、偪陽，第二節秦，第三節吳、於越、徐、淮夷，第四節戎狄，第五節夷狄之。

第三編：屬辭：

第一章述傳。

第二章述董。

第三章述何，附錄何君雅訓。

第四章異同：第一、事同辭同；第二、事同辭異；第三、事異辭同；第四、事異辭異。

第五章遠近：第一、內外之辭；第二、遠近之辭；第三、內外異辭；第四、三世異辭（遠近異辭）。

第六章進退：第一、予奪；第二、進退；第三、賢貶；第四、貴賤；第五、尊卑。

第七章詳略：第一、錄略；第二、凡目；第三、輕重。

第四編：釋例：

第一章傳例：第一時、月、日例，第二災異例，第三名例，第四內外例，第五譏、貶、絕、例，第六褒進例，第七君終始例，第八戰、伐、取邑、滅國例，第九朝、聘、會、盟例，第十婚禮例，第十一弒君、討賊例，第十二執、殺例。

第二章述何：第一時、月、日例，第二名例，第三誅、絕、譏、貶例，第四書、不書凡例。

第三章時、月、日例：甲：終、始、卒、葬；乙：篡、弒、奔、歸；丙：朝、聘、會、盟；丁：戰、伐、滅、亡；戊：觀、狩、在、致；己：夫人出入、內女、會歸；庚：執、殺、歸、釋；辛：奔、放、叛、盜；壬：天時、災異；癸：禮制。

第四章名例：第一天王。第二諸侯。第三夫人。第四世子。第五母弟。第六群公子（夷狄僭稱王，其公子不書王子，稱公子，如楚公子側、吳公子光）。第七大夫。第八人、地、物、器、師。第九名分。第十七等（附闇、盜、賊）。

第五章刺、譏、貶、誅、絕例：第一刺。第二譏。第三辟諱。第四貶。第五絕。第六誅（篡、賊、畔、殘）。

第六章何氏補例（附大惡表）：第一刺譏。第二諱。第三貶（略、抑）。第四絕。第五誅，附錄唐宋人言例之善者。

第五編：義：

第一章述《傳》。

第二章述董。

第三章大一統。

第四章建五始。

第五章通三統：第一節三正，第二節改制，第三節三教，第四節王魯。

第六章張三世。

第七章異內外：第一節自近者始。第二節救中國，攘四夷。第三節春秋無通辭，從變而移。

第八章善善惡惡：第一節賢讓國。第二節榮復仇。第三節賢知權，貴死義。第四節尊禮重信。第五節惡戰重民。第六節重志疾始。第七節善義賤利。第八節別嫌明疑。

第九章強幹弱枝。

第六編：餘論：

第一章《公羊》禮輯。

第二章《公羊》古義輯：第一《禮記》、《公羊》相通義輯。第二《韓詩外傳》引《公羊》義輯。第三《白虎通》用《公羊》義輯。第四《春秋》緯集《公羊》義輯。第五劉熙《釋名》引《公羊》義。第六《史記》引《公羊》義輯。第七《漢書》引《公羊》義輯。第八范《書》引《公羊》義輯。第九《三國志》引《公羊》義輯。第十《吳越春秋》引《公羊》義。第十一《逸周書》引《公羊》義。第十二《越絕書》引《公羊》義輯。第十三《淮南子》引《公羊》義輯。第十四《韓非子》引《公羊》義輯。第十五《鹽鐵論》引《公羊》義輯。第十六《新序》引《公羊》義輯。第十七《說苑》引《公羊》義輯。第十八《法言》引《公羊》義輯。第十九《論衡》引《公羊》義輯。

第三章總論。

後記。

◎段熙仲（1897～1987），安徽蕪湖人。畢業於東南大學。師從胡小石、吳梅、柳詒徵諸人。曾執教安徽大學、中央大學、四川教育學院、南京師範大學。著有《禮經十論》《禮經釋名》《公羊春秋三世說探源》《楚辭劄記》《鮑照五題》，點校整理有《水經注疏證》《儀禮正義》。

段玉裁 春秋左氏古經 十二卷 存

國圖、天津藏道光元年（1821）經韻樓刻金壇段氏遺書本

道光刻經韻樓叢書本

國圖藏、北京師大、重慶藏光緒九年（1883）常熟鮑廷爵增刻後知不足齋叢書四十七種本

◎末卷為《春秋左氏傳五十凡》一卷。

◎一名《春秋左傳古經》。

◎春秋左氏古經題辭：玉裁九歲時，先子命讀胡氏安國《春秋經傳》，其時功令所用也。十一歲乃讀《左氏》，專讀傳而已。既長，乃知胡氏之經雜取左、公羊、穀梁三家之經，為書不衷於一。蓋三家各自為經，《漢志》言古經十二篇者，左氏之經也。又言經十一卷，自注云：公羊穀梁二家者，謂二家之經皆十一卷，與古經不同也。自轉寫合二條為一行，而罕知其解矣。古經因十二公為十二篇，《公羊》《穀梁》合閔公於莊公同卷，則為十一卷，說見何氏《公羊解詁》。古曰篇、今曰卷，竹木曰篇、縑素曰卷，三家經卷數不同，而皆經傳各為書。杜氏預乃取左經分年冠於某年傳首，二家則漢以後學者析經文冠某事之首而無傳者，依次附焉，於是三家之專經均不可得見。宋時有《春秋正經》十二卷，眉山李燾仁甫又令潼川謝疇元錫成《春秋古經》十二篇，今皆亡矣。玉裁寄居姑蘇多暇，庚午年已七十有六，深痛先子鄭重授《春秋左傳》而未能盡心此經，又憫今之學者但知稍稍讀《左傳》，於經文少有能成誦者也。乃恭錄左氏經文，取鄭公注《禮》《周禮》存古文今文故書之例，附見《公羊》《穀梁》經文之異，以小字雙行注各條下，為十二篇。又以二家卷數之不同，附注左氏各篇之末，每條時出訂正之語，而不敢蔓衍其辭，仍依《漢志》署曰《春秋左氏古經》，俾家塾子孫讀經以尋傳、讀傳以釋經，綱舉而目張矣。其諸學者同有樂於此乎？《史記》曰：「《春秋》文成數萬」，張晏云萬八千字，李氏仁甫云細數之尚減一千四百二十八字，與王氏《學林》云萬六千五百餘字者合，馬氏端臨疑三家或妄有增益者，非也。嘉慶辛未八月朔日，段玉裁敬題。

◎摘錄《春秋左氏傳五十凡》〔註7〕：桓公元年大水。凡平原出水為大水。// 九年春，紀姜歸於京師。凡諸侯之女行，惟王后書。// 二十年新作南門，書不時也。凡啟塞從時。// 宣公四年書曰：鄭公子歸生弒其君夷。凡弒君稱君，君無道也；稱臣，臣之罪也。

◎李慈銘《越縵堂讀書記・經部・春秋類》：左氏經傳文之誤，如桓十五年傳「人盡天也，父一而已」，誤天作夫，遂致杜注「婦人在室則天父」「出則天夫」二語為虛設。段氏玉裁據《唐律疏義音義》兩引俱作「人盡天也」以正之。

〔註7〕周按：為省篇計，各條之間加 // 區分，不另分行。

◎趙爾巽《清史稿》卷一百四十五志一百二十《藝文》一:《春秋左傳古經》十二卷,附《五十凡》一卷,段玉裁撰。

◎耿文光《萬卷精華樓藏書記》卷八《經部五・春秋類》「《春秋左傳古經》十二卷」(國朝段玉裁撰):《經韻樓》本。前有嘉慶辛未題辭。段氏曰:「胡氏之經,雜取《左氏》、《公羊》、《穀梁》三家之經為書,不衷於一,蓋三家各自為經。《漢志》言古經十二篇,古者,左氏之經也。又言經十一卷,自注云:《公羊》、《穀梁》二家者,謂二家之經,皆十一卷,與古經不同也。自轉寫合二條為一行,而罕知其解矣。古經因十二公為十二篇,《公羊》、《穀梁》合閔公於莊公同卷,則為十一卷。說見何氏《公羊解詁》。古曰篇,今曰卷。竹木曰篇,縑素曰卷。三家經卷數不同而皆經、傳各為書。杜氏取左經冠於某年傳首,二家則漢以後學者析經文冠某事之首,而無傳者依次附焉,於是三家之專經均不可得見。因恭錄左氏經文,取鄭公注《禮》《周禮》存古文今文故書之例,附見《公羊》《穀梁》經文之異,以小字雙行注各條下,為十二篇。又以二家卷數之不同,附注左氏各篇之末,每條時出訂正之語,而不敢蔓衍其辭。仍依《漢志》署曰《春秋左氏古經》。」《載籍足徵記》:「《漢志》:《春秋古經》十二篇,經十一卷,《公羊》、《穀梁》二家。謹案:劉歆《移太常博士書》稱,《春秋》左氏丘明所修,皆古文舊書。許慎《說文》序云:『左丘明述《春秋傳》,皆以古文。』江式云:『北平侯張蒼獻《春秋左氏傳》,書體與孔氏相類,即前代之《古文周禮》。』鄭注《古文春秋經》,『公即位』為『公即立』,段曰:古者『立』、『位』同字。是《左氏傳》多古字也。」

◎上海古籍出版社 2015 年《續修四庫全書總目提要・春秋類》「《春秋左氏古經》十二卷」:是書首有段氏《題辭》,歷述是書著述經歷。段氏早讀胡傳,於《左傳》專讀傳文,及長方知左、公羊、穀梁三家經卷數不同,而皆經傳各為書。自晉杜預取《左》經分年,冠於某年傳首,漢以後學者則析公、穀二家經文冠於某事之首,而無傳者依次附之,於是三家之專經均不可得。逮宋有《春秋正經》十二卷,眉山李燾又令潼川謝疇元錫成《春秋古經》十二篇,今皆亡。段氏僑居姑蘇,深痛其父鄭重授《左傳》而未盡心古經,又憫今之學者只知稍讀《左傳》而於經少有能成誦者,故以七十六歲高齡作是書。因《左》經以下至十六年夏四月己丑孔丘卒乃終,欲存孔子卒故錄魯史之文,而《公》、《穀》均無,故是書止於哀公十四年春西狩獲麟。是書效鄭玄注《禮》及《周禮》存古文、今文故書之例,如卷二桓公元年「春王正月公即位」,段注:《周禮》注

鄭司農曰：「古文《春秋經》『公即位』為『公即立』，古者『立』、『位』同字」。又附見《公羊》、《穀梁》經文之異，以小字雙行注各條下，如卷一隱公三年「夏四月辛卯君氏卒」，段注：「君」《公》、《穀》皆作「尹」。又以二家卷數之不同附注左氏各篇之末，如卷一末有「春秋古經一篇終，公羊經一卷終，穀梁經一卷終」，段注：《春秋古經》謂「左氏經」也，見《漢志》，《左》曰篇，《公羊》、《穀梁》曰卷。間有考證之語，且未蔓衍其辭。此本據復旦大學圖書館藏清道光元年經韻樓刻本影印。（潘華穎）

◎段玉裁（1735～1815），字若膺，號懋堂、僑吳老人、硯北居士、長塘湖居士。江蘇金壇人。師事戴震。乾隆二十四年（1759）舉人。歷知貴州玉屏、四川巫山等縣。引疾歸，居蘇州楓橋，閉戶讀書。著有《段氏說文引易》十三卷、《古文尚書撰異》、《毛詩故訓傳定本》、《春秋左氏古經》十二卷、《說文解字注》、《六書音均表》、《經韻樓集》等。